La diagonale du désir

Ce monde est donné à l'homme
ainsi qu'une énigme à résoudre.

Georges Bataille

Le pacte

Le bâtiment trônait dans la rue comme un palais de pierre impénétrable, mais ici et là, des chérubins s'embrassaient sur les moulures de la façade, comme si la sobriété n'était là que pour mieux souligner une volupté refoulée. Quelques étages plus haut, me voilà au milieu d'une pièce remplie de livres et de représentations divines, face à cet homme que j'avais toujours redouté.

– Que puis-je faire pour vous, mademoiselle ?

– Je voulais vous voir, car j'écris un roman…

– Je crois que vous vous êtes trompée de personne. Je suis psychanalyste, pas éditeur de romans.

– Je sais… Je fais appel à vous car je voudrais amener le personnage principal de mon roman en analyse.

Il commence à palper un cigare.

– Imaginez-vous ce que cela donnerait si tous les écrivains amenaient leurs créations littéraires en analyse. On n'en finirait plus ! Qui est ce personnage ?

– Elle s'appelle Madame X. C'est tout ce que je peux vous dire pour l'instant.

Il coupe le cigare, l'allume et tire une bouffée.

– Et que voulez-vous explorer à travers ce roman ?

– J'ai envie de créer un personnage qui part à la recherche de son véritable désir. N'ayant ni beaucoup de courage ni beaucoup d'imagination, j'ai décidé de demander à quelques femmes que j'admire de déterminer l'action du roman en me confiant des missions... que Madame X réalisera.

– Et pourquoi vous ne sollicitez pas des hommes, mademoiselle ? Avez-vous quelque chose contre les hommes ?

– Au contraire, mais c'est l'inconscient féminin que je voudrais explorer. Imaginez-vous pouvoir enfin répondre à Freud : « Que veut la femme ? »

– Mais elle sera assez... divisée, cette femme.

– Je la vois plutôt comme un sujet en perpétuelle transformation.

– Et pourquoi êtes-vous venue me voir, moi alors, et pas une femme ?

– Justement, parce que vous êtes un homme.

– Hum, je vois.

Le silence s'installe. Que fais-je ici ? Faust, en signant le pacte avec Méphisto, a-t-il perdu ou retrouvé son âme... ?

– Je crois qu'on va s'arrêter là.

– Acceptez-vous de devenir mon psychanalyste fictif ?

– Fictif ? Je suis bien réel, moi...

– Je préfère voiler le réel. Ce n'est pas Oscar Wilde qui disait que ce sont les masques qui nous font dire la vérité ?

– Oui mais, vous savez, la vérité... ça se discute. Je ne sais pas si je suis prêt à me lancer dans votre jeu.

– Et la psychanalyse, n'est-elle pas un jeu ?

– Si, mais c'est un jeu sérieux ! Le jeu que vous êtes en train de construire est... très dangereux. J'ai l'impression que vous ne respectez pas vraiment la psychanalyse en tant que telle.

– Vous n'avez qu'à traiter mon manque de respect comme un symptôme.

– Hum...

Je prends mon sac et fais semblant de partir.

– Disons que votre projet m'intrigue. Quand pourriez-vous revenir ?

– Aussi vite que possible.

– Très bien, mademoiselle... ?

– Madame X !

– Très bien, Madame X. Cela vous va, jeudi, après-midi, à 16 heures ?

– Cela me va parfaitement.

Je me lève, je reprends mes affaires et nous nous mettons d'accord sur le paiement. Dans les escaliers, je suis prise d'un vertige violent. Une fois dans la rue, je me jette dans le premier taxi qui passe.

La porte

Où est-il ? Chaque fois que je rentre, j'ai besoin de le localiser. Je traverse l'enfilade des pièces de l'appartement comme dans un labyrinthe sans fin. Le voilà, dans le salon qui baigne dans la lumière pourpre de l'après-midi, en train de regarder un film sur le sofa, tel un gisant, notre chat étendu le long de ses jambes. J'ai envie de m'allonger auprès de lui, mais je sais à quel point il déteste le théâtre des sentiments et les rapprochements corporels sans but précis. Je me contente de caresser la fourrure soyeuse de l'animal qui s'étire dans un grand bâillement.

– Tu ne vois pas que tu nous déranges ? dit Vincent, immobile face à l'écran.

– Si… pardonne-moi.

Je me dirige vers mon bureau et m'installe sur le divan que j'ai acheté à un jeune hypnotiseur il y a peu. Depuis, le divan est devenu mon seul allié, le seul lieu où j'arrive à vagabonder dans mes pensées. Je l'ai couvert d'un tapis persan, que les peuples d'Asie mineure déployaient dans leurs tentes, afin de transporter leur propre terre sur la terre de leurs errances. Chaque fois que je m'y endors, je rêve de revenir dans un monde où la différence entre le réel et l'imaginaire n'existerait plus, un monde où je pourrais enfin saisir le feu de l'écriture, ce feu qui chauffe et qui dévore, qui anime et qui tue, mais je reste dans le froid. J'efface. J'écris, j'efface.

On dit souvent que les femmes qui écrivent vivent dangereusement. Mais les femmes qui tentent d'écrire, et qui n'y arrivent pas, ne risquent-elles pas plus encore ?

Aujourd'hui, c'est différent. J'ai enfin trouvé la porte d'entrée dans mon roman. J'appuie sur le bouton de démarrage de l'ordinateur. Rien. Je le rebranche. Toujours rien. Une heure plus tard, après plusieurs tentatives frénétiques de réanimations, je constate que l'appareil a rendu l'âme. « C'est très bien. Cela te permettra de revenir à la réalité », dit Vincent au moment de se mettre à table. C'est vrai que, ces derniers temps, j'ai entamé une relation assez fusionnelle avec mon ordinateur. Le seul endroit où je ne l'emmène pas est le lit, car Vincent ne supporte pas de m'y entendre écrire. Ce qui ne l'empêche pas de se barricader dans son bureau le soir, avant ses nombreux départs aux quatre coins du monde. Demain, il part pour Bangkok, pour parler du centre de recherches astrophysiques qu'il dirige depuis peu. Il faut qu'il envoie quelques emails importants. Je débarrasse la table, en espérant qu'il ne tardera pas. Mais il tarde, comme d'habitude, et je m'endors, songeant à ses yeux de faucon, son nez aigu de conquérant, ses cheveux indomptés à la Chateaubriand.

*

S'il faut commencer par une muse, pourquoi pas une femme qui a déjà incarné beaucoup de femmes ? Mon amie Mademoiselle K, une actrice caméléon, qui arrive à jouer les petites filles perdues aussi bien que les femmes fatales. Je la retrouve pour un déjeuner Chez Paul. La serveuse, une rousse plantureuse, petite et robuste, dotée d'un érotisme autoritaire digne d'un chef d'armée stalinien, nous apporte deux cuisses de canard bien croustillantes. Aujourd'hui, Mademoiselle K ressemble, avec ses cheveux noirs, longs et luisants et ses yeux mélancoliques, à elle-même et rien d'autre qu'elle-même. Je lui raconte le projet de Madame X et je lui demande si elle aurait envie de devenir ma première muse.

– Bien sûr, ma chérie !

– Quel est ton désir le plus profond ?

– Je ne pense pas qu'on puisse connaître son désir... En tout cas, pas son désir le plus profond...

– Alors va aussi profondément que tu peux.

– En ce cas-là, je dirai « Combler les failles des autres »... Il faudrait que Madame X rencontre un homme qui pourrait combler toutes ses failles !

Mademoiselle K me parle de Catherine Deneuve dans *La Chamade* d'Alain Cavalier, la double vie d'une femme qui vit dans une cage dorée, de Jeanne Moreau, l'amoureuse tumultueuse qui abandonnait ses amants sur le bord de la route, de Marguerite Duras, son alcoolisme, de la mort de son amour dans les bras d'une autre. Je lui demande de me donner une tâche, pour démarrer l'action de mon roman. Elle demande de réfléchir quelques jours. « Avec des tâches aussi importantes, il ne faut pas se précipiter. » Elle a raison. Mais je n'ai plus envie d'attendre. J'ai l'impression que ma vie n'a été qu'une gigantesque salle d'attente.

La robe bleue

Dans le jardin du Grand Palais qui baigne dans la lumière douce de l'après-midi, je retrouve mon ami Eugène, un critique d'art redouté, surtout par les serveurs de café, assis à l'ombre d'un bananier japonais, dans sa position habituelle de dandy blasé, le ventre à l'air, les cheveux blonds bien lissés. Il vient de commander deux whiskies on the rocks.

– Il est à peine 15 heures !

– Et alors ? dit-il avec un regard malicieux.

– Écoute, Eugène, j'ai besoin de toi.

– Moi aussi, j'ai besoin de toi.

– Ce n'est pas ce que je voulais dire. L'institut de Vincent organise un gala dans quelques jours pour financer leur prochain programme de recherches. Les femmes doivent porter les créations de la même maison de mode. C'est comme dans les pays communistes, sauf qu'ici c'est le capitalisme qui nous uniformise. Il faut que j'aille à leur showroom pour chercher une robe. Je n'ai vraiment pas envie... Je déteste ce genre de soirée. J'ai déjà emprunté une robe bleue à une autre maison que j'aime tant... Tu ne veux pas m'accompagner ?

– Je t'accompagnerai avec plaisir, mais voyons d'abord *Le Feu sous la glace*.

– *Le Feu sous la glace* ?

– L'expo du peintre Félix Vallotton au Grand Palais. Elle s'appelle comme ça.

– Ah ! D'accord...

Il m'offre son bras et nous nous enfonçons dans les couloirs sombres du musée.

– Regarde-la, dit-il face à une femme qui est peinte de dos, au milieu d'un long couloir. Impossible de savoir si elle est la maîtresse du lieu ou une simple domestique.

– Qu'est-ce qu'elle cherche ? J'ai l'impression qu'elle cherche quelque chose, lui dis-je.

– Elle ne cherche rien.

– Comment ça, rien ?

– Elle ne cherche rien, car elle n'a besoin de rien... On dirait toi.

Mon regard s'arrête devant une femme endormie. Son livre a glissé de sa main.

– Quand est-ce que tu vas te livrer enfin à moi ? Tu sais, ce n'est pas parce que tu es une femme mariée que tu n'es pas une femme libre.

– On ne vit plus au XIXe siècle, Eugène, tu n'as pas besoin de me faire la cour pour souder notre amitié.

– C'est toi qui vis au XIXe siècle, pas moi !

J'admire les femmes qui arrivent à amener les hommes à leurs pieds. Jamais dire oui. Jamais dire non. Et avec le temps, les transporter sur les terrains doux et suaves de l'amitié.

Après le showroom, Eugène veut me voir dans la fameuse robe bleue.

Elle pend mollement dans la salle de bains. Je caresse sa surface veloutée. Je pense à l'autre jour, la seule fois où je l'ai portée, lors d'un mariage d'un homme d'affaires. Que s'est-il passé ce soir-là ? À l'hôtel, je me suis vêtue de ce bleu roi profond qui m'enveloppait comme une voûte céleste et j'ai encerclé mon cou d'un collier scarabée. Confrontée au reflet de la glace, j'ai senti, je pense pour la première fois, l'ivresse de la métamorphose. Mais Vincent m'a à peine jeté un regard. Une fois arrivé à la fête, il a disparu dans la foule. Je ne l'ai retrouvé que plus tard, plongé dans une discussion avec quelques sponsors. Je suis restée à ses côtés comme une ombre.

Lorsque nous sommes rentrés, il s'est endormi dans la seconde. Le lendemain, avant son réveil, je suis sortie de notre hôtel de charme, une vieille ferme bucolique, et je me suis dirigée vers le petit ruisseau au bord de la vallée où les feuilles d'automne scintillaient comme des pierres précieuses dans les rayons du soleil matinal. Allongée sur l'herbe, dans la pénombre, au bord de la petite rivière, parmi les violettes et les coquelicots, dans ma robe bleue que je n'avais toujours pas enlevée, j'ai laissé les larmes me laver. Puis j'ai plongé dans une rêverie sibylline, portée telle une nymphe préraphaélite par les courants du ruisseau. Enfant, j'ai été foudroyée par l'image d'Ophélie de Millet. Je ne comprenais pas pourquoi elle se baignait dans la rivière vêtue de sa robe, pourquoi elle flottait tel un nénuphar, ses petits bras ouverts au ciel.

Un jour, j'ai fini par comprendre. Je n'ai eu qu'une seule envie, plonger dans l'image pour la sauver. Soudain, j'ai vu Vincent se précipiter vers moi. Il marchait d'un pas pressé, comme s'il avait enfin découvert quelque chose d'important, et qu'il allait s'allonger à mes côtés pour me le chuchoter tendrement, mais il s'est arrêté à quelques mètres de moi et m'a demandé d'un air indigné : « Que fais-tu là ? Le taxi est arrivé ! »

Il y a tant de douleurs et de désirs inassouvis dans les plis de ce bleu velouté que je décide de le désacraliser en le laissant m'enrober une dernière fois. Mais au moment où je me regarde dans la glace, j'ai l'impression de porter un linceul. Le bleu roi a déchiré mon cœur. Les compliments d'Eugène, et sa main sur mon genou, que je repousse délicatement, me laissent de glace.

Le château de cartes

Il faut que j'amorce l'histoire de Madame X. Le lendemain, j'invite mon amie Aimée à voir l'exposition de Pierre Huyghe au Centre Pompidou, dans l'espoir qu'elle acceptera elle aussi de devenir une de mes marionnettistes. Aimée est une artiste, une jeune mère aimante et aimantée, toujours à la recherche de moments d'irruption, comme les explosions, les pluies d'été, les émotions.

Je la retrouve vêtue d'un costume blanc et d'une paire de bottes noires de cavalière, au milieu d'une masse de monolithes dressés comme un château de cartes. Nous commençons à arpenter les salles. Un chien blanc avec une patte rose fait son apparition, suivi par quelques individus munis de masques à tête d'oiseau, et commencent à se balader autour d'une patinoire noire et d'une sculpture de femme, allongée telle une reine la tête recouverte d'une ruche d'abeilles. Je lui parle de mon envie de creuser le désir féminin. Elle m'explique que la chasse aux désirs n'est qu'une quête illusoire. « Le désir nous bouche la vue, comme la ruche sur la tête de cette femme. On ne court qu'après des choses qui n'existent pas. »

Une fois installée dans un café à côté, je lui raconte l'idée de mon roman. Je lui dis qu'elle pourrait voir Madame X comme une toile blanche. À elle de choisir la première touche de couleur. Quant à la tâche, je ne veux pas la presser, mais elle me répond tout de suite :

– Madame X pourrait commencer l'histoire par se masturber !

– Ce n'est pas un peu trop…

– C'est un début comme un autre. C'est comme l'écriture sur une page blanche, le moment où tout se construit et se déconstruit en même temps. Le moment où tout est encore possible.

– Grâce à un orgasme ?

– Pourquoi pas ? L'orgasme nous transforme. Au moins pour quelques instants ! C'est une bonne manière de faire le vide avant de démarrer ton histoire.

Lorsque Aimée s'en va, je reste perplexe dans le café, songeant à toutes les péripéties qui m'attendent. Y a-t-il eu des récits picaresques menés par une femme ? Des versions féminines de Don Quichotte, Arthur, Candide ou Gulliver ? Je commence à aller de rue en rue, je m'arrête en face de chaque vitrine, chaque recoin, comme un chien qui a perdu son maître, à la recherche d'un signe, mais un signe de quoi ? Quand on ne sait pas ce qu'on cherche, pourquoi prendre une rue plutôt qu'une autre ? Je veux marcher sur toutes les rues en même temps. Voilà mon problème. Je désire tout, donc rien. Je décide de retourner voir l'exposition de Pierre Huyghe. Qui sait ? Je vais peut-être y trouver une source d'inspiration pour les aventures qui m'attendent.

De retour dans l'expo, je m'allonge sur les coussins, face à un film qui montre un homme qui dort sur un sofa rouge. Il est entouré par quelques individus habillés en magistrats, parés de masques lumineux en forme de livres. Une sorcière dépose une citrouille près d'une locomotive miniature. Un lapin blanc court le long des meubles, pourchassé par un homme habillé en squelette. Plus loin, une femme rousse vêtue d'une blouse de laboratoire tire les ficelles d'une petite marionnette qui lui ressemble.

J'ai l'impression de descendre dans les catacombes d'un inconscient. Dans une loge, une femme nue aux cheveux noirs, d'une beauté glaciale, revêt une longue cape et pénètre dans un auditorium où les hommes masqués de tout à l'heure l'encerclent en murmurant une mélodie occulte. La même scène se répète, cette fois-ci dans une cave, avec la femme rousse. L'un d'eux s'approche d'elle et la dénude. Entre ses jambes écartées, dessinés par terre, à la craie, on entrevoit la clé de la psyché humaine – le nœud borroméen de Lacan. Peu après, un homme et une femme font l'amour dans une pièce rougeâtre, conduits par la musique langoureuse de *Prélude à l'après-midi d'un faune*. Ils ont l'air de s'aimer. De s'aimer vraiment. Je pense à *L'Invention de Morel* d'Adolfo Bioy Casares, son amour pour Faustine qu'il transformera en une œuvre d'art, sur une île étrange où des projecteurs de cinéma joueront à l'infini leur histoire d'amour... Un jour, un nouvel homme arrive sur l'île et s'éprend de Faustine. Il découvre plus tard qu'il est en réalité tombé amoureux d'une œuvre d'art. Elle n'existe pas. Elle est morte depuis longtemps, comme Morel, et la seule chose qui reste, c'est son hologramme.

J'ai toujours rêvé de me confronter à une œuvre d'art qui épouserait la forme d'un rêve. La voici enfin, mais la conscience que cela ne restera qu'une œuvre d'art, bien éloignée de ma vie, me renvoie de nouveau à ma mélancolie.

Une fois chez moi, je m'endors dans ma solitude, en pensant à ces messes noires, à ces corps désinhibés. Arriverai-je un jour à transformer ma vie en une œuvre d'art ? Après une nuit agitée, je me réveille en pensant à la tâche de ma chère Aimée. Comment faire le vide dans le vide ? J'avais imaginé une mission un peu plus héroïque. Aimée a toujours été pour moi une sorte de Jeanne d'Arc, une guerrière. Faut-il voir la masturbation comme une guerre contre le réel ?

Je pose ma main sur mon ventre. Il est tout chaud. Je la glisse entre mes jambes. Je traverse mon corps, mon pubis, mon clitoris, mes lèvres, mes orifices. Ils sont tous là où je les avais laissés la dernière fois. Je commence à promener mes doigts d'un territoire à l'autre, ensuite dans tous les sens, doucement, très doucement, mais après quelques minutes qui me semblent une éternité, je suis obligée de constater que la seule chose que je ressens, c'est l'aspérité d'une contrée délaissée. Mon sexe est comme l'entrée de l'exposition de Pierre Huyghe : un château de cartes implosé.

La carte de Tendre

Vincent est un explorateur, un inventeur qui a marqué son époque, ou en tout cas, les cercles scientifiques qui le suivent. Grâce à son appareil submillimétrique, on arrive maintenant à observer la naissance des étoiles dans certains nuages interstellaires. Malgré son succès, il reste un homme farouche qui préfère raser les murs plutôt que de jouir de la lumière. Et pourtant, rien ne le rend plus vibrant que l'admiration que les autres lui portent.

Mais depuis quelque temps, l'auréole de mon cher Hypérion brille un peu moins. Il est devenu un gestionnaire, un homme ordinaire, une étoile flamboyante qui se noie dans un océan balzacien. Paradoxalement, ce n'est que maintenant que sa lumière intérieure luit dans mes yeux. Lorsqu'il revient de son voyage, replié sur lui-même, le visage pâle comme la cire, j'ai l'impression de voir un spectre. Je le prends dans mes bras pour le couvrir de baisers et de mots tendres, mais son regard noir ne semble me dire qu'une chose, « sauve-toi ».

En lisant *Vie secrète* de Pascal Quignard, je tombe sur quelques lignes qui paraissent avoir été écrites pour moi : *Il y a dans toute passion un point de rassasiement qui est effroyable. Quand on arrive à ce point, on sait soudain qu'impuissant à augmenter la fièvre de ce qu'on est en train de vivre, ou même incapable de la perpétuer, elle va mourir.* Que fait-on alors ? *On attend sans pouvoir rien faire, tout à coup, dans une contemplation devenue malheureuse. Ou bien l'amour surgira de la passion, ou il ne naîtra jamais.*

Voilà mon pari pascalien. Je vais attendre. Entre-temps, je commence à dormir dans la chambre d'ami. La distance crée du désir mais elle peut le tuer également. Une nuit, un cauchemar me réveille. Je rejoins Vincent et je m'endors sereinement à ses côtés, enivrée par le parfum doucereux de sa peau qui sent à la fois le musc et le pain chaud, mais lorsqu'il me découvre à ses côtés le lendemain, il déclare que je suis une véritable hystérique qui ne sait pas ce qu'elle veut. Il a peut-être raison. Son manque d'appétit charnel me trouble profondément. Je n'ai qu'une seule envie – m'évader. Mais comment échappe-t-on à quelqu'un qui t'échappe ?

Un soir, nous allons dîner chez des amis. La discussion tourne cette fois autour de lui et de ses problèmes au travail. La soirée de gala qu'il a organisée l'autre jour a été vivement critiquée par ses employés qui ne voient pas trop bien le lien entre leur institut des recherches astrophysiques et les mondanités. Vincent a maintenant peur de se faire renvoyer. Je ne cesse de lui dire que tout va s'arranger. Il faut juste qu'il demande plus d'argent à l'État qu'au marché. « Ah ! Parce que tu penses que l'argent de l'État est moins sale que l'argent privé ? » me demande-t-il d'un air narquois. Je baisse le regard dans mon assiette, car je ne sais plus quoi dire. Véronique, sa meilleure amie qui était son premier grand amour, dit tout à coup : « Une chose est sûre : les gens qui connaissent ta femme l'aiment beaucoup. Sors-la de ta boîte ! C'est ton plus grand atout ! » Je suis touchée, même si je n'aime pas trop l'idée d'être comparée à une chose qu'on garde dans une boîte. Vincent a l'habitude de l'écouter mais, cette fois-ci, il éclate de rire. « Mon plus grand atout ? Dans ce cas-là, je suis vraiment foutu ! »

Je ne dis rien. Certains drames ne méritent d'être joués que dans le théâtre de notre propre conscience. Véronique se penche alors vers moi et me chuchote : « Le temps de la femme n'est pas encore venu, ma chère. Moi, je lutte pour mes filles, les générations à venir. Tu comprends ? Quant à toi, il faut que tu l'admires. Il faut revenir à votre mythe fondateur et votre mythe est basé sur ton admiration pour lui. »

Je sens que c'est l'heure d'esquisser ma carte de Tendre, de frayer mon propre chemin entre les mers périlleuses et les lacs de l'indifférence. Je pense à Madame X, qui est toujours une femme sans qualités. Il faut commencer à l'animer, vu que je dois l'emmener chez mon psychanalyste fictif dans quelques jours. Je m'achète une fourrure noire aux puces, une capeline noire en feutre, un rouge à lèvres d'un carmin intense et une robe noire bien décolletée et serrée sur les hanches. Mais quand je fais mon apparition dans la cuisine vêtue de mes nouveaux accessoires en prenant une pose de séductrice hollywoodienne, Vincent me dit sèchement : « Tu sais, Halloween est passé depuis longtemps. »

Je souris. Je lutte en abdiquant. Le lendemain, je tombe sur un fauteuil en rotin style Emmanuelle dans une petite brocante près des Halles. Je me l'achète, qui sait ? Vincent désirera peut-être me prendre sur lui un jour. Je le regarde comme un objet sacré, le trône d'un dieu absent, me disant que si l'on croit suffisamment fort en une chose, elle va finir par prendre chair.

Peu après Mademoiselle K m'envoie un SMS : « J'ai un peu réfléchi à notre héroïne. J'aimerais bien qu'elle fabrique du pain. Dis-moi si cela va dans le sens que tu espérais. Je voudrais que tu le fasses d'une manière charnelle, que tu transpires, que tu y mettes tout ton amour et ta chaleur. » Du pain ? « Avec joie ! » Une deuxième tâche vient vite après : « J'ai encore une idée, j'aimerais bien que tu voles quelque chose, pourquoi pas une Bible ? » Et la troisième ne tarde pas. « Je voudrais aussi que tu te fasses hypnotiser ! » Je suis éblouie par l'abondance de tâches. Dans quel ordre faut-il les effectuer ? « C'est comme dans la psychanalyse, me répond-elle. Il faut que ça vienne tout seul, sans forcer. Un jour tu auras envie de faire ce pain et tu le feras brillamment ! »

L'hypnose

Je me trompe peut-être, mais je pense que le secret le mieux gardé par la psychanalyse, c'est qu'au fond de nous-mêmes nous savons tous très bien ce que nous désirons vraiment. C'est juste que nous n'avons pas assez de courage pour nous l'avouer. Je vais commencer par l'hypnose car elle me semble une parfaite porte d'entrée dans l'imaginaire de Madame X. Je retrouve le Divan, c'est ainsi que j'appelle le jeune hypnotiseur à qui j'avais acheté mon divan, au Caron de Beaumarchais, un petit hôtel de caractère au cœur du Marais, puisqu'il voulait que l'on se voie dans un « lieu neutre ». Pourtant, le lieu me semble être tout, sauf neutre, avec ses bibelots et ses petits canapés style rococo. Dans la chambre nous sommes accueillis par un lit à baldaquin rouge écarlate et une reproduction d'une scène galante de Fragonard où les frondaisons des arbres se déploient sur le ciel bleu tels des pubis géants débarrassés du poids de la matière.

Le Divan me demande avec beaucoup de gravité de m'allonger sur le lit. Il s'installe à mes côtés, sur une chaise, les mains posées sur les genoux, son regard perdu dans le vide. Le temps qu'il nous faut pour installer le silence, il me dit : « Ferme les yeux, et respire profondément. Tu vas sentir ton corps devenir léger. » Léger ? Une idée effarante me frappe soudain. Il pourrait être psychopathe ! Je pourrais finir coupée en mille morceaux. Je pense à Apollonide qui s'est fait tailler le visage par un de ses clients et à Belle de jour, qui se fait attaquer par l'homme aux dents en or. L'hypnose, c'est le scénario idéal pour un viol !

– Je vais compter de 10 à 1. Quand j'arriverai au chiffre 1, tu seras entièrement détendue... 10, 9, 8, 7, 6, 5, 4, 3, 2, 1... Entre en toi... Comme dans une maison. Descends les escaliers. Tu arrives à une porte. Ouvre-la... Qu'est-ce que tu vois ?

– Je vois... une assemblée de gens nus, exaltés, sans artifices, sans peur, lancés dans l'acte le plus pur de la vie, dans une bibliothèque de chair infinie.

– Est-ce que tu interagis avec eux ?

– Non... je ne fais que les regarder.

– Sors maintenant de la pièce et entre dans la suivante. Qu'est-ce que tu vois ?

– Une salle longue et lumineuse, couverte de miroirs. Au milieu, un bel homme dans une baignoire…

– Tu reconnais cet homme ?

– Oui…

– C'est qui ?

Je m'entends dire :

– C'est toi…

– Qu'est-ce que je fais ?

– Tu es nu, tu te laves et tu me regardes.

– Qu'est-ce que tu ressens ?

– Je ne sais pas…

– Essaie de raconter ce que tu ressens, ou au moins ce que tu fais.

– Je sors de la pièce.

– Tu ne restes pas ?

– Non. Je sors sur la terrasse de la maison. Je pénètre dans un petit jardin. Je me dénude et je commence à déambuler sur la pelouse humectée par la rosée matinale.

– Très bien. Maintenant tu vas reprendre les escaliers. Je vais commencer à compter doucement de 1 à 10. Lorsque je serai arrivé à 10, tu te réveilleras, et tu te sentiras mieux que jamais.

J'ouvre les yeux. La chambre est devenue sombre.

– Tu m'as fait voyager dans ton imaginaire pendant plus d'une heure, me dit-il un peu troublé.

– C'est étrange, je me souviens de si peu…

– On ne se souvient que de ce qu'on n'a pas envie d'oublier.

Il a l'air fatigué. Il me demande s'il peut s'allonger sur le lit à mes côtés. « Bien sûr. » Je ne sais plus combien de temps nous restons ainsi. Soudain je sens son corps s'approcher du mien, sa bouche effleurer mes lèvres... Il m'embrasse.

– Pour de vrai ? demande mon psychanalyste au milieu de mes rêveries.

– Je ne sais plus... À partir de ce moment, j'ai l'impression de basculer dans un autre monde. Je commence en tout cas à sentir la présence de Madame X.

– Depuis ce moment-là ?

– Oui...

– Continuez...

– Je me sauve, mais on se retrouve quelques jours plus tard. J'ai envie de me promener sur les collines de Montparnasse. Il fait beau. Si beau ! Et pourtant nous sommes en plein mois de novembre. En traversant le cimetière nous tombons sur la tombe d'Alphonsine Plessis, la Dame aux camélias. Lorsque j'ai vu l'opéra à vingt ans avec mon amoureux de l'époque, je me suis effondrée lors de l'air de la lettre d'adieu. Je n'arrivais plus à respirer. J'ai fini à l'hôpital... Sur le sarcophage de la Dame aux camélias, pas de camélias, juste un médaillon incrusté dans la pierre avec son portrait. Elle avait l'air si innocente !

– Vous tombez sur sa tombe...

– Oui... et là, il a essayé de m'embrasser une nouvelle fois... J'avais l'impression de tomber réellement, mais cette fois-ci, pas d'angoisse, seulement une extase douce et tranquille. En sortant, j'ai vu un fossoyeur gratter la terre d'une tombe. J'ai dit au Divan : « Les psychanalystes et les hypnotiseurs creusent comme des fossoyeurs. » Il m'a répondu : « Oui, sauf que la matière dans laquelle nous creusons est encore vivante. » Ensuite, il m'a emmenée dans son cabinet. Il m'a embrassée de nouveau. Je n'avais pas envie de me retrouver là. J'avais l'impression d'être encore sous hypnose. Il a sorti son sexe qui était bien raide. Je l'ai pris dans ma main gantée, je l'ai contemplé une seconde, ensuite je l'ai laissé tomber... enfin pas vraiment car il est resté érigé, comme la flèche d'un métronome, mais je l'ai laissé comme ça, dressé dans le vide, et je suis sortie... Ha ! Ha !

– Ça vous fait rire ?

– Oui, car peu après je découvre que j'ai perdu mon gant, je ne sais plus où. Je commence à errer dans les rues pour essayer de le retrouver... mais il est perdu à jamais...

– Vous avez perdu votre gant...

– Oui. C'est étrange, car je ne l'ai pas enlevé... En tout cas, je ne me rappelle pas l'avoir retiré... Ensuite, je suis immédiatement passée à la deuxième tâche de Mademoiselle K. Le vol de la Bible. Je l'ai volée dans la plus grande librairie religieuse de Paris, mais j'ai également acheté quelques livres sur l'extase de sainte Thérèse et d'autres femmes mystiques, au cas où l'alarme se mettrait à sonner. Ainsi je pouvais toujours dire : « Oh ! J'ai mis la Bible dans le sac, par mégarde... » Je pense à ma mère, qui est devenue religieuse du jour au lendemain. Ne sommes-nous pas dans une position similaire ?

Nous aimons toutes les deux des hommes absents : elle, Dieu, moi, Vincent... En rentrant à la maison, je me suis mise à faire du pain. J'ai reçu la recette, une employée de Monoprix qui a eu pitié de moi, lorsqu'elle a vu combien j'hésitais entre une farine et une autre. J'ai pétri la pâte avec tendresse, force et sueur, en pensant à tout ce qui m'avait traversée ce jour-là. Le cimetière. Le sexe. La Bible. Mon gant perdu... Avant d'introduire mon pain dans le four, je ne sais pas pourquoi mais j'ai eu envie de partager mon histoire avec les invités du dîner en y traçant avec une fourchette les mots clés de mon aventure avec le Divan... Ainsi nos invités ont-ils pu manger une histoire cachée...

– N'y aurait-il pas un lien entre les deux cas ? Entre... comment s'appelle la première ?

– Aimée.

– N'y aurait-il pas un lien entre Aimée et Mademoiselle K ?

– Entre la masturbation et le pain ? Je ne sais pas. Faire du pain, c'est assez innocent, mais bon, il y a ensuite le vol et l'hypnose.

– Et là, vous êtes allée assez loin.

– C'est possible...

– Mais vous vous arrêtez toujours au milieu. Vous ne vous êtes masturbée qu'à moitié. Ensuite, vous volez la Bible à moitié en achetant d'autres livres. Le pain, vous n'avez pas pu vous empêcher de mettre un peu d'histoire dedans... Et au moment où vous basculez dans un état second dans une maison où il se passe pas mal de choses... vous introduisez votre propre hypnotiseur à l'intérieur de la scène. Pourriez-vous vous arrêter sur cette image ?

– Je ne sais pas pourquoi il m'a fait penser à Marat… Qui dit que ce n'est pas l'hypnotiseur qui s'est introduit dans mes chimères ? Qui désire l'autre en premier lorsqu'un désir s'installe ?

– Vous savez ce qui arrive à Marat ?

– Oui… il a été assassiné…

– Par Charlotte qui vient le voir dans son bain… N'y aurait-il pas des Charlotte parmi vos femmes ?

– Non… Pourquoi y aurait-il des Charlotte ?

– Très bien. On va s'arrêter là.

Les jours suivants, je n'arrête pas de penser à la Bible, au pain, au Divan, au bain et à ce pauvre Marat. Il n'y avait aucun sens à tout ça. Et le prénom Charlotte ? Vincent n'était-il pas sorti avec plusieurs Charlotte ? Ah, si… Sa collection de papillons est vaste. Mais de là à le confondre avec Marat, le pas est assez long. Où trouve-t-on la terreur de nos temps ? Dans les spectacles de lumières et de faux-semblants ? Quelqu'un m'a dit une fois : « On a coupé leurs têtes mais leurs queues bougent encore. » Il n'y a pas que les hommes qui ont perdu leurs têtes. Les femmes aussi. Leurs têtes roulent dans les rues de Paris. Mais les méduses de nos temps ne sont plus effrayantes, si on en croit Hélène Cixous. Elles sont belles, radieuses, et elles rient. Quel est mon rôle dans ce spectacle d'apparences ? Je lis sainte Thérèse, *L'Aventure de Dieu*. Mais rien ne colle. Je suis incrédule comme un chien errant.

La coquille trouée

Mes muses deviennent maintenant de vastes paysages. Elvira, la muse des parfumeurs, est un paysage déliquescent, chaud aux couleurs vives, une femme salée, poivrée, poudrée, une femme aux formes de femmes qui résistent mieux au temps qu'aux hommes. Elle me donne rendez-vous dans le jardin d'un hôtel, à quelques pas de la maison de Virginia Oldoini, la comtesse de Castiglione, qui fut l'une des plus grandes muses de Paris, pour boire du thé aux fleurs de lys rouge orangé qui s'ouvrent dans nos tasses comme des anémones de mers.

La tâche qu'elle me confie est très simple. Elle voudrait que je me vêtisse d'un corset noir et que je me confronte à mon reflet dans le miroir. Le corset ? « Le corps sait. » Il s'agit de se redresser, trouver la carapace qui va me protéger. Je lui demande si cela ne va pas aussi m'étouffer.

– Ah non ! Car la pression fait circuler le sang dans le bassin. C'est aussi un rituel d'anticipation. C'est comme Nana face au miroir. Elle s'habille pour se déshabiller. « Fière et franche dans le monde, douce et soumise dans les plaisirs, nous dit Juliette, en ajoutant : Mais si vous me trouvez esclave dans le boudoir, songez que je ne veux l'être que de vos passions, et nullement de votre qualité de souverain. »

– Je crois que je préfère Justine à Juliette…

– Justine est moins intéressante que Juliette. Mais les deux sont des femmes porte-récits. La plupart des libertins de Sade restent statiques, mais Juliette et Justine voyagent sans cesse. C'est fantastique de pouvoir dire « J'ai voulu le faire, et je l'ai fait ! ». C'est pareil pour Madame X. As-tu envie d'être sa voix, son corps ou préfères-tu la regarder de loin ?

– Je ne sais pas... Je ne sais même pas comment l'aborder, ni quelle temporalité utiliser...

– Utilise si tu peux le présent, car le présent ne présuppose aucun dénouement. Mais fais attention à la morale. Regarde *Histoire d'O*, par exemple, c'est quand même l'histoire d'une sainte !

J'ai toujours adoré le début d'*Histoire d'O*, la manière dont son amant, un jour, l'enlève dans un taxi, lui demandant pendant que la voiture roule de défaire ses jarretelles, d'enlever ses bas, sa ceinture, sa culotte. Je me rappelle la banquette en moleskine, froide et glissante, contre ses cuisses, comme si c'était hier, comme si c'était à moi que cela arrivait... sa longue dépossession dans le château, mais la fin... cette double fin impitoyable en forme de queue de poisson me déplaît profondément.

Je me souviens que j'ai un vieux corset à la maison. Je le sors, je me dénude entièrement, je le mets et me regarde dans le miroir... Rien.

– Rien quoi ? demande mon psychanalyste, lorsque je me retrouve sur son divan.

– Cela ne m'a rien fait du tout... En fait, je n'aime pas me regarder dans le miroir...

– Pourquoi ?

– C'est comme si j'arrêtais la télé sur une image fixe. Cela n'a aucun intérêt. Regarder les autres est bien plus intéressant. La deuxième tâche d'Elvira était au final beaucoup plus difficile. Elle m'a offert Montana, mon premier parfum, et m'a demandé de « voyager dedans ». Comment voyage-t-on dans un parfum ? Eh bien j'ai décidé de revenir aux sources !

– Quelles sources ?

– Vous savez, un premier parfum, c'est comme un premier amant. J'avais acheté Montana à Saint-Malo pour parfumer ma première histoire d'amour. L'amour... je ne sais pas car je n'avais que quinze ans. Eh bien, le week-end dernier, j'ai décidé de retourner à Saint-Malo, après toutes ces années, car j'avais aussi envie de voir la mer en plein hiver. Mon mari était de nouveau parti en voyage, je ne sais plus où. Avant de partir, je lui ai offert *Confession d'un masque* de Mishima, un de ses auteurs préférés, en lui disant : « Ce livre contient un message secret. » C'était un cadeau en miroir avec un de ses tableaux qui m'avait beaucoup interpellé lorsque je suis arrivée dans sa vie. Il représentait un homme, qui flottait au milieu d'une rivière, la tête coincée dans les mâchoires d'un crocodile. Au-dessus de sa tête, on pouvait lire une citation de Nietzsche : *Un masque se forme sans cesse autour de tout esprit profond.* Peut-on faire tomber un masque par un autre ? J'avais pris une chambre à l'hôtel des Thermes au bord de la mer, qui ressemblait à un hôtel proustien avec son style Belle Époque.

Madame X commençait à prendre chair. Je me suis laissé emporter par les souvenirs de ma première histoire d'amour que j'avais eue avec deux jeunes hommes : un athlète solaire d'une grande beauté et un étudiant en philosophie, que je ne voyais que la nuit. J'étais complètement déchirée entre la beauté et l'esprit. L'un était lié à l'autre, comme la forme à son contenu. Je les ai gardés tous les deux pendant tout l'été, me disant qu'un jour, un jour, j'allais trancher. Juste avant de quitter Saint-Malo, le jeune philosophe est venu me dire : « Si tu es prête à vivre une véritable histoire d'amour avec moi un jour, reviens et écris-moi "Je suis là !" ici, sur la plage, avec ton numéro de téléphone, comme ça, je te retrouverai... »

Me voilà de retour à la ville de mes amours perdus. Je visite la parfumerie où j'ai acheté mon Montana. Est-ce qu'ils le vendent encore ? Le vendeur disparaît dans la réserve au sous-sol et revient avec un parfum en forme de coquille. J'ouvre le flacon et j'appuie sur sa petite pompe. Ah ! C'est lui ! Le parfum en forme de spirale qu'Elvira m'avait donné n'était qu'un sous-genre de ce parfum initial. Je m'embaume de lui et descends sur la plage enivrée par l'odeur retrouvée.

La plage est bien plus petite que dans mes souvenirs. Je commence à l'arpenter dans tous les sens. À quel moment ai-je perdu ma capacité à choisir ? Je me suis toujours donnée par petits bouts, comme dans les numéros d'illusion de femmes coupées, me disant qu'en ne misant jamais sur un seul homme, je resterai détachée, libre, en sécurité.

Mais quelque chose ne tournait pas rond. Pourquoi avais-je finalement fixé mon amour sur Vincent ? Pourquoi avais-je choisi un Don Juan pour me guérir de mon bovarysme ? Pourquoi pas un Charles ou quelqu'un qui aurait suffisamment erré pour savoir maintenant ce qu'il voulait ? Pourtant, c'est ainsi que Vincent s'est présenté au début, comme « un Hollandais volant » qui aurait enfin trouvé la femme qu'il a toujours cherchée parmi toutes les femmes... la seule et unique femme qui pourrait le sauver de son éternelle insatisfaction. Mais un jour, je fus confrontée à l'évidence. J'ai compris qu'il ne faut jamais prendre un souhait pour une promesse. Il faut que je me débarrasse des dernières illusions qu'il me reste.

Je prends mon parapluie et j'écris avec sa pointe dans le sable « JE SUIS LÀ ». J'y ajoute mon numéro de téléphone, en me disant que je réponds à une injonction un peu absurde mais que l'absurde est parfois plus sage que la sagesse. Peu après, mon téléphone sonne. Je décroche. La voix me dit : « Moi aussi je suis là ! » Pendant quelques secondes, la soif de l'improbable me saisit, mais non, ce n'est pas mon philosophe, ni Vincent qui dans mes fantasmes les plus inavouables m'aurait suivie jusqu'ici pour m'empêcher de glisser vers l'irréversible. C'était simplement un adolescent, et derrière lui, en fond sonore, les rires de ses camarades. Je n'avais pas pensé à tous les autres qui pouvaient découvrir mon message en haut de la muraille. Je raccroche et je retourne à mon hôtel me sentant plus ridicule que jamais.

Il faut réactiver Madame X. Elvira m'a invité à voyager *dans* le parfum. Si le parfum est un temps cloisonné, on n'est pas obligé de voyager uniquement vers le passé. Je prends un long bain et me rends au bar de l'hôtel vêtue de mon chapeau noir et de ma fourrure, me disant que cela pourrait être assez romanesque de se livrer à l'avenir, enveloppée dans mon parfum d'autrefois. Je commande un porto rouge. Le pianiste, qui ressemble à un professeur de mathématiques, me sourit. Je lui retourne le sourire, même s'il joue Chopin comme une chèvre. Soudain, un bel homme aux cheveux argentés pénètre et traverse la salle lentement, le regard baissé au sol comme s'il était en train de résoudre un grand problème philosophique. Il sort sur la terrasse et disparaît dans la nuit. Je décide de rejoindre ma chambre, songeant que ce dernier petit événement suffit pour aujourd'hui.

Le lendemain, je passe la journée à *lirécrire* dans mon lit. Lorsque la nuit tombe, je descends au bar. Ils ont changé de pianiste, mais celui-ci est pire que le précédent. Je lui demande s'il peut jouer la *Gnossienne n° 1* de Satie. Comme par miracle, les sons s'entrelacent tels les ornements d'un filigrane céleste.

Sorti de nulle part, l'homme d'hier réapparaît. Il commande un café et se retourne vers le pianiste. Il reste ainsi, suspendu dans le vide, immobile, comme s'il était seul au monde ou comme si le monde n'était qu'en lui. Je décide de sortir fumer une cigarette sur la terrasse, regarder l'enlacement de la mer et du ciel, enfin réunis par le coucher du soleil. Qui sait ? Il va peut-être me suivre, sinon, je pourrai toujours imaginer qu'il le fait.

Il fait noir dehors maintenant. Je regarde l'écume des vagues écrire la nuit et laisse leur bruit me bercer vers un temps hors temps. Il n'est pas venu. Et alors ? On ne peut pas se sentir abandonné par quelqu'un qu'on n'a pas encore rencontré. Au moment où je commence à diriger mes pas vers l'entrée de la terrasse, la porte s'ouvre sur lui. Il avance vers moi, le regard toujours cloué au sol. Comme je me suis déjà mise en marche, je ne peux pas m'arrêter. Il a l'air si triste et tourmenté. Peut-être est-il moribond et est-il venu se soigner dans les eaux balnéaires de l'hôtel. Au dernier moment, il lève la tête et me jette un regard droit et intense. Je continue mon chemin et lui aussi.

Au réveil, je contemple un albatros qui se promène sur le rebord de la fenêtre avec une attitude bien désinvolte. Voilà comment je devrais envisager la vie. Comme un albatros je-m'en-foutiste. Je descends me promener au bord de la mer. De ce côté de la ville, la plage est beaucoup plus longue et paisible, le ciel plus laiteux, l'intramuros un simple mirage. En fouillant le sable, je tombe sur une coquille d'huître trouée. Je l'approche de mon œil tel un binocle pour viser la mer, le ciel, le petit bateau aux voiles qui frôle le ciel. Tout d'un coup, je sens mon sexe pulser en moi. Je commence à regarder tout à travers lui. C'est magique ! C'est comme si ce trou rendait le monde maîtrisable. Mais au milieu de mes rêveries, une angoisse indéchiffrable s'empare soudain de moi. Je glisse la coquille dans ma poche et je rentre à l'hôtel pour prendre le petit déjeuner.

L'écrivain

La queue qui mène au buffet est interminable. Heureusement que j'ai un livre avec moi, *Risibles amours* de Kundera. Je l'ouvre et me laisse emporter par ses calembours. Tout à coup, j'entends quelqu'un me dire : « Vous êtes tchèque ? » Je lève mon regard. C'est lui. Je souris, et je lui dis avec l'air le plus détaché possible : « A-t-on besoin d'être tchèque pour lire Kundera ? ». Il rit, un peu gêné, et me répond : « Bien sûr que non ».

– Vous ne dites plus rien ?

Mon psychanalyste semble contrarié.

– Pardon, qu'est-ce que vous disiez ?

– Vous vous êtes arrêtée dans votre récit. Pourquoi ?

– Ah ! Je ne l'avais pas remarqué. J'ai tant fantasmé sur cet homme que je pense par moments l'avoir inventé et là, je le retrouve.

– Dans la queue.

– Ha, ha ! Oui, dans la queue… J'ai accepté son invitation à déjeuner, ou est-ce que c'était le petit déjeuner ? Je ne sais plus… Ah, si ! Nous avons pris le petit déjeuner ensemble et nous nous sommes retrouvés quelques heures plus tard pour un déjeuner en ville, au restaurant Chateaubriand. Je découvre qu'il est écrivain. Il écrit sur les ruines des empires. Lui aussi est venu ici pour s'isoler, pour écrire loin de tout. Mais il n'y arrive pas, il n'y arrive plus depuis quelque temps. Il me demande si je suis libre. Je lui dis que je suis mariée et je lui retourne la question. Il me répond qu'il voit quelques femmes, mais qu'en même temps, « cela veut dire personne ». Je lui raconte l'histoire de mon écriture dans le sable. Il trouve ça très romanesque et me propose d'y retourner voir ce qui s'est passé depuis. Il pense que le message n'y est plus. L'idée m'intrigue. Nous quittons le restaurant et nous descendons à la plage. Il a raison. Le vent et la pluie l'ont effacé… ou la mer, ou les gens. Peut-être n'y avait-il jamais eu de message et que tout n'était qu'un rêve ?

– Et comment vous êtes-vous séparée de cet homme ?

– J'ai décidé de rester encore un soir, car je voulais voir un vieil ami. Mais le lendemain, au petit déjeuner, je ne l'ai pas retrouvé dans le restaurant. La seule chose qui me reste maintenant, c'est le parapluie et la coquille trouée…

– A-t-il vraiment existé, cet homme ?

– Si j'avais pu l'inventer, il aurait été comme ça, exactement comme ça. Un écrivain ténébreux et solitaire qui pense qu'il faut être tchèque pour lire Kundera.

– Il ne vous a pas embrassée ?

– Non… car j'ai senti qu'on allait se retrouver plus tard…

– Quand vous sentez que quelque chose va se réaliser, vous vous arrêtez… comme avec ces deux hommes dans le passé, aussi bien qu'avec le Divan et l'écrivain. Vous ne vous êtes donnée ni à l'un ni à l'autre.

– Comment savoir pourquoi les choses ne se font pas ?

– Vous avez du mal à accomplir une chose, mais, en même temps, vous avez choisi de vous laisser diriger par des marionnettistes.

– C'est ma manière d'échapper à la réalité, euh… je veux dire à la vie que je menais…

– Y a-t-il quelque chose qui vous fait peur dans la réalité ?

– Sans doute.

– Quand on se regarde à travers un miroir, par exemple, ça peut faire peur… Le narcissisme, c'est quoi ? C'est se refléter sans se retrouver. Il faut découvrir le monde hors soi.

– Je sais, c'est pour cela que je cherche en permanence quelqu'un qui me sauvera de moi-même.

– Oui, mais si l'un se retrouve uniquement à travers les yeux de l'autre, ça devient un drôle d'autre…

– Ah bon ?

– Vous serez entre ses mains comme Pinocchio avant de devenir un enfant.

– Ma quête est peut-être impossible... C'est ça que vous voulez dire ? Mais pour devenir soi, il faut oser devenir quelque chose que l'on n'est pas, n'est-ce pas ?

– Que l'on n'est pas ? Ces femmes, quand elles vous donnent des tâches, vous allez bien au-delà de ce qu'elles vous ont suggéré, n'est-ce pas ? Montrant que vous n'êtes pas uniquement un objet, mais un sujet désirant...

– C'est possible...

– Saint-Malo n'était pas prévu dans la mission.

– Vous voulez dire que je n'obéis pas vraiment ?

– Vous suivez une consigne, un peu comme un thème, sur lequel vous faites des variations... Ça commence fort, en tout cas... Les trois premières femmes.

– Vous trouvez ?

– Mais, dans vos histoires, la masturbation tronquée, la frayeur face au membre érigé et l'avortement d'une nuit d'amour au bord de la mer, une rencontre qui n'aura jamais lieu... vous vous confrontez à une jouissance impossible.

– C'est possible... que ce soit impossible...

– Que pensez-vous ?

– J'ai l'impression que pour que quelque chose puisse exister, il faut couper. Il faut couper le cordon ombilical pour que l'enfant puisse vivre. Il faut couper la vie en scènes pour mieux la voir, il faut aussi couper les séances psychanalytiques, pour pouvoir entendre ce qui vient d'être dit. Et surtout, il faut couper dans un texte, pour qu'il puisse révéler sa véritable nature... C'est pour ça que j'adore les éditeurs... me faire éditer, voir les morceaux de mes textes disparaître à jamais... La coupe crée du désir... Ou est-ce plutôt une forme de lâcheté ?

– Qu'est-ce qui vous semble si impossible dans la réalité ?

– J'ai peur de m'abandonner à l'autre... en même temps, c'est une peur qui m'excite. Je ne sais pas... J'ai probablement moins peur que je ne le pense. Pourquoi pensez-vous que j'ai peur d'ailleurs ? Et si c'était *vous* qui aviez peur ? C'est facile de projeter ses peurs sur les autres ! De quoi avez-*vous* peur ?

– Qu'est-ce que les hommes ont que les femmes n'ont pas ?

– Je ne comprends pas la question.

– Le parapluie... les coquillages... C'est quoi ces symboles ?

– Vous ne répondez pas à ma question ! Vous savez, j'aime bien Freud, mais les symboles ont leurs limites. Le désir ne se réduit pas à une image, mais si vous voulez à tout prix analyser un symbole, je vais vous le donner ! Depuis quelque temps... un paon visite mes rêves, avec plein d'yeux qui me regardent depuis sa queue. Voilà une chose un peu plus difficile à analyser.

– Encore la queue...

– Vous ne seriez pas un peu phallocentrique ? Le paon fait la roue aussi ! Comme mes femmes... Elles sont des sujets phalliques avec des queues kaléidoscopiques. Le paon est multiple dans sa nature. Comme le désir... Comme le couteau suisse !

– Encore la coupe !

– Il paraît qu'il y a des gens qui souffrent du syndrome du couteau suisse, ils se perdent dans une recherche de polyvalence excessive. Je ne veux pas chercher le sens des choses, mais le sens derrière le sens...

– ...

– Ah ! Le silence... Je déteste les silences.

– Qu'est-ce qui vous déplaît dans le silence ?

– Je ne sais pas... Il n'y a rien qui m'angoisse plus que le silence.

– Rien ne vous angoisse plus que le silence ?

– Vous allez répéter tout ce que je dis ? C'est un peu facile, non ? Je pourrais aussi bien vous remplacer par un perroquet !

– Vous voulez déjà me remplacer ?

– Non, je n'ai pas le temps de chercher ailleurs.

– C'est donc le temps qui vous manque !

– J'ai déjà remplacé mon vrai psychanalyste par vous, je ne vais quand même pas chercher le double de son double !

– Très bien. Restons-en là.

– C'est une bonne idée.

Je sors à la fois furieuse et épuisée de ma séance. Je ne sais pas pourquoi. Il a touché à quelque chose qui me fait mal, si mal, qu'après j'ai dû errer pendant des heures et des heures dans les rues. Je ne voulais plus rentrer. Et encore maintenant sur mon divan à moi, je me sens aussi décentrée qu'une coquille trouée.

Amédée et Oméga

Il faut que je prépare le cours que je donne à la fac sur l'art d'errer dans l'inconscient à travers l'art. J'ai tellement envie d'errer ! Comment erre-t-on d'une manière organisée ? Je vais à la bibliothèque de la Sorbonne, pour chercher quelques livres. En sortant, je vois un jeune homme d'une beauté astrale, vêtu d'un manteau bleu foncé un peu froissé, rôder dans la cour. Il s'arrête, m'examine un instant et se dirige vers moi. Il se présente et me dit solennellement : « Vous êtes spécialiste de Goethe, n'est-ce pas ? »

Je suis étonnée, car peu de gens savent que j'ai fait des études sur Goethe. Il m'explique qu'il est étudiant en droit, et que, pour gagner sa vie, il travaille de temps en temps comme hôte dans des soirées mondaines. Il a travaillé lors de la soirée de gala que Vincent avait organisée l'autre soir. Lorsqu'il m'avait vue là-bas, il avait demandé à ses collègues qui j'étais. En faisant des recherches sur moi plus tard, il est tombé sur mes écrits sur Goethe, son écrivain préféré. Il adore *Les Souffrances du jeune Werther*, ainsi que les échanges épistolaires entre Goethe et Eckermann. Puis il change de registre et me dit avec une grande gravité : « Je n'arrive plus à dormir depuis quelque temps... Je ne sens plus rien. C'est comme si j'étais coupé du monde. » J'ai envie de lui dire que nous sommes tous pareils, coupés, déchirés, mais en mettant ensemble tous ces petits bouts d'information qu'il me donne, le manque de sommeil, le détachement du monde, Werther, je comprends que ce jeune homme qui s'appelle Amédée, l'aimé des dieux, est sans doute en danger.

Je lui dis que la meilleure façon de guérir du mal romantique allemand, car c'est ce qui me semble être son syndrome le plus apparent, c'est de lire *Charlotte à Weimar* de Thomas Mann. Il faut sortir d'un livre par un autre. Dans la version de Mann, Goethe est au crépuscule de sa vie, chez lui à Weimar. Il n'a pas vu Charlotte depuis des années. Un soir, ils doivent se revoir, pour aller au théâtre ensemble. Il l'attend depuis des heures. Où est-elle ? Va-t-elle le rejeter encore une fois ? Son valet entre dans la pièce pour l'informer que Charlotte est enfin arrivée et qu'elle l'attend dans sa calèche. Goethe réfléchit un temps et dit à son valet : « Voici les billets du spectacle. Descendez et donnez-les-lui. » Goethe resta chez lui et Charlotte repartit seule dans sa calèche. Je ne lui raconte pas l'histoire. Nous pourrons en reparler une fois qu'il l'aura lu.

Nous nous retrouvons quelques jours plus tard au bord de la Seine. Ma prescription littéraire lui a fait beaucoup de bien, mais il continue à me parler d'écrivains qui se sont suicidés ou qui se sont enfermés dans leur solitude. Je suis éblouie par ce jeune homme, si brillant et si triste. Je lui tends la main en geste d'amitié. Il la prend et la regarde, comme s'il n'avait jamais vu une main avant. Il la retourne dans tous les sens, comme s'il cherchait quelque chose, ensuite il me dit : « Enfant, un jour où j'étais avec mes parents en voiture, on a aperçu une jeune femme qui faisait de l'auto-stop. Mes parents l'ont invitée à passer la nuit chez nous car elle avait fait un long chemin. Le soir, alors qu'elle prenait son bain, j'ai attendu jusqu'au moment où je me suis dit qu'elle devrait être nue et j'ai ouvert la porte. Elle était encore plus magnifique que dans mon imagination. Elle m'a souri. Je suis resté paralysé. Puis, j'ai refermé la porte. Le matin, lorsque je me suis réveillé, elle était partie. Je ne l'ai plus jamais revue. » Il pose ma main sur son visage, il ferme les yeux, et s'en va après m'avoir embrassée tendrement sur le front. Depuis, j'ai compris qu'Amédée ne dit jamais au revoir. Chacune de ses phrases pourrait être la dernière.

*

Mon psychanalyste a l'air enjoué aujourd'hui. Je m'allonge sur le divan et commence à fabuler.

– Beaucoup de choses se sont passées depuis la dernière fois. Tellement de choses que je ne sais plus ce qui est vrai ou faux.

– Ce n'est pas ce que vous vouliez ? Abolir la différence entre le vrai et le faux ?

– Si... Bon, bref ! Je viens d'ajouter une nouvelle muse à ma collection. Elle s'appelle Oméga. C'est une femme qui sculpte les gens, le temps, une psychanalyste qui n'est pas dans le discours du *maître*, mais dans celui de l'*être*. C'est une japoniste fascinée par le regard de Narcisse, mais aussi l'écho d'Écho. Elle vit dans une magnifique maison avec sa famille, son chat, ses parfums, son jardin et ses nombreux livres alignés dans une bibliothèque circulaire. La tâche qu'elle m'a confiée impliquait aussi mon mari, car oui, je ne me rappelle plus si je vous l'ai dit, mais j'ai un mari... Elle voulait que je prenne un bain, que j'attende mon mari dans le bain, et qu'à l'instant où il entre, je regarde mon propre reflet à la surface de l'eau, comme Narcisse. Je ne sais pas si c'était sa manière de me dire que je suis narcissique, ou que je ne le suis pas assez... Bref, un soir, je me suis allongée dans ma baignoire. Je ne sais pas combien de temps je suis restée ainsi... soudain j'ai senti une présence. Je me suis retournée. Ce n'était pas mon mari, mais mon chat qui me regardait d'un regard inquisiteur, presque énervé, comme s'il voulait me dire : « Bon, t'as bientôt fini ? » Il a l'habitude de venir laper la baignoire après mes bains. Je me suis rallongée dans l'eau, un peu désemparée, et j'ai dirigé mon regard vers le plafond bleu, que je n'avais jamais vraiment regardé, et là quelle apparition ! Le reflet de lumières qui jaillissait de la masse de mousse brillait comme un baldaquin d'étoiles autour de mon corps.

– Vous n'avez pas vu votre corps ?

– Non. Puis, je suis sortie de mon bain comme une flèche. J'en avais marre d'attendre quelqu'un qui n'arrive jamais !

– Très bien, on va s'arrêter là.
– Ah bon ? J'ai dit quelque chose de mal ?
– Vous avez dit que vous en avez marre d'attendre quelqu'un qui n'arrive jamais. C'est un bon constat.

Je pars de la séance troublée. Pourquoi m'a-t-il arrêtée si vite ? Avait-il quelque chose d'important après, ou s'agit-il d'une simple ponctuation ?

Le rite de passage

J'ai toujours été fascinée par les femmes spectacles, les femmes aux cent visages, les Salomé, les Concha, les Ève futures, ces Femmes Dieu, désirées et redoutées, les sculptures qui prennent vie, les tableaux qui deviennent miroirs, nous renvoyant aux limites de la volupté, mais aussi aux limites des hommes face aux femmes qui ne les divinisent que pour mieux les sacrifier sur l'autel de l'art. Huysmans n'avait-il pas dit : « La femme n'existe pas. Elle n'est que dans l'imagination de celui qui l'aime et qui la crée » ? Et Mirbeau : « Je n'ai rien, absolument rien, à reprocher à ma femme, sinon d'être femme » ?

Mademoiselle K vient de m'ouvrir les portes du pandémonium céleste du cinéma. J'enchaîne les fêtes, je marche à ses côtés, savourant l'air délicieux de ses paroles et de ses gestes. Je reste toujours dans ses périphéries, jamais dans l'image. Je cherche la source de l'image mais, un jour, c'est tout l'inverse ce qui se passe. Je me précipite vers mon psychanalyste fictif.

– Je viens de rencontrer ma nouvelle muse, Jean de Berg. C'est une femme d'un certain âge, petite, belle et fine, qui est devenue mythique pour ses romans et ses cérémonies. Elle fait la chasse à l'homme dans des châteaux, des parcs et des forêts... Pour vous donner un avant-goût de ce qu'elle fait dans ses cérémonies, c'est comme si la franc-maçonnerie et la psychanalyse s'étaient donné rendez-vous dans une peinture de Botticelli. J'ai d'abord eu très peur, car lors de notre premier rendez-vous chez elle, sa complice, Béatrice, n'arrêtait pas d'interagir avec un petit serpent vert qui ondulait à l'aveugle dans son corset. De temps en temps, il sortait sa tête, pour qu'elle lui donne à manger, je ne sais plus quoi, car mes pensées vagabondaient sur les nuages qui recouvraient le papier peint du salon... J'avais l'impression que tout flottait dans l'appartement. À un moment donné, Jean de Berg a sorti un sceau offert par un de ses esclaves, avec lequel elle lui avait marqué le dos de ses propres initiales. Je n'avais aucune envie d'être confrontée à un serpent, encore moins à un fer rouge. Comme si Jean de Berg avait senti le parfum de ma peur naissante, elle m'a dit : « Moi, je lutte avant tout pour le droit à l'imagination. On n'a peut-être pas le droit de tout faire, mais on a quand même le droit de tout imaginer. » J'avais tellement de questions à lui poser, mais je n'en ai choisi qu'une seule. Je voulais connaître son plus grand antagoniste. « Ah ! C'est très simple. Le christianisme ! Car il a créé une division entre l'homme et la nature, et surtout entre le corps et l'esprit. » Je l'ai prié de m'initier à son monde Elle m'a regardé longuement, et ensuite m'a dit : « Eh bien, pour cela, il va falloir vous mettre à l'épreuve ! » Le rite d'initiation consistait dans le scénario suivant : dimanche prochain, à 19 heures, je descendrai au bord de la Seine, et...

– Oui ?

– Dans un de ses livres, elle décrit une performance qu'elle avait organisée un soir, avec un homme noir, nu, attaché à des anneaux face au Louvre, à côté d'un saule pleureur, en bas du pont Royal, qui se faisait fouetter par elle. Par moments, la scène était illuminée par les lumières des Bateaux-Mouches... Imaginez-vous le choc des passagers du bateau qui ont vu la scène. Jean de Berg m'a demandé d'aller sur les mêmes lieux, et...

Il tousse.

– D'ouvrir ma fourrure et de rester ainsi... toute nue, tenant les revers de ma fourrure pendant que le bateau passe, ensuite la refermer. Il fallait que je le fasse deux fois. Une fois face au premier bateau qui avancerait, et une seconde fois face aux projecteurs d'un Bateau-Mouche. J'étais tétanisée. Je lui ai demandé si je pouvais porter un masque. « Hors de question ! » Il fallait en plus que je trouve un témoin, qui puisse me photographier depuis le Bateau-Mouche. Elle s'est tournée vers Béatrice en riant : « Ha ! Ha ! Elle va être complètement enrobée et grillée ! »

Je ne suis pas une grande exhibitionniste, encore moins en plein hiver dans un espace public face à de purs inconnus. Qui pouvais-je prendre comme témoin ? J'ai d'abord pensé à ce jeune Werther, rencontré il y a peu, mais je me suis dit qu'il ne fallait pas le perturber avec ça… Une amie m'a envoyé André, un jeune acteur qui avait joué dans le dernier film de Rohmer. André était plus qu'intrigué. Il voulait même filmer la scène, mais je lui ai dit : « On va rester fidèles au désir de Jean de Berg. Tu vas juste prendre une photo en noir et blanc. » Il a fait les repérages, on a tout organisé dans le moindre détail. Le jour venu, mon mari a sans doute pressenti quelque chose car il m'a demandé plusieurs fois où j'allais. Il a même couru après moi, jusqu'à la porte, enragé, car il voulait que je reste dîner avec lui et son ami Patrick ce soir-là. Je ne sais plus ce que j'ai inventé, car j'avais peur qu'il ne découvre que j'étais nue en dessous de ma fourrure. Lorsque j'ai tenté de traverser le seuil, il m'a poussée dehors et claqué la porte derrière moi. Le premier bateau qui est arrivé s'est avéré, figurez-vous, être ni plus ni moins que le bateau de la brigade fluviale ! Peut-être avais-je l'air de vouloir me jeter dans la Seine, car ils se sont arrêtés pile face à moi. J'avais tellement peur, mais je me suis dit que je n'étais plus moi, mais Madame X et Madame X n'a peur de rien. Il fallait me dénuder, car le Bateau-Mouche arrivait juste après… Imaginez la stupéfaction des trois policiers lorsque j'ai ouvert mon manteau. Un a couvert son visage, et les deux autres m'ont regardée comme s'ils avaient vu un extraterrestre. J'ai refermé doucement mon manteau et remonté les escaliers de pierre. Ils ont foncé dans la nuit. J'ai attendu d'être sûre qu'ils soient partis, et suis vite redescendue, à bout de souffle. En fixant le pont et les ondes du fleuve, j'ai retrouvé mon calme. Le Bateau-Mouche avançait maintenant vers moi comme une baleine étincelante. Au moment où la lumière crue des projecteurs a frappé mon corps, j'ai ouvert mon manteau. Une cascade de flashs de caméras, de rires et d'applaudissements a jailli du bateau. J'ai également entendu le déclic d'un appareil photo derrière moi. Je me suis retournée. C'était une ombre qui me prenait en photo depuis le haut du mur. Une fois chez moi, j'ai envoyé la photo de mon témoin à Jean de Berg. Quelques jours plus tard, après une lecture qu'elle a tenue dans un petit théâtre, elle m'a prise à part, a sorti son portable et m'a montré une image en disant : « N'est-elle pas encore meilleure que celle de votre témoin ? » L'ombre qui m'a prise en photo était leur propre témoin. Jean de Berg et Béatrice avaient conspiré derrière mon dos, littéralement. Avais-je maintenant réussi l'épreuve initiatique ? Étaient-elles prêtes à me recevoir dans leur monde ? Et moi, étais-je prête enfin ?

– Donc tout ça n'a été que des préliminaires ?
– Oui. J'attends les indications pour la suite.
– …
– Vous ne dites plus rien…
– Je vous écoute.

– Moi aussi, j'ai envie de vous écouter ! Je me dénude comme ça, face à vous, et vous, vous m'abandonnez !

– Qui vous dit que je vous abandonne ?

– …

– Très bien. On va s'arrêter là.

Ah, je le savais ! Cette fois-ci, je savais qu'il allait couper juste là, sur l'abandon. Je commence à comprendre son système. Il pense que j'ai peur de l'abandon. Mais ne voit-il pas à quel point je m'abandonne tout le temps ? Je commence à le trouver un peu antipathique. C'est peut-être un bon signe. Il ne faut pas que j'oublie que c'est précisément une résistance que je cherchais. Je pense l'avoir trouvée. Simplement il ne me résiste pas là où je m'y attendais.

*

J'ai toujours été intriguée par la combustion humaine spontanée. Les corps qui prennent feu, sans raison apparente. Certains hommes brûlent de l'intérieur, à petit feu, dans une autocombustion lente et modérée. Si on ouvre la porte trop vite, ils explosent. Si on ne l'ouvre pas à l'heure, ils étouffent.

Vincent est de plus en plus certain qu'il va se faire virer, que tout le monde le déteste, que sa vie n'est devenue qu'une série de jeux de pouvoirs. Un soir, lors d'un dîner en tête à tête, j'essaie de combattre son angoisse en le faisant parler de ses souvenirs heureux, de son enfance, des personnes auxquelles il tient, comme sa mère, qui a toujours été là. « Oui, mais avoir quelqu'un qui est tout le temps là, ça peut être étouffant aussi, tu sais », me dit-il avec un sourire coupable. « Je n'ai jamais vécu que pour moi. J'étais son tout. » Je tente de le faire parler de son père. Il ne veut pas. « Tu connais déjà l'histoire. » C'est vrai, son père était plus préoccupé par l'entreprise qu'il dirigeait, que par son fils ou sa femme. Et pour le protéger, elle n'a quitté son mari qu'au moment où Vincent est devenu adulte. Je lui demande quelle autre personne il a appréciée dans son enfance, n'importe laquelle. « Ah si, je t'ai déjà raconté l'histoire avec mon professeur maoïste. » Il m'a effectivement beaucoup parlé de lui. Après quelque temps il me dit : « Tu sais, un jour, il a tout quitté, pour partir élever des chèvres. »

Je ne dis rien, pour mieux l'aider à avancer. C'est comme si mon silence avait ouvert une brèche en lui, car soudain, il se met à pleurer. Je quitte ma place, je m'installe sur ses genoux et je le prends dans mes bras. Il continue à me dire, à travers ses larmes, qu'il a toujours admiré les hommes de pouvoir et qu'il a toujours pensé que c'était par faiblesse que son professeur avait tout quitté. Maintenant, il se rend compte que c'est l'inverse : « L'acte le plus courageux, c'est de savoir tout quitter. » Il se met à pleurer encore plus intensément qu'avant.

Je l'embrasse, je tiens son visage entre mes mains et je lui dis : « Quittons ce palais de pierre qui nous rend si malheureux, avant que tes adversaires ne nous mettent dehors. Partons élever des chèvres ou n'importe quelle chose dans le genre. » Il sourit et me serre fort dans ses bras. Nous commençons à rêver d'une nouvelle vie sereine à la campagne, avec un potager, un bureau pour chacun, un hamac, des pommiers. Mais soudain il se lève brutalement et s'en va, en me disant que je ne suis qu'une enfant qui prend les contes pour des vérités.

À mon seul désir

Je déteste les retours imposés. Je dois retourner en Suède pour vider mon appartement, car mon agence immobilière vient de découvrir que je n'y habite plus vraiment. Je pars avec ma copine Carine, pour emporter en France les milliers de livres qui couvrent les murs. Dans le grenier, ensevelie par le maelström d'éventails, de bijoux et de gants de ma grand-mère, ses foulards, qui portent encore son parfum, ses peintures, les boîtes avec les décorations de guerre de mon grand-père, son chapeau, ses mouchoirs, que ma grand-mère repassait avec tant d'amour, je fonds en larmes. Que ferai-je de tous ces objets ? C'est tout ce qu'il me reste d'eux. Carine me dit tendrement : « Ils vont enfin te rejoindre dans ta nouvelle vie. » J'ai l'impression de ne quitter la Suède que maintenant. Suis-je vraiment prête à quitter mon pays définitivement ? Étais-je prête à quitter la Roumanie lorsque j'étais enfant ? Mon père, qui rêvait d'écrire ses romans en liberté m'a dit à l'époque : « Nous allons partir à la recherche d'un nouveau monde. Et une fois là-bas, nous allons faire comme Cortés : brûler nos vaisseaux et ne plus jamais regarder en arrière. » Vincent avait essayé de faire pareil, quand il m'a fait venir avec lui en France. Mais cette fois-ci, j'ai réussi à garder un pied dans le pays. Dans quelques jours, mes deux nouvelles vies seront enfin réunies.

Avant de quitter la Suède, je passe quelques jours à Stockholm, la Venise du nord. Je dors chez une de mes meilleures amies, Noa, une beauté florentine aux facettes multiples, qui vit seule, avec ses deux filles, dans un manoir au bord d'un lac, entourée par ses livres, ses tapisseries, et ses sculptures, des étranges créatures, un arlequin, une femme recouverte de petits morceaux de miroirs brisés, l'ours, le directeur, la victime, ainsi qu'un être très étrange, qu'elle nomme The Motherfucker. Je lui demande ce qu'il représente pour elle.

– Ah, c'est très simple. The Motherfucker, c'est l'homme divinisé par sa mère, ce genre de femmes qui ont voué leurs vies entières à leurs fils. Elles ont placé leurs fils à la place de leurs maris, et parfois même de leurs propres pères. The Motherfucker cherche des femmes fortes, mais il n'a qu'un seul désir, les rendre faibles et soumises comme leurs mères, car ils ne voudront jamais remettre leurs mères en question. Cela signifierait que leurs mères ont raté leurs vies. Peu à peu, ils deviendront envers leurs femmes ces mêmes tyrans qui ont fait souffrir leurs mères, pour que quelqu'un d'autre puisse souffrir à la place de leurs mères. La mère demande un sacrifice inconscient. Et eux, ils vont l'apporter. Ils vont l'apporter sous la forme d'une nouvelle femme brisée.

– Et s'ils n'arrivent pas à la briser ?

– Eh bien, le bourreau va se transformer en victime. Ainsi, ils resteront fidèles à leurs mères.

Je suis bouleversée par les mots de Noa. Je l'invite à devenir une de mes muses. Elle accepte avec grand enthousiasme. Quand je lui demande une tâche, elle est très amusée, car elle en donne souvent à ses acteurs pour les faire « sortir d'eux-mêmes ». Elle voudrait m'en donner une qui demanderait une vie entière pour être accomplie.

Quelques jours plus tard, Noa débarque à Paris avec ses deux filles. Elle désire voir *La Dame à la licorne*. Quand je contemple Noa roidir son allure diaphane, face à la dame à la licorne, j'ai l'impression de voir une et même femme se mirer à travers les siècles. Nous commençons à analyser chaque image, chaque sens, pour s'arrêter enfin sur la fameuse tapisserie avec la dame, devant sa tente, qui porte l'inscription « À mon seul désir ».

Je suis éblouie par la splendeur de la jeune dame, vêtue d'une robe bleue de velours et de riches brocarts, entourée par le lion et la licorne, le chien et le singe à ses pieds, les fleurs, les blasons, son coffret. Quel est son seul désir ? Impossible à dire. Je partage mes impressions avec Noa, qui se met à tourbillonner dans la salle, en nous posant des questions clés :

– Comment gagnait-on le cœur des jeunes femmes au XVIe siècle ? Par les dons, n'est-ce pas ? La dame reçoit un coffret plein de bijoux par une servante. Quel est son seul désir ? Si on regarde bien la tapisserie, il n'y a rien qui dit qu'elle accepte le don. Son seul désir me semble être caché dans l'acte le plus inattendu – le refus !

Effectivement, le mouvement d'acceptation pourrait aussi bien être lu comme un geste de dessaisissement. En regardant les autres tapisseries où la dame à la licorne revient comme dans un jeu de miroirs, j'ai l'impression qu'elle n'a aucun intérêt pour ce monde, pas même pour la licorne qu'elle regarde laconiquement lorsqu'elle lui tend un miroir. La dame à la licorne est au-delà de ce monde. Elle n'a plus besoin de rien. Son seul désir, serait-ce de tout abandonner ?

Et moi ? Quel est mon seul désir ? Si je le savais, ma quête s'arrêterait. Comme Noa a besoin de réfléchir encore un bon moment à la tâche qu'elle compte me confier, je décide de solliciter une nouvelle femme, Fabiola, une commissaire d'exposition qui crée toujours des passerelles entre l'art et la littérature. Fabiola est une femme garçon, une femme renard, une femme double qui tend des miroirs. La tâche qu'elle me propose est de chercher une image qui représente la fameuse sculpture phallique de Brancusi *Princesse X* et de la lécher. La deuxième : ouvrir les fenêtres de mon appartement, introduire l'index dans ma bouche, le mouiller, le ressortir et le brandir, comme si la maison était un bateau et que j'allais partir avec elle au large de la mer.

L'enterrement nocturne

Il n'y a rien de plus jouissif que de se perdre dans les labyrinthes de l'existence, de s'ouvrir aux mystères et aux langages secrets d'un monde qui se manifeste et qui nous échappe en permanence. Un jour, lors de ma course matinale sur les quais de Seine, *Les Métamorphoses* de Philip Glass dans les oreilles, je tombe sur un petit oiseau renversé par terre, en bas du pont Alexandre III, étendu sur son dos, les yeux dans le ciel. Il bouge à peine. Est-il tombé de son nid ?

Je le prends délicatement dans mes mains. Quelques personnes s'arrêtent, formant un cercle autour de moi. Quelqu'un me dit de faire attention car l'oiseau pourrait être malade. « Je m'en fous ! » dis-je, espérant qu'ils vont partir, mais non, ils restent là, sans bouger, comme dans un cauchemar. Ses petites plumes sur la tête sont toutes mouillées, peut-être par sa transpiration. Ses ailes, noires et blanches, bougent de plus en plus faiblement. Je le retourne pour voir s'il n'a pas de blessures, mais non, son petit corps est intact. Je le remets sur le dos. Ses yeux restent fermés et sa petite poitrine monte et descend de façon irrégulière. Je commence à sangloter. Une personne met sa main sur mon dos et me caresse doucement. Je m'entends dire : « Est-il en train de naître ou de mourir ?

Naître ou mourir ? » Ça y est. Je vais devenir folle. Il ne manquait que ça. J'enlève mon pull. J'y enveloppe l'oiseau et me dirige vers la maison. J'espère que Vincent n'est pas là et que le chat ne va pas se jeter sur lui car il passe toutes ses journées à guetter les oiseaux depuis le balcon.

Vincent est absent et le chat fait la sieste sur mon Emmanuelle. Heureusement que le fauteuil a trouvé une fonction. Je transforme une boîte à chaussures en lit avec mon pull en guise de matelas. J'y pose l'oiseau avec précaution et lui souris tendrement. Il a peut-être soif. On dirait qu'il dort. Je ne sais pas ce qu'il a vécu mais il doit être épuisé. Je vais chercher de l'eau. Je trouve le biberon utilisé pour notre chat lorsqu'il était tout jeune, je le remplis d'eau et je retourne vers mon oiseau. À mon grand désespoir, je découvre qu'il ne bouge plus. Il est tout raide, ses belles ailes étendues, comme s'il allait prendre son dernier envol.

Je fonds de nouveau en larmes. Je ne comprends pas pourquoi sa mort me ravage autant. Je lui caresse les ailes, le ventre, le bec entrouvert et je mets son corps dans une boîte métallique. Il faut que je l'enterre quelque part, mais où ? Je pense au jardin face au bureau de Vincent. Comment y accéder ? Il n'acceptera jamais de me donner ses clés, encore moins de creuser un trou dans son jardin.

Le soir, Vincent fait la cuisine placidement. Ses mouvements paraissent s'ordonner autour d'un axe inébranlable. Normalement, il cuisine comme un dieu, mais ce soir, tout me semble fade. Mon plat préféré, un turbot coiffé d'une gerbe de persil, flotte tristement sur une étendue de beurre citronné. Après quelques politesses échangées, il m'annonce qu'il ne supporte plus cette situation. « Si tu ne changes pas d'ici quinze jours, il vaut mieux qu'on se sépare. » Je lui demande quel genre de changement il attend. Il me répond sèchement : « Tu sais très bien ! » La vérité c'est que je ne sais pas. Mon cœur bat si fort que j'ai l'impression qu'il va s'envoler. Comme il refuse de m'expliquer et que ses plaintes restent à un niveau très abstrait, je lui dis tendrement :

– Écoute, chéri, je vais être la même personne d'ici quinze jours. Je ne peux pas changer plus. J'ai cessé d'être jalouse depuis un bon moment. Je ne te demande plus où tu étais, ni ce que tu faisais…

– C'est vrai. Mais c'est encore pire. Tu t'es entièrement anesthésiée ! Et tu n'es jamais là, même quand tu es là, tu n'es pas là.

– Ce n'est pas vrai.

– Si !

– C'est peut-être mieux que tu te décides maintenant. Pourquoi attendre quinze jours ? Je peux toujours changer la couleur de mes cheveux, quelques petites choses ici et là, mais je ne peux pas changer ce que je *suis* !

– Qui t'a appris à me parler comme ça ?

Je regarde le chat, qui fait le chat bibelot sur son tapis bleu, et je m'entends dire :

– … Le chat.

Vincent se lève alors de la table et quitte la pièce. Je l'attends quelque temps, pensant qu'il est simplement parti chercher un cigare, mais il ne revient pas. Je débarrasse la table et je m'écroule sur le divan. Ensuite, je sors un papier et me mets à écrire une lettre d'adieu au petit oiseau qui va l'accompagner dans sa tombe.

Le gardien de nuit somnole dans sa loge. Je lui explique que mon oiseau vient de mourir, et que je voudrais l'enterrer dans le jardin de mon mari. « Bien sûr ! Pas de souci. » Il prend les clés du jardin et une torche pour éclairer notre chemin. Je trouve un lieu qui me semble parfait, entre deux buissons. Nous creusons et creusons un bon moment. Une fois que nous avons fini, le gardien me demande s'il peut jeter un coup d'œil sur « la brave bête ». Bien sûr ! « Vous l'avez beaucoup aimé ? » me demande-t-il. « Oui, beaucoup. » Nous recouvrons la boîte de terre et nous restons débout quelque temps en silence. Je le remercie et lui demande de garder cet événement pour lui. Je remonte tranquillement, portée par une étrange légèreté.

*

Le lendemain, je me réveille un peu tard. Vincent est déjà parti au travail. Je me fais un café et j'ouvre mon ordinateur, que je viens de faire réparer. À ma grande stupéfaction, je découvre une longue lettre de Vincent. Il commence par dire qu'il s'est donné tout entier dans notre histoire, mais qu'il a perdu. Mon amour-propre est maintenant dominant. Il en prend acte et me souhaite de réussir la suite. Il me demande simplement de faire attention à ne pas vivre demain la même chose qu'aujourd'hui – c'est-à-dire rencontrer quelqu'un qui me fasse subir ce que je lui ai fait subir. J'aurais du mal à m'en remettre. Car oui, l'inconscient est parfois traître, parfois justicier : après tout, il était dans l'ordre des choses qu'il rencontre la femme qui lui fasse comprendre, en grossissant encore le trait, qu'il n'a pas été correct avec la précédente. Lorsqu'on se marie avec un doute en tête, ce qui était mon cas selon lui, les choses empirent toujours. Je devrais le savoir maintenant : la moindre réticence de départ grossira et occupera tout l'espace. Il n'y a rien à faire. Il finit la lettre en disant que je ne le ferai pas changer d'avis, ni nier ce qu'il a vu. Qu'a-t-il vu ? Il ne le dit pas. Comme il n'arrivera pas à me faire regarder en arrière et qu'il est devenu encombrant, il pense qu'il vaut mieux, cette fois, laisser le bateau s'éloigner, sans tenter de le retenir.

La douleur qui m'inonde est si violente que j'ai l'impression que je vais perdre mes esprits. Je lis, et relis la lettre, m'arrêtant sur chaque mot, chaque image, surtout la dernière, qui me semble si définitive. Que faire ? Il vaut mieux *laisser le bateau s'éloigner sans tenter de le retenir.* C'est peut-être ce que j'ai voulu tout ce temps. Partir. En ce cas, pourquoi est-ce que je souffre autant ? Il faut que je transforme mes souffrances en source d'extase. Mais comment ? En aimant tout ce qui advient. Je vais partir dans la sérénité d'un *amor fati* assumé, mais avant, il faut que j'effectue la tâche de Fabiola.

J'ouvre la fenêtre de mon bureau. Le soleil s'est enfui dans les nuages. Il pourrait pleuvoir à tout instant. Les toits sont plus gris que jamais, on dirait les vagues d'une mer faussement tranquille. J'introduis l'index dans ma bouche, je le ressors et le lève dans l'air, comme un capitaine qui cherche la direction du vent. Ce n'est pas la girouette qui tourne mais le vent. Et maintenant il souffle de tous les côtés. Qu'il m'amène où il veut... le vent sera mon seul compagnon...

C'est étrange à quel point la véritable errance arrête le temps sur le monde, l'ouvre et le déploie, nous donnant l'impression de le voir pour la première fois. Après quelques heures de déambulations dans les rues de Paris, je prends une chambre d'hôtel dans le Marais. Une fois dans ma chambre qui est recouverte de papiers peints aux motifs d'oiseaux de paradis et de gravures de montgolfières, j'éteins mon téléphone et je me jette sur le lit. Voilà un décent rivage où je pourrai rester quelque temps. Je n'ose même pas songer à ce qui m'attend, Jean de Berg a enfin accepté de m'initier à son monde demain soir. Que l'aventure commence ! Que Madame X se matérialise enfin !

La cérémonie

Dans un monde de leurres, il faut avancer masqué. De toute manière, la vie n'est qu'une vaste comédie. Un jour le masque de Madame X se fondra peut-être à mon visage. Mais pour cela, il va falloir trouver le masque ultime. Le masque de tous les masques. Le masque qui démasque.

Entre-temps, me voilà assise à la terrasse du café Le Nemours, enveloppée de ma fourrure et de la fameuse robe paon années 50, en léger taffetas de soie noir que les archives d'une maison de couture m'ont prêtée pour l'occasion. En dessous, je porte un bustier beige aux broderies noires dont les encadrements rappelant les façades des maisons à colombages soulignent les courbes de mes hanches, des bas de soie beiges aux bords noires, rattachés à des porte-jarretelles et une culotte, quasiment transparente, excepté une fleur d'iris brodée en filigrane noir. Je contemple mes chaussures en velours vert olive aux pointes dorées et j'inspire l'odeur de mon nouveau parfum qui évoque le cuir, le foin et les jus corporels, extrait d'un ancien aphrodisiaque que les Romains produisaient en stimulant l'anus des chèvres. Il est 20 heures. Je rallume mon téléphone. Je découvre que j'ai reçu de nombreux appels de Vincent. Que veut-il ? N'est-il pas content que je sois partie ? Je décide de ne pas répondre, et surtout, de ne plus penser à lui, à nous, au passé. Les dés sont jetés.

À 20 h 15, Jean de Berg m'envoie un SMS avec l'adresse du lieu et le message suivant : « Vous allez trouver un bandeau noir, accroché à la porte. Bandez-vous les yeux et frappez ! » Je ne sais pas comment j'arrive à trouver l'adresse, car j'ai l'impression que chaque os de mon corps s'est disjoint et que ma chair est en train de se liquéfier. Une fois arrivée, je découvre effectivement un bandeau noir accroché à la porte. Je le regarde longuement, puis j'enlève mon chapeau, je bande mes yeux et je frappe. Quelques secondes plus tard, j'entends la porte s'ouvrir lentement. Deux mains délicates m'invitent à traverser le seuil et ôtent ma fourrure.

Ma robe semble plaire car une avalanche de compliments se déverse sur moi. Une voix s'exclame : « Quel dommage de la déshabiller si vite ! Laissez-la faire un tour dans le grand salon d'abord. » Quelqu'un me prend de nouveau par les mains, me faisant avancer comme une somnambule dans une forêt de chuchotements. La justice porte souvent un bandeau sur les yeux, mais c'est le désir qu'on devrait représenter ainsi. J'essaie de me tenir aussi droite que possible. Je n'ai pas attaché mon bandeau suffisamment fort, car j'aperçois les ornements d'un tapis oriental qui s'agencent dans une géométrie quasi impossible sous mes pieds. Je fais le tour de ce qui doit être le grand salon, accompagnée par une musique baroque, des rires et de nouveaux compliments.

Il ne faut pas qu'ils voient à quel point j'ai peur, mais c'est sans doute déjà trop tard, car je tremble de partout. On m'emmène dans une nouvelle pièce où le tapis est beige et doux comme le sable. La porte se referme. Soudain quelqu'un m'enlève le bandeau. Me voilà seule avec mes reines immobiles comme deux statues de marbre au milieu d'un petit boudoir. Jean de Berg porte un costume serré de cavalière et un turban noir. Béatrice, un corset et un pantalon moulant noirs. J'essaie de leur sourire, mais je vois que les sourires ne sont plus de ce monde. « Déshabillez-la ! » ordonne Jean de Berg à Béatrice. Quand celle-ci découvre mon corset, elle dit : « C'est dommage de le lui enlever, non ? » « On peut le remettre après. Déshabillez-la, entièrement ! » Béatrice s'exécute.

Jean de Berg fait le tour de mon corps et m'inspecte de tous les côtés. « Très bien ! Tu peux passer à l'étape suivante ! » Béatrice saisit un rouleau de tissu satin vert émeraude qui brille comme un lac forestier ensoleillé et commence à envelopper mon corps de l'étoffe sinueuse en la faisant passer sous mes seins, au-dessus de mes épaules, mes hanches, fabriquant ainsi une robe éphémère qui ne tient qu'à un nœud. Elle prend ensuite une longue chaîne qu'elle roule autour de mon cou, mes seins et mon ventre, pour fixer les plis et redresser mes épaules, mes bras, qui ne semblent plus m'appartenir, plus maintenant. Je suis chaque geste, chaque mutation de mon apparence dans un grand miroir mural au cadre noir. J'ai si peur, que j'ai l'impression que je vais m'évanouir, mais je me dis que ce n'est qu'en confrontant mes peurs qu'elles vont disparaître. Quand Béatrice finit, Jean de Berg annonce avec une voix sanguinaire :

– Nous allons vous remettre le bandeau. Si quelqu'un vous demande quelque chose, vous avez le droit de dire : « Bien, madame. » Si vous dites « Non », le jeu sera fini. Vous avez bien sûr le droit de refuser.

– D'accord.

– Ah non ! En cas d'approbation, vous dites, « Bien, madame ! ».

– Pardon ! Bien, madame.

Béatrice me remet le bandeau. Cette fois-ci, il est bien serré. Je ne vois plus rien. Elle me prend par les mains de nouveau. J'avance maintenant comme dans un rêve. J'essaie de m'imaginer les gens autour de moi. Sont-ils nus ? Habillés ? Que font-ils ? Je ne les entends plus. La musique ensorcelante de Purcell, *Les Funérailles de la reine Mary* jaillit de quelque part pour me transporter graduellement vers un monde sans retour. Je me redresse et je la suis comme une chimère.

Je comprends enfin ce que Stanley Kubrick a voulu dire avec *Eyes Wide Shut*. Ce n'est qu'au moment où l'on ferme les yeux qu'on commence à voir réellement. Je dois être une nouvelle fois dans le grand salon, car la musique s'est arrêtée. Je sens la tension des gens qui m'entourent, leur chaleur corporelle, leurs souffles, s'engourdir lentement dans la touffeur de la pièce. Je suis rendue immobile. Que va-t-il se passer ? J'entends quelqu'un dire : « Allez-y ! » Soudain, un bout de lame pointe la peau de ma poitrine, glisse ensuite doucement, sous mon bras, vers ma taille, autour de mon sein, et ouvre une fente dans ma robe. La lame continue son chemin jusqu'à ce que l'étoffe tombe à terre.

Me voilà nue, enchaînée, exposée devant je ne sais combien de personnes, les yeux toujours bandés. Quelqu'un me met un bouquet de roses dans les mains. J'inspire leur parfum étourdissant, essayant de me concentrer sur les épines qui frôlent mes seins. On m'enlève les roses. J'entends maintenant des claquements de fouet et des gémissements de plus en plus fébriles. Mes jambes chancellent. J'essaie de me concentrer sur ma respiration.

Quelqu'un m'arrache le bandeau. C'est comme si la réalité avait changé d'époque. Au milieu de la pièce qui ressemble à un palais vénitien, je vois un homme, torse nu, agenouillé, sa tête sur les genoux de Jean de Berg, installée, telle une impératrice dans un canapé de velours rouge entourée par des œuvres d'art et des sculptures anciennes, des tapisseries et des vases chinois aux bouquets de roses, à côté d'un piano à queue, et une immense bibliothèque où le dos des livres brille comme les dents d'un monstre aux milles bouches. Impossible de voir le visage de l'homme. Ses cheveux noirs, bouclés, le recouvrent entièrement. Une femme fouette son dos avec un bouquet de roses rouges, sans doute le même que j'avais tenu dans mes bras, tout à l'heure. Les bourgeons explosent sur son dos, donnant lieu à une pluie de pétales qui dansent dans la pièce comme dans une boule à neige. Sur le piano, une image encadrée montre une peinture que je reconnais subitement. *Le Châtiment de Cupidon par Vénus*. Je n'ai pas le temps de contempler la suite de la scène, car on me remet le bandeau.

Cette fois-ci, quelqu'un dépose des cordes dans mes mains. Les voilà enlevées aussitôt. Je suis de nouveau saisie et emmenée doucement dans un fauteuil. Silence. La musique reprend. Un air hiératique, on dirait un chant des moines orthodoxes, m'emporte vers des cieux plus doux et séraphiques.

Quelqu'un m'attache les poignets aux bras du fauteuil, pendant qu'une autre paire de mains écarte mes jambes, doucement, très doucement, jusqu'à ce que mon sexe soit entièrement éclos. Je sens une excitation folle monter en moi. On m'attache maintenant les jambes aux pieds frontaux du fauteuil. J'essaie de m'abandonner à l'ivresse de l'inertie. Les chants sacrés qui montent et qui descendent en même temps, se mêlent à des caresses de plus en plus audacieuses.

Soudain, je sens une matière chaude et vivante entre mes jambes. C'est une langue. Mais la langue de qui ? Elle est vite accompagnée par deux lèvres qui rejoignent horizontalement la verticalité des miennes, réverbérant la béatitude d'une chaleur divine, à la fois paisible et foudroyante. L'immobilité de cette bouche inconnue, si tendre et si franche, m'évoque des émulations incontestables. Il n'y a plus aucun doute. Je veux qu'elle m'envahisse complètement, mais je ne sais pas comment exprimer ce désir. Je laisse un léger sourire s'emparer de mon visage et j'incline ma tête en arrière. La langue commence à se promener avec une onctuosité prodigieuse autour les chairs de mon entonnoir.

Quelqu'un m'ôte à nouveau le bandeau mais, étant si transportée et intimidée par la situation, je décide de garder mes yeux fermés. C'est peut-être une façon d'exercer l'insoumission dans la soumission. Je ne saurai jamais qui m'apporte ce plaisir, si c'est un homme ou une femme. Ma résistance à la pulsion scopique arrachera pour toujours à cette langue son identité. Il semble violent de rejeter la richesse de ce tableau vivant, mais comment sortir de l'image, si ce n'est par le refus de voir ? Cette obstination donnera plus tard à la scène la forme d'un Rubik's Cube en perpétuelle transformation, un cube aux sons, images et parfums décomposés, un cube qui va se défaire et refaire à l'infini, à la recherche d'une reconstitution définitive.

Je ne sais pas si les acteurs de ces jeux fantasmagoriques comprennent mon désir de passer au-delà de l'image, car ils m'intriguent avec des scènes de plus en plus chamarrées d'un point de vue acoustique. J'entends des gémissements, des rires, des cris. Mais je résiste. Je me concentre sur cette langue qui m'amène à un point d'extase fulminant. Mais au moment où j'allais me perdre entièrement, elle s'arrête. Je ne sais pas si c'est à la suite d'un ordre, ou de sa propre volonté. Je reste ainsi, accrochée à l'axe d'un vide abyssal.

Quelques personnes me remettent le bandeau, me délient les mains et les jambes, et m'ordonnent de me mettre à quatre pattes. J'obéis automatiquement. Tout à coup, je sens la pointe d'un objet très aigu se promener au-dessus de ma fesse droite. Cela me fait assez mal, mais c'est une douleur supportable, voire agréable. Ils semblent écrire quelque chose. Qu'est-ce que cela pourrait être ? Une fois qu'ils ont fini, quelqu'un me reprend de nouveau par les mains, et me dirige dans une nouvelle pièce, qui semble être plongée dans le noir. « Mettez-vous à genoux, et placez vos mains derrière votre dos ! » J'obéis sans mot dire. Quelqu'un me lie les mains. J'entends une voix dire : « J'amène le fouet ? » « Ah non ! Pourquoi ? Elle a été magnifique ! Laissez-la se reposer. On ira la chercher tout à l'heure ». Ils sortent de la pièce et ferment la porte à clé.

Je m'écroule par terre, et je reste ainsi, les yeux bandés, mes mains attachées par-derrière, mes fesses en l'air. J'ai envie qu'ils viennent, qu'ils me prennent de tous les côtés, et dans tous les sens, mais ils me laissent dans mon abîme de désirs inassouvis. Je perds toute notion d'espace et de temps. Quand ils viennent me chercher, je suis déjà ailleurs, un ailleurs si lointain que j'ai l'impression de revenir à une autre vie, une vie qui n'est plus la mienne, mais celle d'une autre, entourée par les visages flamboyants des personnages mystérieux, du champagne et des canapés exquis, dans un appartement absolument somptueux où j'apprendrai plus tard que Malraux a vécu une bonne partie de sa vie, étalant partout les bribes de son *Musée imaginaire*. Jean de Berg m'ouvre ses bras comme une véritable prêtresse et tient un discours incantatoire. Après une série de révérences, des compliments et des remerciements échangés, ils me rhabillent de ma robe de paon, ma fourrure et mon chapeau. Je leur fais mes adieux et me retrouve dans la rue.

Une fois dans ma chambre d'hôtel, je me déshabille en vitesse et je me regarde dans le miroir. Au-dessus de mes fesses, je découvre les initiales JDB et le dessin d'une rose rouge. Je me sens complètement aliénée mais, en même temps, plus euphorique que jamais. La marque mettra quelques jours à disparaître. À ce moment-là, je serai déjà partie dans un autre monde. Je partirai élever des chèvres.

– Où ça ? demande mon psychanalyste au beau milieu de mes rêveries.

– Dans une petite chèvrerie dans les Cévennes, vêtue d'un chapeau tyrolien, de bottes, de gants de laine et d'une grande veste de berger.

– Comment êtes-vous passée de cette cérémonie à la chèvrerie ?

– Très facilement. Je voulais unifier plusieurs choses : mes expériences abracadabrantes avec Jean de Berg, la fascination refoulée de mon mari pour l'élevage des chèvres et mon désir de solitude. En fait, c'est l'aphrodisiaque obtenu par la stimulation de l'anus de chèvres que je portais ce soir-là, qui a fait le lien entre le désir de communions charnelles et le désir de se confronter à soi-même. Je voulais passer de la nudité physique à la nudité psychique. Passer des nuits, en haut d'une montagne, seule dans une yourte, où le vent bat si fort, si fort qu'il aurait pu s'envoler avec moi à n'importe quel instant – c'est tellement enivrant ! Et lorsque le vent se repose un temps, sortir dans le calme de la nuit avec *Enjoy the Silence* de Depeche Mode dans les oreilles, regarder le contour des montagnes, ce noir sur noir, sentir le foin, le parfum sombre et doux de la forêt, virevolter sous la Voie lactée... Que peut-on désirer de plus ?

– Vous êtes donc partie vous occuper de chèvres.

– Oui. Mais je n'étais pas entièrement seule, j'avais aussi Lavande, une chienne très joyeuse, à mes côtés. Elle faisait pourtant mal son travail. Chaque fois qu'elle aboyait, les chèvres partaient dans tous les sens. J'ai tellement aimé ces chèvres. Un jour, lors d'une excursion dans les montagnes, je leur ai tenu un discours féministe, car je trouvais leur arrangement un peu misérable. Un bouc pour trente chèvres. C'est plus qu'insuffisant ! Je les ai incitées à faire la révolution ! Ha ! Ha ! C'était étonnant de voir trente chèvres me regarder fixement, tout en mastiquant, pendant que je leur parlais de droits des femmes. Elles semblaient réellement réfléchir à ce que je leur disais. Même mes élèves ne sont pas aussi attentifs. Le dernier jour, lorsque nous sommes retournés à la ferme, j'ai oublié d'attendre l'arrivée du maître, avant de les laisser rentrer. Une fois à l'intérieur, elles se sont attaquées aux ballots de foin, aux sacs de grains. Certaines sont mêmes montées sur la cabine du tracteur, se défoulant comme des jeunes filles sur les podiums de discothèques. J'ai essayé de les faire descendre. Impossible. Lavande aboyait, alarmée. C'était le chaos total. On aurait dit qu'Indiana, ma chèvre préférée, qui semblait être la maîtresse du troupeau, avait attendu ce moment toute sa vie. Voilà le résultat de mon discours féministe. Lorsque leur maître est arrivé, il a commencé à leur distribuer des grandes tapes sur leurs croupes, pour les ramener dans leur enclos. Il hurlait : « Salope ! Viens ici ! Connasse ! Qu'est-ce que tu fais là ? » Une fois qu'il a fait entrer toutes les chèvres dans leurs enclos, il m'a dit : « Bon, c'est pas pour demain, le certificat de bergère. »

– Mais dans la soirée, n'y avait-il pas un seul homme pour toutes ces femmes ?

– Ah si… Je devrais d'ailleurs ajouter encore une couche à mon récit… Vous savez, je viens aussi de quitter mon mari, suite à une lettre d'adieu qu'il m'a écrite. En tout cas, c'est comme ça que je l'ai interprétée, sa lettre, comme une lettre d'adieu. Mais les jours qui ont suivi, il m'a bombardée de lettres pleines de regrets et d'inquiétude. Il m'a écrit que j'étais l'amour de sa vie, qu'il n'arrivait plus à vivre sans moi, qu'il avait arrêté de dormir, de manger, de travailler, qu'il allait m'attendre jusqu'à la fin de ses jours. Ses lettres étaient de plus en plus belles, mais aussi très différentes entre elles. Chaque jour il réalisait une nouvelle chose, et une nouvelle chose encore. C'est pour cela que je n'ai pas voulu interrompre l'enchaînement de ses découvertes en lui répondant. Ce qui était étrange, c'est qu'il n'y avait pas un seul mot sur sa lettre d'adieu dans ces lettres d'amour. J'étais confuse. En rentrant de mes escapades bucoliques, je suis allée voir mon oracle, Oméga, pour lui dire : « Tiens, c'est bizarre. Vincent voulait que je parte, et maintenant que je suis partie, il voudrait que je revienne... Je ne comprends plus rien... » Je lui ai fait lire la lettre d'adieu. Elle m'a tout de suite répondu : « Ma chère, je ne sais pas ce que c'est, mais ce n'est pas une lettre d'adieu. » J'ai donc commencé à avoir des remords, et surtout il commençait à me manquer vraiment. Il avait même envoyé son meilleur ami, Patrick, que j'aime beaucoup, pour me parler, mais après mon rendez-vous avec Patrick, il a arrêté de m'écrire. Un jour j'ai décidé de retourner à la maison pour chercher deux livres, *Dora* de Freud et *Les Quatre Concepts fondamentaux de la psychanalyse* de Lacan pour imprimer les textes de la semaine pour mes étudiants. Il était tard. Je ne l'avais pas prévenu. L'appartement baignait dans le noir. Une fois dans mon bureau j'ai vu une ligne de lumière sous la porte de notre chambre. Je n'ai pas pu m'empêcher d'ouvrir la porte. Vincent était en train de lire dans le lit. D'abord, il m'a dit sèchement : « Que fais-tu là ? » Je lui ai dit que j'étais venue chercher des livres pour mon cours. Il m'a répondu : « Mais tu te prends pour qui ? Tu pars sans prévenir, ensuite tu retournes sans revenir ? » J'ai essayé de l'embrasser mais il m'a repoussée violemment. Je suis repartie complètement désemparée. Le lendemain, il m'a écrit qu'il ne voulait pas me voir tout de suite, mais dans une semaine ou deux... Depuis, je continue mes errances.

– Vous ne pouvez donc compter sur personne.

– J'ai dit ça ?

– Cette idée d'être seule... D'où vient-elle ?

– De mon enfance... peut-être. En même temps, je n'ai jamais été seule. Je vivais chez mes grands-parents paternels. Ils étaient toujours là. Ils m'ont offert une enfance digne d'un conte de fées.

– Où étaient vos parents ?

– Mes parents ? Ils travaillaient et faisaient la fête. Ils étaient très... fitzgéraldiens. Je les voyais de temps en temps, les week-ends, en pleine fête. Mes parents ne m'ont pas abandonnée. Ils m'ont *donnée* à mes grands-parents quand j'avais un an, vous comprenez ? Il y a toujours le « don » dans l'abandon.

– Croyez-vous en cette histoire ?

– Laquelle ?

– Qu'une petite fille puisse être contente d'être *donnée* à quelqu'un d'autre ? Même si ces gens sont les plus belles personnes du monde ?

– Je n'ai pas la possibilité de vérifier. Je n'ai pas vécu une double vie avec laquelle je pourrais comparer.

– A-t-on besoin d'une double vie pour bien comprendre les choses ?

– Écoutez. Je ne me suis jamais sentie abandonnée ! Ah ! Si... peut-être une fois... J'avais cinq ou six ans. J'étais en vacances avec mes parents, au bord de la mer Noire. Un jour, je ne sais pas pourquoi, je suis allé voir mon père, et je lui ai dit : « J'ai envie de prendre le large. » Mon père m'a répondu : « Très bien. Fais tes bagages. » J'étais terrifiée par sa réaction... Je n'avais pas grand-chose d'autre qu'une poupée et une petite valise. J'ai donc mis la poupée dedans et suis revenue avec ma valise à la main. Je pensais qu'il allait dire « Arrête ton jeu ! On t'aime, s'il te plaît, reste avec nous ». Mais il m'a simplement dit : « Bon, tu veux partir comment ? » Je me suis entendue dire : « En train. » Une fois à la gare, la tension était totale. À cette époque, les trains n'étaient pas comme les TGV. On pouvait monter et demeurer dans l'embrasure des portes sans les fermer. Beaucoup de gens restaient ainsi, comme des raisins, accrochés aux portes des trains, pendant les périodes de pointe. Cette fois-ci, le perron et le train étaient quasi vides. Mon père m'a mise sur l'escalier du train et m'a demandé si je voulais vraiment partir. J'étais complètement effrayée, mais je n'arrivais pas à dire autre chose que « Oui ». Ce n'est qu'au moment où le train a commencé à rouler doucement, avec moi sur les escaliers, que mon père m'a arrachée des marches. Quand je lui ai rappelé ce petit incident quelques années plus tard, il m'a dit : « Tu as inventé cette histoire. Tu inventes toujours des histoires. » Il ne se souvenait plus. Et pourtant, l'événement m'a beaucoup marquée...

– Même si vous l'aviez inventée, elle contient quand même une vérité.

– Ah bon ? Laquelle ?

– Quand les enfants jouent à cache-cache, l'important c'est d'être trouvé.

– On se cache pour mieux se montrer en fait, c'est ça ?

– C'est vous qui le dites ! En tout cas, c'est lié à une angoisse existentielle, comme dans le conte *Le Petit Poucet*, où les parents devancent le désir d'échappement des enfants. La petite fille veut que le père lui dise « Non ! ».

– Oui... Mon désir a toujours eu une dimension abyssale depuis.

– Particulièrement le désir de partir...

– Oui, que ce soit si facile de partir ! Personne ne me retient. Personne...

– Et le jour où vous revenez à la maison, on vous dit de repartir.

– Je ne suis pas revenue de la bonne manière... Je n'ai pas pris rendez-vous avec sa secrétaire...

(...)

– Je ne sais plus comment arrêter ce jeu maintenant, je veux voir jusqu'où je peux aller. En même temps, j'ai peur de devenir ce personnage que j'ai inventé.

– Comment faites-vous le lien entre votre vie personnelle et votre parcours initiatique ?

– Comment je fais le lien ? Je ne sais pas. C'est pour ça que je suis là... Si j'ai pris Madame X comme double, ce n'est pas pour... c'est pour avoir un compagnon de voyage.

– La petite fille prend une poupée dans sa valise.

– Ah oui, c'est vrai… Tiens !

– Et quand vous êtes partie élever des chèvres, vous avez pris quoi avec vous ?

– Rien. À part mon ordinateur.

– Et la nuit, vous entendiez quoi ?

– La première nuit dans ma yourte, j'ai entendu le souffle d'un animal, qui grattait la terre, je pensais que c'était un loup. J'avais si peur que j'ai vidé la bouteille de vin qui me restait après le dîner. Le lendemain, j'ai découvert que c'était juste un âne qui s'était échappé de la grange.

– Cela faisait longtemps que vous n'étiez pas allée dans la nature ?

– Depuis mon enfance… Les étés, j'allais souvent chez mes grands-parents maternels. Ils étaient très pauvres en comparaison avec les parents de mon père.

– Ils habitaient à la campagne ?

– Oui…

– Quels souvenirs avez-vous de cette campagne ?

– Je faisais plein de bêtises avec mon cousin. Ma mère me disait souvent qu'elle allait m'envoyer chez Frau Wagner, un ancien membre de la Hitlerjugend qui tenait une petite maison de redressement. Je ne pensais pas que Frau Wagner existait vraiment, mais, un jour, je me suis retrouvée chez elle. Le soir même, une fois que Frau Wagner avait éteint la lumière, je me suis mise à raconter des histoires aux autres enfants. Soudain, Frau Wagner entra dans la chambre, elle prit ma main, descendit avec moi dans la cave et m'enferma sans tenir compte d'aucune de mes suppliques. J'ai passé toute la nuit à planifier des vengeances plus ou moins raffinées. Ce n'est que le lendemain, en discutant avec les autres enfants, que l'idée m'est venue. Si la même scène se reproduisait le soir suivant, il fallait qu'une autre personne reprenne le fil de l'histoire, comme dans un cadavre exquis. Quand le soir vint et que nous étions couchés, j'ai commencé à raconter une nouvelle histoire. Frau Wagner entra et m'enferma de nouveau dans la cave. Peu après, la porte s'ouvrit et un autre enfant entra. À la fin de notre séjour chez Frau Wagner, nous finîmes tous dans la cave. Nous étions pourtant très heureux.

– C'est quoi l'amour pour vous ?

– L'amour ? Je ne sais pas... je ne sais plus... Pour Freud c'est très simple. L'amitié plus le sexe égale l'amour.

– Oui, mais la sexualité peut mener à des malentendus.

– Je sais, mais pourquoi ? Si deux personnes se désirent, cela devrait être assez simple après tout... non ?

– Il semblerait...

– Il se branlait ?

– Non, j'ai dit, il *semblerait* que l'amitié ne soit déjà pas simple, l'amour encore moins. Mais la sexualité complique aussi les choses. Si vous aviez demandé des tâches aux hommes, peut-être que la nature des tâches aurait été différente.

– Quelle horreur ! Soyons francs. La société est dominée par les hommes. Demander aux hommes de me dominer n'aurait produit qu'une parodie de la réalité. Tandis que là, en donnant du pouvoir aux femmes qui ont déjà beaucoup de rayonnement dans la société, mais qui n'ont pas réussi à la changer, en tout cas pas encore… un autre monde devient possible. Un monde où ce sont les femmes qui tiennent le fouet. Mais ce fouet ne fera pas de mal, en tout cas, pas beaucoup.

– Un fouet de roses… avec quelques épines !

– Les épines ne font pas si mal en soi. Le véritable mal n'a pas de visage.

– Mais que serait le désir féminin sans le désir masculin ?

– C'est peut-être ça que j'ai envie de connaître au fond, le désir masculin. En tout cas, j'ai décidé de partir bientôt à New York pour quelque temps. J'aime bien Ulysse en ce moment. Je préfère Ulysse à Œdipe. Dans la tragédie œdipienne, tout est déterminé à l'avance et il ne fait que subir son destin. Tandis qu'Ulysse, il ne sait pas où il va. Il est pris dans la fugue de ses désirs…

– Oui, mais on sait d'où il vient. C'est une histoire de retour à la case départ. Son désir, c'est quand même de retrouver Pénélope.

– C'est ça, oui… Il avait tellement envie de revoir Pénélope qu'il a mis dix ans pour rentrer. Non, je crois qu'il en avait marre d'elle tout simplement et qu'il a préféré passer un peu de temps avec Calypso, Circé et ses potes. Pourquoi trancher, quand on peut vivre plusieurs vies parallèles ?

– Quand vous avez dit « New York », j'ai eu l'impression qu'il s'agissait d'un départ définitif…

J'ai alors pensé à ce que votre père aurait pu vous dire dans l'histoire du train.

– C'est-à-dire ?

– J'ai ressenti la possibilité de ce « Non » qui aurait pu être si rassurant s'il avait été prononcé au bon moment. La position neutre de l'analyste n'est pas toujours rassurante… Il y avait une fois une femme qui était en analyse et qui souffrait de cette impression de vouloir se foutre par la fenêtre. L'analyste un jour lui ouvre la fenêtre et lui dit : « Allez-y ! » La patiente s'approche de la fenêtre et, au moment où elle va s'y jeter, il la saisit, la ramène dans le fauteuil, ferme la fenêtre et lui dit « Non ! ». Il n'y a évidemment rien d'orthodoxe dans tout cela, mais il semble que ce « Non » l'ait guérie…

– Je vois…

– Bon, on va peut-être s'arrêter là, sur la figure parentale qui voudrait s'imposer au désir de partir.

– D'accord, mais je vais vous dire une chose… La figure parentale, qu'elle soit paternelle ou maternelle, s'est toujours imposée au désir féminin. Les hommes ont le droit d'errer, mais les femmes non ? Je suis désolée, mais non ! Je n'ai plus besoin d'un « Non ». Je ne suis plus une enfant. Ni une femme-enfant. Je suis une femme en devenir et je ne laisserai plus personne me brider !

– Très bien ! À la semaine prochaine…

– À la semaine prochaine.

Le choix

Ce soir, une femme s'est jetée dans la Seine. Je me promenais avec Amédée sur le quai du Louvre. Je lui racontais que je venais de quitter ma vie d'avant et que je vivais maintenant dans une chambre d'hôtel, entourée par des montgolfières. Je lui parlais de mon envie de me mettre à l'escrime, à l'aventure, car j'avais enfin quitté l'horizontalité entropique de mon divan. Amédée a alors évoqué Oblomov, l'aristocrate russe qui, dans le roman d'Ivan Gontcharov, passe sa vie sur un divan, enfermé dans une léthargie rêveuse. Il faut choisir, me dit-il, sinon, on finit comme Oblomov. Mais il s'est repris vite en me citant Drieu la Rochelle : « J'aurais passé la moitié de ma vie affalé dans mon divan, à lire. Et pourquoi pas ? » Et juste au moment où je lui ai dit : « Il n'y a rien de plus beau que l'oisiveté désirée », un homme a couru vers nous en criant : « Vous avez vu une femme dans la Seine ? » Nous étions médusés. « Non ! Bien sûr que non. »

L'homme pleurait en hurlant : « Je ne l'ai pas crue ! Je ne pensais pas qu'elle en était capable. J'étais à ses côtés. Je n'ai même pas eu le temps de lui dire quoi que ce soit. C'est terrible ! Elle s'est jetée depuis le pont. » Nous avons commencé à crier son nom, à courir d'un pont à l'autre, dans le sens du courant et un passant nous a aidés à appeler la brigade fluviale. Nous l'avons retrouvée, comme par miracle, deux ponts plus bas, dans l'eau, accrochée à une branche. Nous l'avons suppliée d'attendre la brigade, pour ne pas se laisser emporter par les courants, mais la femme s'est mise à nager vers nous, avec les dernières forces qui lui restaient. L'homme pleurait de joie maintenant. Il était tellement pris par tous ses états, que ce fut Amédée qui arracha la femme aux courants, qui l'allongea le long du quai et la couvrit de sa propre veste. Elle trémulait comme un poisson hors de l'eau. Amédée était très calme. Comment pouvait-il être si calme ? La brigade fluviale est arrivée juste après. Ils les ont pris avec eux. Nous n'avons même pas eu le temps d'apprendre ce qui s'était vraiment passé. Nous nous sommes réinstallés au bord de la Seine. Elle coulait sous nos pieds comme si de rien n'était.

J'ai dit à Amédée : « J'ai vu la mort dans ses yeux. » Amédée est resté muet. Je lui ai demandé ce que cela lui avait fait, d'avoir sauvé cette fille de l'eau. « C'est étrange, mais je n'ai rien senti. » Ses mots m'ont horrifiée. J'ai eu l'impression de parler à un mort-vivant. J'ai eu envie de le secouer, mais je me suis sentie aussi mortifiée que lui. Avant de lui dire adieu, je lui ai demandé : « Que t'est-il arrivé ? Qu'est-ce qui t'a rendu comme ça ? » Il m'a répondu : « Non. Je ne peux pas te le dire » et il a disparu dans la nuit.

Les jours qui ont suivi je suis restée enfermée dans ma chambre d'hôtel, à lire et à écrire. Un soir, je retrouve l'écrivain que j'avais croisé à Saint-Malo. Je ne sais pas s'il existe vraiment, car tout me semble si irréel, si beau et facile avec lui, comme une promenade sur la plage… On fait l'amour. C'est la première fois que je fais l'amour à un autre depuis Vincent… La première fois après presque sept ans de fidélité… Ce n'est peut-être même pas l'amour, mais autre chose que nous faisons. C'est un écrivain qui porte son âme sur son corps. Parfois je me dis, ce n'est pas un homme, mais la vie qui revient. La vie déguisée en homme ou l'homme déguisé en air. Quand je respire, je le ressens, comme un équilibriste qui avance doucement, très doucement sur le fil de ses désirs. La nuit, je retourne à mon hôtel, à ma chambre, ma petite cellule que j'apprécie maintenant comme un vieux sage qui chérit la lenteur avec laquelle il coupe les feuilles de son bambou. Le bonheur est dans la lenteur.

*

Ce soir, je vais dîner avec Vincent. Je flotte entre deux mondes. Entre deux hommes. Avec le premier j'ai vécu pendant des années. Le second, je ne le connais que depuis quelques semaines. Le premier m'a aimée et m'aime peut-être encore. Le second n'a sans doute même pas commencé à y songer. Le premier me fait peur. Le second me rassure. Le premier n'arrête pas de m'abandonner. Le second m'attend et me donne de l'espace. Le premier pense me connaître « comme s'il m'avait faite ». Le second m'épluche lentement. Le premier méprise Marguerite Duras. Le second voudrait m'emmener visiter sa maison au bord de la mer à Trouville. Le premier n'a pas exprimé le moindre désir pour moi depuis des mois. Le second a envie de me faire l'amour du matin au soir. Le premier avait l'habitude de caresser mon âme. Le second caresse mon corps. Le premier n'est plus à mes côtés. Le second, je ne sais pas quand je le reverrai. Que veut le premier ? Et le deuxième ? Et moi ? Suis-je vraiment face à un choix ?

Le dîner fut une torture du début à la fin. Vincent était très triste et blessé, si blessé qu'il avait enlevé son alliance. Il ne comprenait pas pourquoi j'étais partie. Je lui ai expliqué que « c'est ce qu'on fait quand on reçoit une lettre d'adieu. On part », mais il m'a dit qu'il ne s'agissait pas de cela, qu'il fallait que j'apprenne à lire. Il trouvait mon départ irrationnel. « On ne part pas sans plus donner signe de vie. Imagine si quelque chose t'était arrivé ? Tu disparais tout à coup. Je suis censé faire quoi, moi ? Appeler la police ? Tu imagines un peu l'image qu'ils auraient eue de moi ? Si j'appelais ou si je n'appelais pas ? Dans les deux cas, j'aurais eu l'air d'un escroc. » Et qu'est-ce qu'on va penser de lui maintenant, que tout Paris sait que je l'ai quitté du jour au lendemain sans dire un mot ? « Mais comment pourraient-ils savoir quoi que ce soit ? – Eh bien, les gens ont vu comment j'allais. Je n'ai pu ni dormir, ni manger, ni rien faire pendant des jours et des jours. Tu prends conscience maintenant de ta cruauté ? Ce n'est qu'en allant à cette conférence que tu as donnée avec ton ami Jean-Pierre au

Centre Pompidou, trois jours plus tard, que j'ai pu savoir que tu étais encore en vie. » Je lui ai dit que j'étais très touchée par ses lettres d'amour, que je sentais que je l'aimais encore et qu'après tout, je voulais revenir. Il m'a répondu qu'il ne voulait pas que je rentre tout de suite à la maison, mais dans une semaine ou deux. « Comme ça, tu peux prendre le temps pour analyser ce que tu as fait. » Je suis repartie plus dévastée que jamais, me sentant tout de même encore aimée et surtout plus sûre que jamais de l'aimer, de l'aimer éperdument.

Le Grand Maître

J'ai envie de revoir Philippe, un vieil ami qui est devenu comme un grand-père pour moi. Je l'invite à une promenade dans le parc Monceau. Un jour il m'a laissé entendre qu'il était franc-maçon. J'avais retenu cette information sans la commenter. Je pensais aborder le sujet plus tard, avec délicatesse, mais je n'ai plus envie d'attendre. J'ai envie que le décor secret de ce jardin d'illusions, avec sa pyramide maçonnique vouée à la gloire de la déesse Isis, son pont japonais, sa cascade et ses fleurs d'acacia qui parfument notre chemin, s'ouvre à nous et m'emmène dans une nouvelle direction. Je lui parle lors de notre promenade de tous ces symboles maçonniques et du pavillon qui servait aux rites d'initiation. Tout d'un coup, il s'arrête et me dit : « Je vois où tu veux en venir. Tu veux devenir franc-maçonne, est-ce bien ça ? » Je souris en baissant le regard. « Mais tu n'avais qu'à me le dire ! Tu sais, la franchise est très bien vue dans le monde des francs-maçons. » Il me demande de réfléchir encore un peu et propose de nous revoir dans quelques jours. Lorsque nous nous retrouvons, plus tard, il me tend deux livres :

– Ce livre-ci, tu le liras avant d'entrer dans ce monde, et celui-ci, tu le liras plus tard, au moment où tu voudras quitter ce monde.

– Pourquoi voudrais-je quitter ce monde ?

– Tu verras. Je ne veux pas t'influencer. Il faut que tu traces ton propre chemin. J'ai contacté le Grand Maître de notre obédience, et il a accepté de te recevoir chez lui, la semaine prochaine. Prépare-toi bien mentalement et prépare également une lettre de motivation que tu lui donneras en main propre. Il faut que tu saches pourquoi tu veux devenir franc-maçonne, que tu montres beaucoup de respect, que tu ne poses pas trop de questions et surtout, que tu ne joues pas de ton charme féminin.

– Ah bon ? C'est interdit de posséder un charme féminin dans la franc-maçonnerie ? Et le charme masculin alors ?

– La séduction et l'humilité ne sont pas très compatibles.

– D'accord, je vais les séduire par mon humilité.

– Ha ! Ha ! Je suis sûr que tu y arriveras, mais il faut parcourir plusieurs étapes, la plus difficile c'est l'épreuve avant le rite d'initiation, et là, je ne peux rien te promettre, ma chère, ils sont intransigeants. Tu vas porter un bandeau et répondre aux questions de personnes que tu ne pourras pas voir. Ce ne sera pas le seul et unique test que tu devras passer, d'ailleurs.

– Aucun problème avec le bandeau... Mais quelles sont les autres épreuves ?

– Je suis désolé, mais je ne peux pas te le dire. Tu verras ou pas, par toi-même...

Quelques jours plus tard, le Grand Maître de l'obédience de Philippe, un homme assez distingué et austère, me reçoit dans son appartement rue Érasme, ma lettre de motivation à la main. Il la lit et l'approuve rapidement. Je prends des notes pendant qu'il parle, sans lui poser trop de questions et surtout sans laisser mon regard errer trop longtemps sur les objets mystérieux qui nous entourent. Au moment où il se met à me raconter les principes de la franc-maçonnerie, il se laisse transfigurer par une force si étrange et démesurée que je n'aurais pas été étonnée que le plafond se fût ouvert et que le ciel l'eût emporté avec lui en passant.

Son petit chien, Marx, nous ramène à la réalité par ses aboiements. Sa femme, une beauté diabolique, vêtue d'un costume strict, nous rejoint après quelque temps. Ils m'expliquent tous les deux que si ma lettre de motivation est acceptée par le comité, je serai invitée à passer mon rite d'initiation peu après. Je me sens tout de même un peu insatisfaite par leurs discours. Je n'ai pas l'impression de savoir dans quoi je m'engage vraiment. Je prends mon courage à deux mains et leur avoue mes doutes. À ce moment-là, il fait une longue pause, regarde sa femme qui lui fait un signe subtil d'approbation et se lance :

– En fait, on vient chez nous pour se construire, pas pour subir. Mais cette volonté doit être totale. Vous allez à un certain moment recevoir la question : « Croyez-vous dans une force suprême ? » Si oui, vous pouvez continuer. La seule personne que vous pourriez tromper, c'est vous ! Ensuite, même s'il y a de nombreux grades et étapes à traverser, on reste apprenti toute sa vie. Prenons par exemple le rapport à l'autre. Lorsque vous avez quelqu'un en face de vous, dont vous ne voyez que les défauts, il s'agit de vous ! Ce n'est pas l'autre qu'il faut changer, mais soi-même. C'est là que se trouve toute la beauté de la franc-maçonnerie. L'autorité ne doit être exercée que sur soi. Il faut aussi savoir décrypter les symboles. Lucifer, par exemple, c'est le porteur de lumière, n'est-ce pas ? Eh bien, il faut apprendre à identifier le bien *dans* le mal. C'est la chose la plus difficile. La franc-maçonnerie nous permet d'avancer dans le noir... Un jour, vous allez trouver la lumière, mais même lorsque vous la trouverez, il va falloir que vous restiez un éternel apprenti... que vous continuiez votre quête malgré tout... car derrière chaque vérité, il y en a une autre et une autre encore, comme ça à l'infini.

– Un franc-maçon doit-il informer son entourage de sa vocation ?

– Il ne faut pas dévoiler des choses aux gens qui ne sont pas prêts à les entendre. Les secrets sont nos trésors et ce monde doit rester secret… Quand vous les protégerez, c'est *vous* que vous protégerez en premier. Bon ! Je pense que vous avez toutes les informations qui vous sont nécessaires… pour l'instant. Le reste suivra avec le temps. Vous venez juste de passer la première épreuve.

*

C'est ça ! Il faut identifier le bien dans le mal. Le bien dans le mal. En retournant à ma vie d'avant, Vincent, le chat, l'appartement, je me transforme en un Sherlock Holmes involontaire. Je découvre une culotte de femme qui ne m'appartient pas parmi les miennes et un gâteau au chocolat fait maison dans le réfrigérateur. Une de mes plus belles robes en soie, noire avec une bordure aux guirlandes de roses s'est évaporée, ainsi que deux ou trois livres sur le désir féminin. Au moins, elle a bon goût. Mais le plus déchirant, c'est la disparition dans ma boîte à bijoux de la bague de ma grand-mère. La bague était sertie d'un rubis ovale, de la taille d'un pois chiche, entourée par des brillants, qui appartenait à ma famille depuis des siècles. Ma grand-mère ne la portait que lors de ses sorties à l'opéra. Elle me disait souvent : « Un jour, elle t'appartiendra. » Cette phrase me faisait frémir chaque fois, car sa bague à mon doigt signifierait sa mort. C'est pour cela que je ne l'avais jamais portée. Je préférais la contempler, de temps en temps, dans ma boîte à bijoux. Mais voilà, elle n'y était plus. Comment pourrais-je aborder sa disparition avec Vincent ?

Le soir même, je sors le morceau de gâteau du frigidaire et je dis joyeusement : « Oh ! Tu t'es mis à faire des gâteaux au chocolat ! Quelle est ta recette ? » Mes mains tremblent, ma voix aussi, mais j'essaie de me contenir. Il le regarde quelques secondes, étonné, et revient vite à ses carottes en disant que c'est une fille qui l'a fait. Une fille qui s'est occupée du chat pendant ses voyages. « Ah bon ? Tu as voyagé où ? » Il ne se souvient plus. De toute manière, on ne pose pas ce genre de questions. Il a l'impression d'être en garde à vue. Une fois installé à table, il revient à cette fille, en me disant qu'elle a lu tous mes petits « romans d'exposition » que j'ai écrits en tant que commissaire d'expositions et qu'elle pense que je suis une vraie narcissique. Je lui demande s'il est d'accord avec elle. « Ah oui ! Complètement ! L'écriture de soi n'est pas de la vraie littérature. » Je lui demande ce que Proust ou Duras en penseraient. Il m'explique placidement : « Si on écrit sur soi, il faut au moins savoir transformer sa vie en une œuvre d'art. Et pour cela, il faut avoir un minimum de courage ou d'imagination. Et dans ton cas, tu n'as ni l'un ni l'autre. » Je sais, il me l'a dit mille fois avant. Arriverai-je un jour à lui prouver qu'il a tort ?...

Je lui raconte la disparition de la bague de ma grand-mère. Comment a-t-elle pu disparaître dans notre maison ? Il hausse les épaules et me dit qu'il a perdu beaucoup de choses lui aussi dans sa vie. Il se lève pour changer de musique. Il se réinstalle dans sa chaise et appelle le chat, mais il n'apparaît pas.

– C'est normal. Il te fait la gueule. On ne part pas du jour au lendemain ! Je ne comprends toujours pas comment tu as pu faire une chose pareille. Raconte-moi au moins ce que tu as fait pendant tout ce temps.

– Je pensais qu'il ne fallait pas poser ce genre de questions.

Comme il insiste, je lui raconte mon histoire avec les chèvres. Il trouve ça profondément ridicule, mais cela le fait bien rire tout de même. Il me demande si je n'ai pas quelque chose d'un peu plus excitant à lui raconter. Suis-je toujours aussi moralement inhibée qu'avant ? Je commence à lui raconter la soirée chez Jean de Berg, même si j'avais prévu de la garder pour moi. Mon récit l'excite à un point tel que je n'ai même pas le temps de le finir. Il se jette sur moi. On fait l'amour, mais je ne sens plus rien. Il s'en rend compte et me dit : « Si maintenant il va falloir arranger des soirées décadentes avec un sérail de figurants chaque fois que tu dois jouir, cela va être compliqué. » Je lui dis que c'est sans doute parce que cela fait si longtemps que je n'y arrive pas. Il finit par me dire quelques mots tendres. Je ne me rappelle plus lesquels.

Avant de retourner à ma vie d'avant, j'avais imaginé de me lancer dans des rêveries imitatives de personnages littéraires – comme Orlando de

Virginia Woolf qui m'a toujours fascinée par cette phrase : « Tant qu'une femme pensera comme un homme, personne ne la contredira » –, utilisant un discours prétendument masculin pour quelque temps, afin de voir si Vincent allait me contredire comme d'habitude. J'avais également envisagé de me lancer dans des rêveries don-quichottesques, mais je n'ai plus envie de vivre par procuration. Mieux vaut me concentrer sur l'héroïne de ma propre histoire, même si elle vit par procuration, elle aussi, en quelque sorte. Entre-temps, je vais vivre aussi souplement que possible. Ce sont les arbres robustes qui craquent les premiers sous la tempête. Je vais devenir une femme bambou, une femme sinueuse, qui avance et qui mue.

New York, New York

Je déteste traverser l'Atlantique en avion. La dernière fois que je suis allée à New York, les turbulences avaient été si fortes que les gens hurlaient de terreur. Le pilote venait de dire : « Chers amis, cela va être un atterrissage difficile. Espérons que nous n'allons pas toucher le sol plus tôt que prévu. » J'avais saisi le bras d'une hôtesse de l'air dans le couloir.

– Est-ce qu'on va s'en sortir ? Dites-moi la vérité !

– Je viens de prier Dieu, et il m'a répondu que oui.

– Mais je ne crois pas en Dieu ! Je fais quoi, moi ?

– Eh bien, c'est le moment de s'y mettre alors.

Elle est repartie avec un sourire mystérieux sur les lèvres, balançant placidement ses hanches d'un côté à l'autre. Je me suis dit qu'elle se foutait de moi, mais que c'était certainement un bon signe. Pierre Huyghe, l'artiste aux sociétés secrètes et chiens errants aux pattes roses, vient de m'inviter à New York pour donner une conférence sur lui, lors d'un symposium organisé par un centre d'art. Je vais parler de son film qui m'avait tant transportée au Centre Pompidou. Lorsque Pierre m'appelle, il me dit ce que tous les commissaires d'exposition et les critiques d'art rêvent d'entendre.

– Tu peux raconter tout ce que tu sais sur l'œuvre et ma vie. Tu as les mains libres.

– Même ton histoire d'amour gâchée à l'origine de l'œuvre ? J'ai l'impression que tout ton travail tourne autour de ça – l'amour impossible.

– Oui, même ça. Pour moi, il s'agit d'une rencontre qui ne peut pas avoir lieu, d'un amour avec l'image, car si on essaie de définir le vivant, on le tue.

– Et l'amour ? Le désir de le représenter peut le tuer aussi ?

– Ah oui… C'est possible. À toi de voir.

– Je dirais que tu essaies de perpétuer ton amour perdu à travers une œuvre d'art. Comme ça, elle mourra et renaîtra, à l'infini.

– Oui, ça serait l'idéal. En fait, tu as raison de parler de l'amour. J'ai toujours voulu me séparer de ma génération qui est dans le cynisme et le calcul absolu. En tout cas, pas dans l'amour. Le cheminement amoureux nous amène jusqu'à un moment où tout ce que tu sais sur le monde va être balayé. C'est un moment merveilleux où tu n'as plus le poids de l'inquiétude... Aujourd'hui encore, personne n'ose parler de l'amour. Notre époque travaille à la réification du pouvoir et cherche la violence de la certitude. Mais les choses sont peut-être en train de changer.

Quelle mission de rêve ! Voyage, hôtel, honoraires, gages, tout est payé et organisé par une certaine Jade, la directrice d'un centre d'art sur Lower East Side. Je lui dis que je préfère arriver quelques jours plus tôt et prendre une chambre au Jane Hotel à Chelsea, pour avoir le temps de profiter un peu de la vie new-yorkaise.

Cette fois-ci, pas de turbulences, pas de pilotes ou d'hôtesses de l'air tordus, simplement un voyage serein, accompagné par deux verres de whisky, car oui, il fallait quand même calmer mes nerfs d'une manière ou d'une autre, et la lecture du *Petit Prince* de Saint-Exupéry. Comme Pierre, le Petit Prince arrive à voir avec son cœur. Mais pour cela, il faut qu'il abandonne sa fleur. Qui suis-je ? Le prince ou la fleur ?

New York est plus belle que jamais avec ses gigantesques monolithes, ses ziggourats d'acier, ses vastes couloirs d'avenir, parsemés de petits monticules de neige noire. Je débarque au Jane Hotel, une arche de Noé taxidermique, situé au bord de l'Hudson, à la lisière de Greenwich Village qui est devenu mythique pour son côté rétro. À la réception, tout le personnel est vêtu en costumes d'hôtels anciens. On dirait qu'ils sortent tout droit d'un film de David Lynch. À côté de l'armoire à clé, un petit singe habillé en majordome me scrute, éternisé dans une posture un peu nonchalante comme s'il se disait : « Je m'en fous d'être mort, ce qui importe c'est d'être là. » Derrière lui, un vieux calendrier affiche la date du 35 avril. Dans le grand salon, qui ressemble à la salle de chasse d'un château déjanté, un bouc empaillé triomphe sur un podium au-dessus d'une cheminée gigantesque, face à une boule à miroirs qui vient directement du Studio 54. Un paon d'un bleu-vert mirifique colle au mur tel un lézard dans une salle à côté, et ma petite chambre boisée, avec plein de tiroirs et d'astuces cachées, ressemble à une cabine de bateau volant, si je porte mes regards vers le ciel.

Dans l'ascenceur, un vieux professeur qui habite une chambre depuis les années 70 me raconte que lorsque le *Titanic* a sombré, c'est ici que les survivants ont été recueillis. Je trouve cela un peu douteux d'accueillir les rescapés du *Titanic* dans un hôtel conçu comme un bateau, mais je me dis que si jamais il y avait une vie après la mort, c'est ici qu'elle serait.

Il faut que je trouve une odeur pour ma nouvelle vie. Je déambule dans les rues comme si le diable m'emportait, à la recherche d'Aedes de Venustas, un petit magasin de parfums style boudoir qu'Elvira m'a recommandé. Une fois là-bas, je tombe sur la fragrance douceâtre d'un parfum qui combine l'encens, le patchouli, le musc, le cuir et les fleurs d'iris qui poussent sur les collines de Nazareth. Il est à la fois lourd et diaphane, froid et chaud. Je me l'achète immédiatement et commence à voguer dans ses arabesques obscures.

Prochain arrêt, un cabinet de curiosités, truffé de fœtus, de masques de cire représentant des lépreux de l'époque médiévale, d'anciennes photos de sexes féminins frappés par la syphilis, de petits singes empaillés, un bébé crocodile encerclé par un serpent, des écorchés, une tête momifiée décorée d'un chapeau tyrolien, des photos de bébés morts, des masques de carnaval, des marionnettes et une multitude d'objets aux identités obscures. La vendeuse se met à me raconter des histoires sur leur provenance. Certaines vraies, d'autres fabulées sans doute.

Je pars avec quatre objets :

– Une tête de coyote, car une tête de mort me semble trop kitsch.

– Un chapeau franc-maçon noir à plumes, on dirait un chapeau de cavalière.

– Une boîte victorienne au portrait d'une femme entourée par des fleurs de lys.

– Une image scientifique représentant les organes génitaux masculins.

Une fois dans ma chambre d'hôtel, je crée mon cabinet de curiosités avec tous ces objets sur le rebord de la fenêtre. Avant de m'endormir caressée par les notes envoûtantes de *Castle in the Snow* de Kadebostany, je contemple dans la lumière de la lune ma tête de coyote qui m'envoie un sourire espiègle, comme si elle voulait me dire : « Tu verras bien, ce n'est que maintenant que l'histoire commence ! »

*

Me voilà dans le bar de l'hôtel, accompagnée par une Margarita on the rocks et Titania, une amie psychanalyste, qui a écrit un livre fascinant, avec son mari, sur le rapport entre Hamlet et Ophélie. Je lui avais parlé de mon projet déjà l'année dernière. Elle est ma *proto-muse*. La muse avant toutes les muses. J'admire sa froideur, ses cheveux noirs coupés à la Cléopâtre, ses discours elliptiques. Le soir où je lui avais présenté l'idée, dans un club new-yorkais, j'ai découvert un paon empaillé qui traînait sa queue le long d'une cheminée, comme un signe prémonitoire. Cette fois-ci, pas de temps à perdre. Je lui demande une tâche directement.

Elle préfère d'abord me raconter un rêve qu'elle avait fait l'autre soir sur la reine de cœurs, qui tenait une carte de jeu dans la main, avec cinq X à la place des cœurs. La reine la retournait en disant : « Maintenant, tu la vois, maintenant, tu ne la vois plus. » Je lui demande comment elle interprète son rêve. « Comme une alternance entre le oui et le non, par rapport à l'objet du désir. » Elle m'explique que, dans la psychanalyse, le X symbolise la suture qui annonce le sujet dans la chaîne de signifiants. Elle se rend compte qu'elle vient de faire un rêve sur Madame X et me dit : « Voilà ta tâche : broder ce rêve au point de croix. » Broder le croisement de nos rêves ? J'adore l'idée. Il faut juste que je trouve un cadre qui puisse décaler l'action.

Le lendemain soir, je retrouve Jade, la directrice du centre d'art, vêtue d'une cape jaune phosphorescente aux ailes de papillon, qui brille dans la nuit comme le radium. Elle a été créée par Pierre spécialement pour elle et l'exposition. Quand elle bouge, j'ai l'impression de voir Loïe Fuller dans sa danse serpentine. Quant à son lieu, Pierre l'a investi avec des œuvres générées par la matière vivante. Il y a des œufs en éclosion, des araignées qui traversent les murs et un trou dans le sol enduit de phéromones sexuelles venant de la glande clitoridienne des rattes appartenant à l'espèce *Rattus norvegicus*. Jade a aussi transformé son corps en un musée. Presque chaque organe a été investi par un artiste. Une fois penchée sur deux dry martinis au Charlie's Bar, j'invite Jade à devenir ma muse. Elle accepte, enthousiasmée et me demande si ma relation à Madame X n'est pas un peu comme la *Method Acting* de Stanislavski.

– Regarde Willem Dafoe par exemple, dit-elle. Il *devient* toujours son personnage.

– C'est un bon exemple. Le désir de devenir l'autre est peut-être l'ultime forme de compassion.

– Je ne crois pas dans l'existence de l'autre, me dit-elle catégoriquement. L'autre implique la séparation entre les êtres. La terre, le ciel, les oiseaux, les eaux, les êtres humains. Nous ne faisons qu'un !

– J'aime bien l'idée, mais je n'ai pas l'impression de faire un avec les psychopathes ou les terroristes de nos jours… Les utopies restent toujours limitées dans l'espace et le temps, n'est-ce pas ? Et tant mieux ! Qui voudrait vivre dans une utopie totale ? Quelle est ta tâche alors ?

– Travaillons la différence, alors ! Je voudrais que tu ailles au Louvre, et que tu choisisses une œuvre que tu regarderas en tant que Madame X pendant une heure, et une autre œuvre que tu regarderas en tant que toi pendant une autre heure. Cela ne te semble pas trop compliqué ?

– Ah non ! Pas du tout. J'adore l'idée !

J'aime bien le chiffre 3, le triangle, la trinité, le cerbère à trois têtes, les Grâces, les Rois mages, les troisièmes voies. Pourquoi ne pas choisir une troisième muse à New York ? L'idée me vient lorsque je rends visite à une vieille amie, Frida, une artiste activiste suédoise dont le fait d'armes est d'avoir aboli le concours de Miss Suède. Je la retrouve chez elle, dans sa nouvelle vie, avec un bébé dans les bras et son nouvel ami. Elle me sert un thé et me demande de tirer deux cartes de deux jeux de tarot un peu bizarres, l'un avec des saintes, l'autre avec des déesses. « Ce sont des jeux de tarot pour les paresseux, me dit-elle. Tu ne tires qu'une seule carte de chacun des jeux. » Je tire sainte Agnès de Rome avec l'injonction « Ne fais pas de compromis » et

Aeracura, la déesse celtique de la terre qui annonce « la floraison ».

Je lui raconte quelques-unes des péripéties de Madame X. Elle aime particulièrement mon séjour chez les chèvres et le discours féministe que je leur ai tenu. « Les chèvres pourraient aussi devenir lesbiennes si elles en ont marre un jour. Pauvre bouc qui doit faire l'amour à chacune de ces trente chèvres. » Quant à la tâche, elle me dit : « J'aimerais que tu séduises un homme homosexuel. » La tâche me laisse un peu confuse. Avant de la quitter, elle me montre ce qu'elle a accroché au-dessus du lit de son petit enfant – une plume de paon. « Ça porte bonheur ! »

*

Mon nouvel hôtel est magnifique, un gratte-ciel avec une chambre au quinzième étage, dotée d'une vue sublime. Je vois à la fois l'Empire State Building et le One World Trade Center qui pousse comme une fusée prête à décoller à n'importe quel instant. Je décide de monter au dernier étage au *sky bar*, pour préparer ma conférence sur Pierre Huyghe en jouant la femme hoppérienne, seule, repliée sur elle-même. Dans l'ascenseur, *Alphaville* de Jean-Luc Godard est diffusé sur un petit écran, où l'on voit Anna Karina se demander : *C'est quoi l'amour ? Tout est en mouvement, il suffit d'avancer pour vivre, d'aller droit devant soi, vers tout ce que l'on aime, j'allais vers toi, j'allais sans fin vers la lumière, si tu souris, c'est pour mieux m'envahir, les rayons de tes bras entrouvraient le brouillard.* J'appuie flegmatiquement sur le dernier bouton.

Lorsque les portes s'ouvrent, je suis presque renversée par le spectacle qui s'offre à mes yeux. Un groupe de gens à moitié nus, au milieu d'un grand salon, s'entrelacent avec des cordes, comme s'ils allaient escalader une montagne. J'ai l'impression d'avoir pénétré par effraction dans le rêve de quelqu'un d'autre. J'avance dans la salle et je m'assois par terre parmi quelques personnes qui font des nœuds marins. Quelqu'un me tape sur l'épaule. C'est une jeune femme. Elle me demande qui je suis et ce que je fais là. Je lui explique que je cherchais le *sky bar*. « Ah, il est en dessous de nous. La porte qui donne sur nos étages est normalement bloquée. Je suis désolée, mais je suis obligée de vous demander de partir. » Je m'excuse de les avoir dérangés et je lui demande ce qu'ils font. « Nous faisons une répétition pour demain soir. Il y aura une grande fête ici avec plusieurs centaines de personnes », dit-elle, enthousiasmée comme si elle y était déjà. « Pourrais-je recevoir une invitation ? » Elle me regarde longtemps et me dit : « C'est une fête assez spéciale. Je ne peux pas vous en dire plus. Donnez-moi votre carte et je vais voir ce que je peux faire. » Je le fais et je rentre. Il faut absolument que j'aille à cette fête demain soir. Ça sera en plus ma dernière nuit à New York.

Le lendemain, le cycle de conférences commence après le déjeuner. Quand vient mon tour, je raconte que Pierre a commencé à se retirer du monde il y a quelques années, mais pas d'une manière spectaculaire comme Bas Jan Ader, qui a disparu au large de la mer sans plus jamais revenir, ou calculée comme Duchamp qui a disparu pendant des années, entraîné dans sa passion pour les échecs, pour ensuite produire un des plus grands jeux d'échecs esthétiques dans l'histoire du monde – *Étant donnés*. Pour Pierre, l'escapisme, ses voyages au pôle Nord ou dans les jungles d'Amazonie, deviennent en eux-mêmes des œuvres d'art. Je souligne que Pierre voyage également à travers les fictions en les morcellant, en laissant chaque image devenir une porte possible vers nos inconscients, car le plus grand voyage, est le voyage vers l'inconscient. C'est pour cela que dans son œuvre nous pouvons dépasser *L'Invention de Morel*, qui invente une machine d'images pour pouvoir continuer d'aimer Faustine au-delà de sa mort, mais qui ne finit que par aimer une image, en faveur d'un monde d'images qui nous invite à voir avec notre cœur. Une œuvre d'art peut nous changer à jamais, si on ose s'y aventurer. Je termine en disant que l'œuvre de Pierre Huygue a ouvert des portes vers mon inconscient, et que, depuis, je ne cherche plus un amour unique, mais un amour de la vie, de tout ce qui nous entoure, même de ce qui nous fait mal et qui nous sépare, car, parfois, il faut quitter sa peur pour mieux l'apprécier…

La salle applaudit chaleureusement. Après la conférence, je retrouve Titania et son mari, Uranus, un philosophe assez brillant que je cite beaucoup dans mon enseignement, non seulement son livre sur la mort de Dieu, qui commence par un récit très touchant sur la mort de son père. Nous allons à un dîner tous les trois, chez un grand producteur de cinéma qui a produit des films d'action avec mon acteur fétiche, John Malkovich. Il nous raconte que John est réellement tombé amoureux de Michelle Pfeiffer dans *Les Liaisons dangereuses.* Il n'arrivait plus à faire la différence entre l'art et la vie.

Le dîner est très Woody Allenesque. Ils parlent chacun de leurs névroses, des névroses de leurs partenaires, de leurs coiffeurs, leurs employés, leurs chiens, leurs mères, leurs psys. Je ne me rappelle plus quand j'ai autant ri la dernière fois. Après le dîner, je saute dans un taxi pour rejoindre la fameuse fête d'alpinistes sadomasochistes.

À l'hôtel, une file de gens absolument éblouissants en costumes de cabaret serpente dans le vestibule. Dans mon enfance communiste, faire la queue pouvait devenir une forme de résistance politique. C'était là où les gens risquaient leur vie en racontant des blagues sur Ceaucescu sans savoir qui, parmi eux, était un agent de « sécurité ». Je faisais souvent la queue pour mes grands-parents, qui étaient trop vieux pour pouvoir tenir cinq heures d'affilée debout, et si parfois je sentais que les provisions s'épuiseraient avant mon tour, eh bien, je forçais mon destin en me faufilant.

Ce soir, je me retrouve face à une queue encore plus complexe que les queues communistes. À l'entrée de l'ascenseur de gauche, un homme aux moustaches en crocs, fait le tri en demandant les invitations. À la réception, pas d'invitation à mon nom. De plus, je ne suis pas déguisée. Que faire ? Je prends l'ascenseur de droite. Je rentre dans ma chambre contrariée. J'ouvre ma valise et je commence à examiner la garde-robe qu'une maison de mode m'a prêtée. J'ai eu envie de me masculiniser pour ce voyage, avec des chemises décomposées, des pantalons noirs serrés. Je pourrais me déguiser en homme, car mon borsalino noir est tout de même un chapeau d'homme, me peindre une petite moustache, mais ce n'est pas assez transgressif.

Je pense à l'androgynéité inoubliable de Marlene Dietrich dans *Morocco*, mais aussi à Liza Minnelli dans *Cabaret*. Pourquoi ne pas faire une synthèse des deux femmes ? Commencer par les bas de Liza Minnelli et finir par la veste et le chapeau masculin de Marlene Dietrich ? Je me vêts de ma culotte transparente, mes bas, mes jarretelles, mon bustier. Je mets ma veste noire qui couvre à peine mes fesses, mes chaussures à talons, mon chapeau et je sors ainsi dans le couloir, en espérant ne pas tomber sur les habitants « ordinaires » de l'hôtel.

Il faut maintenant trouver une autre façon d'accéder à la fête. Je fais le tour de tous les couloirs de mon étage, pour trouver la porte qui mène aux escaliers de secours. La voilà. Mon cœur bat comme un minuteur de cuisine. Je commence à monter les escaliers de secours à pied. Je ne sais pas combien d'étages je monte, une dizaine ? Plus ? J'entends une musique de plus en plus forte.

Au dernier étage, j'accède à une petite porte, entrouverte grâce à une poubelle. Quelle chance ! Je me glisse à l'intérieur. Si quelqu'un me voyait entrer, je lui dirais que je suis sortie pour chercher quelque chose dans ma chambre d'hôtel.

Me voilà dans une cuisine pleine de serveurs affairés. Je prends un verre dans ma main, toute tremblante, et je me dirige vers le grand salon. Le premier contact avec les gens est époustouflant. Je ne comprends pas, il n'y a aucune vulgarité, aucun faux pas. Certains portent des smokings ou des robes de soirée, d'autres ne sont vêtus que de chapeaux, de plumes ou de gants. Une femme se mouvant avec la nonchalance d'une reine, les cheveux longs écarlates déversés sur ses épaules et une émeraude flamboyante au front, traverse lentement la foule, toute nue, un petit lévrier gris dans ses bras. On dirait la fête de Gatsby le Magnifique réinterprétée par Stanley Kubrick avec une touche de tristesse viscontienne.

J'avance doucement, aussi doucement que possible pour ne pas rater un détail, je m'arrête, j'attrape un canapé au vol et laisse un serveur me remplir le verre. Les gens me sourient et me caressent furtivement de temps en temps. Un homme assez intrigant avec sa pose d'aristocrate d'outre-temps, me regarde fixement depuis l'autre bout de la pièce. Il porte un chapeau noir également. En temps normal, j'aurais marché dans une autre direction. Je dirige mes pas vers lui et soutiens son regard jusqu'à ce que je le dépasse, malgré la présence d'une femme à ses côtés ornée d'une parure de perles à la Mata Hari. J'entre dans une salle où des gens se caressent avec des plumes, d'autres se donnent de souples coups de fouet. Un homme volumineux qui ressemble au djinn de la lampe d'Aladdin fait des moulinets avec deux fouets sur le dos d'une somptueuse fille nue, aux cheveux noirs, dressée sur ses quatre pattes au milieu de la pièce. Sa peau blanche, ferme et luisante comme une sculpture antique, tremble légèrement à chaque petit coup de fouet.

Quelqu'un me touche l'épaule. Je me retourne effrayée, craignant que ce ne soit la fille d'hier qui m'ait repérée, mais c'est l'homme énigmatique de tout à l'heure.

– Vous êtes très belle.

– Merci...

– Comment vous appelez-vous ?

– Je m'appelle... Madame X.

J'essaie d'avoir l'air blasée, comme si j'allais à ce genre de fêtes tous les jours et que ce soir n'était pas plus particulier qu'un autre. Je me détache de lui et je me mets de nouveau en route. Il faut que je reste dans le regard, et uniquement dans le regard. J'entre dans une nouvelle pièce. Sur un gigantesque lit, deux jeunes femmes aux cheveux bruns, enroulées dans des guirlandes de perles noires, font l'amour à un très jeune homme. C'est tellement beau ! Pas un mouvement déplacé, pas un détail qui dérange, juste trois corps, nus, enfiévrés, dans une des plus intrigantes positions que j'aie jamais vues. Plus loin, sur un canapé, deux jeunes filles blondes aux cheveux d'ange, dotées d'une incroyable sensualité, écartent doucement les jambes d'une troisième, qui porte uniquement une petite jupe de mousseline rose. Celle-ci a l'air très gênée, surtout par les personnes qui s'installent maintenant par terre, autour d'elles, pour mieux les regarder. Un homme roux en smoking, de l'autre côté de la pièce, m'observe. Il se détache du mur et commence à se diriger vers moi, mais revoilà l'homme au chapeau de tout à l'heure, à mes côtés. Le roux change de cap. Nous regardons quelque temps sans dire un mot les deux scènes qui se ramifient maintenant par l'interaction d'autres personnes.

– C'est beau, n'est-ce pas ? me dit-il, tout bas.

– Qu'avez-vous fait de votre Mata Hari ?

– Ah, ce n'est qu'une amie. Elle vient juste de retrouver l'homme qu'elle cherchait. Je peux vous suivre quelque temps ?

Je laisse mon regard se balader le long de son nez, sa bouche arquée, sa petite moustache fine, le contour de son visage, ses cheveux châtains qui se manifestent discrètement en dessous de son chapeau, ses fossettes. J'ai l'impression de voir mille hommes en un seul. Il a la beauté de Michael Fassbender, la classe de Gary Cooper et le mystère de Ralph Fiennes. Son corps, qui est assez visible sous son pantalon noir serré et sa veste noire entrouverte sur sa poitrine nue, ressemble à celui d'un danseur de ballet. En échangeant encore quelques mots avec lui, je découvre qu'il a aussi un humour à la Andy Kaufman. Lorsque je lui demande ce qu'il fait dans la vie, il me dit qu'il est architecte, mais qu'il a l'habitude de tailler et recomposer la pierre de ses bâtiments avec sa voix. Il se met à me chanter un air somptueux d'opéra.

Je n'arrive pas à le cerner, mais je me dis qu'après tout il pourrait être mon Virgile dans ce monde ahurissant. Nous commençons à traverser les pièces les unes après les autres. De temps en temps, nous nous arrêtons pour regarder les corps ondoyants, extasiés, déchiquetés, entassés. C'est si beau que ma vue se trouble. Je me demande si la théorie kantienne du sublime est applicable à l'acte sexuel.

Même dans mes fantasmes les plus extravagants, je n'aurais pu imaginer les choses que je vois. Mais il y a aussi des scènes qui nous font rire, comme celle où une dizaine de personnes sont montées les unes sur les autres dans une pyramide humaine de ski nautique tellement concentrée, que les gens de passage peuvent faire quasiment ce qu'ils veulent avec les fesses, les seins et les verges de ceux au plus bas de l'échelle. Nous entrons dans une grande salle où les gens dansent ou font l'amour, manifestant toutes les splendeurs et les extravagances imaginables de l'orgueil humain. Nous nous mettons à danser également. Je me demande s'il ne s'agit pas d'un danseur professionnel. J'ai l'impression d'être dans les bras de Fred Astaire dirigé par Jérôme Bel. Il doit sans doute être homosexuel, car il est *too good to be true*.

Tout à coup, il s'arrête, me prend par la main, et me chuchote à l'oreille : « Viens, j'ai envie d'être seul avec toi. » Nous sortons sur la terrasse. Nous croisons une femme léopard et une colombine qui se promène avec un gigantesque serpent blanc sur ses épaules. À Paris, je n'arrive pas à sortir sur un balcon si le bâtiment fait plus que quatre étages. Et là, sur le toit d'un gratte-ciel, plus de vertiges. Il se penche sur moi, et me dit :

– Quand est-ce qu'on va arrêter ce jeu ?

– Quel jeu ?

– Je te connais, tu me connais…

– Mais pas du tout… Je ne t'ai jamais vu de ma vie !

Il enlève son chapeau et sa petite moustache. Son visage devient brusquement très familier. Il l'était en fait depuis le début. Maintenant je comprends pourquoi. C'est l'artiste américain que j'avais rencontré à Moscou il y a des années. On avait fait la fête toute une nuit ensemble avec nos amis. Rien ne s'était passé entre nous ce soir-là, malgré une certaine attraction réciproque. Mon amie m'avait dit qu'il ne fallait pas que je perde mon temps car il était gay. Je ne l'avais pas revu depuis.

– Ce n'est pas possible… C'est vraiment toi ?

Il me prend par la main.

– Nous n'avons que cette nuit ensemble… s'il te plaît, nous ne connaissons personne ici, donne-toi à moi.

– Mais tu n'es pas homosexuel ? J'étais sûre que tu l'étais à l'époque.

– Pas du tout ! Je n'ai jamais eu de rapports homosexuels, pas encore en tout cas... ça te dérange ?

– Ah non ! Tu peux être tout ce que tu veux... De toute manière, on est plurisexuels... Demain, je serai peut-être nécrozoophile et je ne pourrai que faire l'amour à des kangourous empaillés. Il paraît qu'ils sont bien membrés.

Il rit et essaie de m'embrasser.

– Non ! Je ne peux pas, je ne peux pas...

Je réussis à m'arracher à ses bras. Je rentre dans le salon, je traverse les pièces, mais les corps et les gémissements m'excitent de plus en plus. Je m'approche d'une gigantesque baie vitrée. Je sens sa présence derrière moi. Je me colle à la fenêtre comme un poisson sur le verre de son aquarium et je fixe la nuit, les gratte-ciel, qui brillent de mille feux. Je me laisse envahir par ses mains, ses lèvres sur mon cou, son parfum malicieux, les battements de son cœur, sa respiration. Je ferme les yeux, et je reste ainsi, scellée à la fenêtre.

Il glisse ses mains dans mon bustier et commence à caresser doucement mes seins, ensuite mes hanches, mes fesses. J'écarte mes jambes. Je sens ma culotte descendre doucement jusqu'au sol, mon bassin se remplir d'une chaleur irrévocable. Il me pénètre par-derrière avec un doigt, puis deux. Je me penche en avant. Son autre main caresse mon ventre, et descend vers mes lèvres qu'il écarte en citant Descartes, pendant que ses doigts bougent en moi à un rythme de plus en plus diabolique. J'ai envie de m'échapper, mais mon désir est plus fort que ma volonté.

Je sens son sexe contre moi, mais je ne me retourne pas. Je presse mon chapeau sur ma tête et je place mes mains sur les fenêtres, comme si j'essayais de m'appuyer sur un lit vertical imaginaire. Quelques instants, j'ai peur que la fenêtre ne se brise et que nous ne tombions tous les deux, comme des anges déchus dans la nuit, mais non, elle nous tient bien. Il me retourne face à lui, mon chapeau glisse de ma tête, et là, je ne sais plus ce qu'il me fait avec sa main enchantée, ses doigts toujours en moi, car un tourbillon de jouissance transperce soudain mon corps avec une telle puissance qu'un jet de je ne sais quoi jaillit entre mes jambes. Je m'écroule d'épuisement. L'instant d'après, je reviens à la réalité. Que s'est-il passé ?

Il me serre fort dans ses bras et me dit tendrement : « Je pense que tu viens d'avoir un orgasme fontaine. » Je lui avoue que c'est mon premier. « Quel honneur ! » Il me soulève et me porte vers le premier lit. Nous nous allongeons parmi plusieurs personnes qui s'interpénètrent comme les dieux du temple Khajurâho. Nous restons ainsi quelque temps, à les regarder sans dire un mot.

Je le caresse tout doucement. Nous nous déshabillons. Je vois enfin son corps dans son intégralité. Quelle splendeur ! Je photographie chaque partie avec ma mémoire. Un homme et une femme plus loin s'allongent sur un divan et commencent à se caresser en nous regardant. Nous sommes conscients de leurs regards au début, mais avec le temps, nous les oublions. Nous oublions tout. Les sons, les images, les rires, les gémissements, les couleurs s'éloignent comme les mémoires d'une vie passée. C'est merveilleux. Comment peut-on être si isolés du monde, dans le monde ?

Une fois entré en moi, il se maîtrise comme un chevalier de cirque, alternant entre l'humour et la sévérité. Une fois arrivés à destination, nous parlons de tout sur ciel et terre, il me parle de ses œuvres d'art, je lui parle de mon roman. Je prends conscience que c'est la première fois que je fais l'amour avec un artiste, si « faire l'amour » pouvait être un terme propice. Il me parle aussi de sa vie, de ses rêves, de tout ce que lui passe par la tête. Il n'a jamais été dans une fête pareille de sa vie. Il veut me faire l'amour encore une fois. Je n'y arrive plus. Je suis entièrement épuisée. Tout d'un coup, il me dit : « Je viendrai en Europe dans un mois. Nous pourrions passer quelques jours ensemble à Londres si tu veux, ou ailleurs. » Je prends son visage dans mes mains, et je lui dis : « Nous ne pourrons jamais dépasser, ni même égaler le plaisir de cette nuit. Gardons-la dans notre mémoire, pour toujours. Personne ne pourra nous enlever ce qu'on vient de vivre. Personne. » Je n'ai jamais dit ces mots à un homme avant. Je me sens comme un homme fatal. Je remets mon chapeau et j'allume une cigarette.

Il me tient dans ses bras sans dire un mot. J'adore quand les hommes se taisent, après avoir fait l'amour, tout en ayant l'air de réfléchir à ce qui vient de se passer. De temps en temps, il fredonne une mélodie, *My... my... Madame X*. Je m'endors dans ses bras. Je me réveille, par peur d'avoir raté mon vol. Mais c'est bon, il me reste quelques heures. Nous nous rhabillons et sortons sur la terrasse pour regarder le lever de soleil. Je croise de nouveau la fille léopard, accompagnée cette fois-ci d'un homme noir vêtu en fakir et de quelques fées. Plus loin, un très joli couple dort côte à côte, entrelacé, dans un lit, sous une couverture de laine rouge. Ils semblent si amoureux, si innocents. Nous traversons le grand salon. Trois personnes accouplées dansent encore en *slow motion*, les uns contre les autres. Un homme plus loin, tout nu, avec un ventre de Bouddha ouvre une bouteille et crie : « Champagne ! », mais personne ne réagit. Ils continuent à danser assoupis.

Le temps est venu de se quitter. Nous nous regardons silencieusement. Il a l'air triste. Je suis très triste aussi mais ma joie est plus grande encore. Je l'embrasse une dernière fois. Je lui remets son chapeau qu'il tient entre ses mains. Je caresse son visage quelque temps. Ensuite, j'enfonce mon chapeau sur mes yeux et je le laisse ainsi, au milieu de la salle de danse. Je me dirige lentement vers la sortie, et je me retourne une dernière fois pour lui envoyer un baiser volant avant de fermer la porte derrière moi.

Une fois dans ma chambre, je fais mes bagages, je pars visiter une exposition sur le futurisme italien au MoMA, ensuite je m'achète un hot dog et je prends un taxi vers l'aéroport. Dans le taxi, je regarde mon corps, mes jambes, mes mains, mes seins. Je ne me suis jamais sentie aussi vivante, aussi présente dans le monde. Je suis dans le monde et le monde est enfin en moi !

Le rite d'initiation

Il est tellement agréable de rentrer chez soi, de retrouver son chat, son mari, son amant, ses amis, ses étudiants, son divan, peut-être pas exactement dans cet ordre-là, puisque certaines choses s'avèrent être bien plus agréables que d'autres, mais tout de même. La vie est belle. Quant à mon désir d'évasion, je n'arrive plus à discerner maintenant si je désire échapper à Vincent pour stimuler son désir ou si je désire lui échapper tout court. Une chose est certaine, j'ai envie de ramifier ma vie dans une myriade de mondes parallèles.

Un soir, je reçois un appel d'un numéro inconnu. Mon cœur fait un bond, car je pense à ma dernière nuit à New York, mais c'est le Vénérable Maître qui m'annonce que ma lettre de motivation a été acceptée et que mon rite d'initiation aura lieu mardi prochain. Je suis au vingt et unième ciel ! J'appelle mon parrain Philémon pour lui raconter ces bonnes nouvelles. Il me donne quelques derniers conseils :

« Ne mange pas avant, ne bois pas d'alcool, ni du thé, pour ne pas avoir besoin d'uriner toutes les cinq minutes, habitue-toi à l'idée que tu auras les yeux bandés pendant la plus grande partie de la soirée et quand tu recevras des questions, dis d'abord : "Bonsoir madame" ou "Bonsoir monsieur". Parle lentement, pas trop longtemps, et réfléchis bien avant de répondre aux questions. » Le dress code ? « Un costume noir, une chemise blanche, des chaussures plates et un nœud papillon. »

*

La noirceur du bandeau qui presse mes yeux est si compacte que je ne vois rien, lorsque j'avance dans un couloir, accompagnée par une musique inquiétante qui semble jaillir de nulle part et d'un homme taciturne qui me tient par la main. Tout d'un coup, il m'arrête et m'enlève le bandeau. Me voilà dans une cellule éclairée par une simple bougie. « Je viendrai vous chercher dans quelque temps. En attendant, faites votre testament. » Il ferme la porte à clé derrière lui, et s'en va.

Dans la flamme de la bougie, une tête de mort me sourit lascivement. À ses côtés, une page blanche, une plume avec une petite bouteille d'encre, du mercure et un sablier. Sur le mur la gravure des lettres *V. I. T. R. I. O. L* et son décryptage : *Visita Interiora Terrae Rectificandoque Invenies Occultum Lapidem*. Voilà à quoi auraient pu me servir mes études de latin si j'avais été une meilleure élève. J'arrive à comprendre tout de même qu'il s'agit d'une visite intérieure de la terre et d'une pierre cachée. Je réalise à quel point méditer dans ce cabinet est très proche du voyage psychonautique. Qu'est-ce que la visite de l'intérieur de la terre, si ce n'est un voyage vers l'inconscient ? Et la pierre cachée si ce n'est l'inconscient lui-même ? *Connais-toi toi-même et tu connaîtras l'univers et les dieux* pouvait-on lire sur le fronton du temple d'Apollon à Delphes. Ici, pas de maîtres supposés savoir, pas de divans confortables qui nous permettent d'échapper à nous-mêmes pendant des années. Le temps est compté.

En écrivant mon testament, je pense à mon oiseau enterré dans le jardin de Vincent, le pacte que j'ai fait avec moi-même, et que je n'avouerai jamais à personne et qui accompagnera pour toujours le corps de cet oiseau dans son tombeau. Les plus grands pactes sont après tout ceux qu'on fait avec soi-même. Si l'alchimiste Faust, qui cherchait vainement à pénétrer les mystères de l'univers plutôt que ceux de sa psyché, l'avait compris, il n'aurait pas eu besoin de vendre son âme à Méphisto.

Mon âme allait maintenant mourir et renaître sous une autre forme. Laquelle ? Les oiseaux du Cantique d'Attâr traversent sept mondes, de plus en plus périlleux, et finissent par se jeter dans le feu de Simorgh, pour renaître sous une autre forme. Que voudrais-je tuer en moi ? Après un long temps de réflexion, je me rends compte que ce sont mes certitudes. Il va falloir désapprendre tout ce que j'ai appris. Chercher l'humilité du nouveau-né. Je pense à ma grand-mère qui aurait voulu vivre sa vie à l'envers, arriver sur terre déjà vieille, et finir comme un bébé. D'une certaine manière c'est ce qu'elle a fait, sachant qu'il ne faut pas chercher à philosopher sur la vie à partir d'une déception ou d'un manque, mais à partir d'un émerveillement. Ce n'est jamais trop tard de partir à la recherche d'un nouveau monde. Mais ce n'est qu'en traversant des mondes secrets, l'un après l'autre, comme les pièces d'une maison, que j'arriverai un jour à créer mon propre monde dans le monde. Voilà la pierre philosophale de ma quête. Je ne suis pas à la recherche d'une *chambre à soi*, cela ne me suffit pas, mais à la recherche d'un *monde à moi*.

Je me mets à écrire tout ça, et plein d'autres choses encore. Soudain, la porte s'ouvre sur l'homme de tout à l'heure. Je n'ai jamais vu un visage aussi vide d'expression. Il me demande le testament et repart. Je sens une inquiétude subliminale serpenter dans mon cœur. Je n'avais pas pensé au fait que quelqu'un allait lire ce testament. J'espère qu'ils ne vont pas le trouver trop mièvre. Tant pis, je suis qui je suis.

La porte s'ouvre de nouveau. L'homme rentre avec le bandeau dans ses mains. L'image me laisse un goût d'exécution dans la bouche. Combien de fois ai-je pu voir des scènes semblables au cinéma ?

Des prisonniers qui vont se confronter à une mort certaine. Je sens une grande fraternité avec tous ceux qui ont dû entamer ces voyages sans retour, et une légère honte face à ma position privilégiée. Qu'avais-je à craindre ou à perdre ? Rien ! Il me remet le bandeau. Je le suis.

Nous traversons un long couloir, qui nous amène à gauche, ensuite à droite, nous montons un escalier, un deuxième, nous prenons à droite, ensuite à gauche. Ses pas ralentissent maintenant. Une musique sombre se mélange à des discussions vives qui semblent venir d'une salle à côté. Il s'arrête. Une voix de femme me chuchote à l'oreille : « On va vous enlever la chaussure droite, soulever une manche, une partie de votre pantalon, et vous mettre une corde autour du cou. N'ayez pas peur ! » Les voix derrière la porte deviennent de plus en plus distinctes. J'entends le discours d'un homme dire des choses qui me semblent très justes et si parfaitement en accord avec ma propre pensée que je commence à trouver cela fort aliénant.

Ah ! Mais c'est *mon* testament qu'ils sont en train de lire. Quelle horreur ! La porte s'ouvre. Les voix se taisent. J'entends quelqu'un murmurer : « Vous êtes prêts ? Nous sommes prêts si vous êtes prêts. » « Oui, oui », répond quelqu'un à mes côtés. La porte se referme. Silence. Quelqu'un me prend par la main et frappe trois fois à la porte. La porte s'ouvre de nouveau et je suis conduite dans une salle où l'on m'invite à m'installer sur une chaise. Les questions s'enchaînent. Je prends conscience à quel point répondre à des personnes qu'on ne voit pas peut être perturbant. J'essaie de répondre aussi poliment et brièvement que possible.

Aux questions les plus difficiles, je réponds que je suis là pour apprendre à répondre à ce genre de questions. Ils rient. Je ne sais pas si c'est bon signe. Le moment est venu pour le vote. La femme de tout à l'heure m'accompagne dans une nouvelle pièce où elle me demande d'attendre. Je reste là, sans bouger, toujours les yeux bandés. Quelques minutes plus tard elle rentre et me dit : « Félicitations. Vous êtes admise. Maintenant, vous allez vivre le rite d'initiation ! »

La franc-maçonnerie dissimule ses véritables secrets et fait tout pour tromper ceux qui méritent d'être induits en erreur. C'est pareil pour l'art. Il ne faut ni surinterpréter, ni prendre les choses au pied de la lettre. Comment raconter alors ce qui s'ensuivit une fois qu'on me fit rentrer dans la salle, sans tomber dans les pièges du désir de transmission ? Peut-être en restant à la surface des choses. Il faut suggérer sans trahir. Montrer sans dire. Ou l'inverse, dire sans montrer.

Dans le cabinet de réflexions, j'avais parcouru l'épreuve de la terre. Maintenant il ne me restait que l'épreuve de l'eau, de l'air et du feu. Je subis ces trois épreuves dans une symphonie synesthétique de sensations ineffables, toujours les yeux bandés, jusqu'au moment le plus solennel de la cérémonie – la consécration. Lorsque la pointe d'épée pince ma poitrine, je n'éprouve plus aucune crainte. Je m'abandonne et je fais mon serment en accord avec l'injonction du Vénérable Maître, qui frappe ensuite légèrement de son épée mon épaule, comme lors d'un adoubement de chevalier.

On m'arrache le bandeau. Je suis éblouie comme une morte ramenée à la vie. Face à moi, une centaine d'hommes et de femmes, vêtus de costumes noirs, tiennent leurs mains droites renversées pour cacher leurs visages, comme s'ils se protégeaient d'une source trop puissante de lumière, alors que la pièce n'est éclairée que par quelques bougies. Ils sont pétrifiés, comme dans un tableau vivant. Dans l'autre main, chacun tient une épée, pointée vers moi. À leurs pieds, sur les dédales d'un échiquier, le corps allongé d'un homme, la tête recouverte d'une étoffe, fait le mort. Ils me demandent de me retourner, car il y a un ennemi derrière moi. Je me retourne, et là, à ma grande horreur, je vois mon propre reflet dans un miroir tenu par quelqu'un que je ne vois pas. Mon reflet semble aussi effrayé que moi. Lorsque je me tourne vers l'assemblée, le corps a disparu. Ils me regardent tous maintenant souriants, toujours sans bouger. Je suis tétanisée. Mais je découvre que je ne suis pas la seule initiée. J'ai une jeune néophyte de chaque côté.

Quelqu'un nous fait signe de nous tourner vers le Vénérable Maître, qui préside une table massive en bois garnie d'un grand livre, d'une équerre et d'un compas, et plein d'autres objets qui nous renvoient aux secrets de l'univers, ainsi qu'à ceux de l'âme. Au-dessus de sa tête, le soleil, la lune, le

Delta lumineux. Après un discours flamboyant, nous sommes invitées à créer une chaîne d'union avec nos « nouveaux frères et sœurs ». Une fois la chaîne rompue, ils nous apprennent le signe du châtiment, et plein d'autres choses que je ne peux pas révéler. Je brise peut-être mon serment maçonnique en écrivant ce que j'écris, mais je me dis que ce carrefour de lumières bien caché mérite d'être un peu mieux illuminé. Par ailleurs je ne le fais qu'à demi. De toute manière, je n'ai même pas compris la moitié de ce que j'ai vu. Cela ne sera donc qu'un quart. Qui est qualifié pour transmettre les secrets et qui est qualifié pour les entendre ? se demandait Goethe tout au long de sa vie. Je dirais que ce sont tous ceux qui savent jouir de leur flûte enchantée. À la fin de la cérémonie, je reçois une rose rouge, un tablier blanc, des gants blancs et un carnet d'identité avec l'emblème de ma nouvelle loge.

Juste avant de partir, une femme aux boucles dorées, d'une allure candide et noble, vient me dire : « C'est moi qui t'ai accompagnée lors de ton rite d'initiation tout à l'heure. Je voulais te dire que nous avons été tous très émus par tes paroles. Bienvenue parmi nous, ma sœur ! » Elle m'embrasse tendrement. Je suis complètement foudroyée par la lumière que son être dégage, on dirait un ange.

La vie se transforme parfois en un palais de miroirs qui ne font que renvoyer notre propre reflet. Il faut savoir les traverser sans avoir peur de ce qu'on trouvera de l'autre côté. Depuis mon rite d'initiation, j'ai de nouveau l'impression d'avancer dans un labyrinthe sans fin. C'est à la fois délicieux et terrifiant. Mais une chose est sûre, je ne suis plus seule au monde. Plus vraiment. Je n'ai jamais senti autant d'amour et de bienveillance venant de personnes que je connais à peine. C'est comme si j'avais ajouté une dimension supplémentaire à ma vie. Encore un jardin secret, qui me permet de remplacer mon ancien amour pour le savoir par un véritable amour de la vie, de tout ce qui m'entoure, sachant que, pour gagner, il faut savoir perdre. Ce n'est qu'en laissant ses plumes, les plumes du paon, que la plume ultime, celle avec laquelle nous écrivons notre vie, peut apparaître.

J'adore me préparer pour y aller. Ma tenue n'est même pas repérable en tant que telle. Porter un costume noir et une chemise blanche peut arriver à tout un chacun. Ce n'est qu'au moment où je vais entrer dans le temple que je mets mon papillon, mon tablier et mes gants blancs. Noir sur blanc. Blanc sur noir. Je suis un échiquier mouvant.

Dîner noir à Istanbul

Je viens d'acheter un crocodile empaillé. Il s'appelle Hubert et vient d'Amazonie. Il trônait dans la vitrine d'une librairie scientifique rue Jacob. Je voulais aussi m'acheter une prothèse de jambe en bois, un bébé cyclope en cire, une ceinture de chasteté masculine du XVIIIe siècle qu'on appelait Onania, un bassin en plâtre représentant un hermaphrodite et un livre ancien, qui portait le titre mystérieux de *L'Antidote d'amour*, mais je n'avais pas assez d'argent. Même pas pour l'achat du crocodile que je n'ai payé qu'à moitié. En échange, j'ai accepté d'organiser une exposition dans leur librairie et quelques boutiques autour, au cœur de Saint-Germain. J'adore le sourire d'Hubert. On dirait la réincarnation joyeuse de *La Peau de chagrin*. Lorsque je suis rentrée avec lui, le chat l'a regardé, un peu étonné. Après son dîner, il a fait un très bon usage de la queue écaillée. C'est assez chic d'avoir un chat qui utilise la queue d'un crocodile comme cure-dent. Quant à Vincent, son seul commentaire fut : « Avec toi, plus rien ne m'étonne. »

Peu après, Jean de Berg m'appelle pour me confier une nouvelle tâche : « Je voudrais que tu partes avec Béatrice et moi à Istanbul, pour participer à un Dîner noir, une performance dans l'esprit d'*À rebours* de Huysmans que nous préparons avec l'artiste Dominique Gonzalez-Foerster et son compagnon. Il n'y aura qu'une douzaine d'invités minutieusement choisis. » Comment dire non ? « Il va falloir que tu portes un bustier et un sarouel noir, que tu achètes une perruque ayant la même couleur et la même texture que tes cheveux, et que tu te fasses les ongles. »

Avant de partir pour Istanbul, je m'accorde un après-midi tranquille au musée du Louvre. La tâche de Jade m'amuse énormément car c'est la première femme qui me demande de travailler l'abîme entre moi et Madame X. Je traverse les salles, les unes après les autres, et je rejoins comme toujours mon tableau favori – *L'Odalisque* d'Ingres. Je découvre qu'il y a deux femmes dans ce tableau, la femme occidentale que l'on voit, et la femme orientale, absente, mais présente à travers les accessoires, le turban et l'éventail aux plumes de paon, auquel je n'avais pas prêté attention auparavant. Madame X choisit un tableau où l'on voit Pallas, la déesse de la justice, chasser avec une épée une foule qui court dans toutes les directions. Je constate que le mien est construit sur une injustice et que le second tente de rétablir la justice. En tout cas, c'est vers Pallas que j'ai envie de me diriger, non vers la tranquillité oisive de mon passé.

À Istanbul, je débarque dans un hôtel anglais, de l'époque d'Agatha Christie. Ma chambre s'appelle Oriental Express. Cette fois-ci, pas d'animaux empaillés, mais un tintamarre d'oiseaux exotiques, de perruches, de cailles, de canaris, de rouges-gorges, et un perroquet qui miaule comme un chat.

Le soir, je prends un verre avec Jean-Pierre, le critique d'art, et un couple d'amis à lui, qui font également partie des invités du dîner. Je leur demande quelles consignes ils ont reçues pour demain soir. Ils me regardent étonnés. « On n'a reçu aucune consigne. » Je leur raconte les miennes. « Eh bien, peut-être qu'ils ont prévu quelque chose pour toi spécialement ! Ou peut-être qu'elles nous ont oubliés. – Ah, non, ce n'est pas leur genre d'oublier quoi que ce soit. Que peuvent-elles bien préparer ? » Une fois à l'hôtel, je monte au bar sur la terrasse. Il n'y a personne, à part le barman. Je commande un ouzo. On parle du régime politique actuel. Il allume la télévision et me dit : « Regardez, même à cette heure-ci, la chaîne principale de notre télévision nationale ne montre que les discours interminables de notre président. Nous vivons une véritable dictature. » Cela me rappelle de mauvais souvenirs. En Roumanie, la seule chose que l'on voyait à la télé, à part quelques films américains des années 50 où même les baisers étaient censurés, c'était Ceausescu, mon premier faux maître, car dès que je rentrais de l'école, je jouais avec les surprises des œufs Kinder, des Lego et des Barbies. Sous le communisme, j'étais capitaliste. Sous le capitalisme, je suis devenue communiste. Mais les communistes, à la différence des capitalistes, ne vivent jamais comme ils prêchent. Je resterai peut-être à jamais divisée, sur mon divan à l'occidental-oriental, aimant le luxe aussi bien que le partage, les pluies d'or aussi bien que la poussière d'étoiles brisées.

*

Le lendemain, je suis réveillée à l'aube par l'appel à la prière lancé par un muezzin ou par un enregistrement en boucle, qui sait ? Je m'installe dans le gigantesque fauteuil en velours rouge du salon, et je commande un thé aux pétales de roses. La journée peut commencer. En sortant de l'hôtel, je tombe sur un groupe de filles voilées. Je leur demande si elles peuvent m'aider à transformer mon écharpe jaune en niqab, en faisant référence aux prostituées sacrées dans l'Antiquité sumérienne et à tous les contes fantastiques où le voile n'était qu'une arme de séduction parmi d'autres. Elles rient et exaucent mes désirs.

Je vais à Topkapı pour visiter les sérails, contempler les robes de sultans, les yatagans, les masques de guerre, les pinceaux du calligraphe, les harems, les dortoirs d'eunuques, la porte de la Mort et la porte de la Félicité. Je commence à virevolter dans une danse soufie improvisée. Les gens me regardent bouche bée. En sortant du palais, un homme m'arrête contrarié. Pourquoi suis-je habillée comme une musulmane, quand c'est évident que je n'en suis pas une ? Comment peut-il le voir ? « Les femmes turques ne portent pas de talons. Elles passent comme le vent. On ne les entend jamais. » Il m'invite à prendre un thé dans sa boutique. Il me fait la cour, mais quand il voit que je n'ai ni envie de lui acheter un tapis, ni de coucher avec lui, il devient un peu agressif et je repars. Un autre jeune homme qui n'a sans doute pas plus de vingt ans m'aborde juste après et m'offre ses services sexuels contre cinquante euros. Au moins, celui-là ne perd pas son temps. Pour ne pas le vexer, je lui dis : « Avec plaisir, une autre fois ! »

Sur le chemin du retour, je croise un homme avec un petit singe en laisse sur son épaule. J'aurais tant voulu avoir un singe à moi. Il est vêtu d'un costume national vert, avec un fez rouge et une chemise blanche. Il a l'air triste, tout peureux. Je lui caresse la tête. Tout à coup, le singe se retourne vers moi avec un regard effarouché, et me mord la paume. Je crie de douleur, car le singe ne veut pas lâcher ma main. Les gens se rassemblent autour de moi. Certains crient aussi, d'autres rient. L'homme vêtu en sultan prend la tête du singe et lui entrouvre calmement les mâchoires pour qu'il lâche prise.

Enfin libre, mais le sang coule comme d'un stigmate. Je rentre troublée à l'hôtel, je lave ma main, mon corps, je me coiffe, je fais mes ongles, je mets mon sarouel, mon bustier et je pars rejoindre Jean de Berg et Béatrice, pour leur donner la perruque, comme elles l'avaient exigé, une heure avant que le dîner ne commence.

*

La pièce sent la tubéreuse. C'est la seule chose que j'arrive à noter de ma position bandée. Je dresse l'oreille à la musique langoureuse du duduk arménien qui se déverse dans la pièce et j'essaie de me détendre. Je pense à Jean de Berg, à ses romans vertigineux, ses voyages dans les plus sombres dédales de l'homme. Qu'allait-elle nous préparer maintenant ? Soudain je l'entends dire :

– Vous pouvez enlever vos bandeaux !

Je laisse mes yeux circuler sur la table, les invités, tous habillés en noir, dorés par la lumière chaude et apaisante des chandeliers. Jean de Berg se tient droite, enveloppée d'un air plus austère que jamais, à une extrémité de la table, couronnée par un turban noir. Béatrice est vêtue d'un corset et d'un sarouel noirs, avec ses cheveux blonds perlés comme les femmes de la Renaissance florentine. Des livres en lieu et place des assiettes. Le mien c'est *Cérémonies de femmes*. Plus loin, à l'autre extrémité de la table noire, une poupée de cire allongée sur le dos, vêtue d'un bustier et d'un sarouel noir, avec ses cheveux blond vénitien étalés comme des rayons de soleil autour de sa tête. Ah, mais voilà où est partie ma perruque ! Je regarde les invités, tous habillés en noir, pâles et vibrants d'émotions.

Les plats arrivent portés par des serveurs qui ressemblent à des derviches avec leurs mouvements prestes et alambiqués. J'entame un pain recouvert d'une mousse noire au goût de foie gras. Soudain, une voix féminine surgie des haut-parleurs nous raconte le film d'Alain Robbe-Grillet, *L'Immortelle*, l'histoire d'un homme qui arrive à Istanbul et tombe amoureux d'une femme insaisissable. Un jour, la femme disparaît. Qui est l'Immortelle ? La mort ou une femme fatale parmi d'autres ?

Le récit se déverse sur l'histoire de Rosine dans *Le Mariage de Figaro*, et un autre encore, l'histoire d'une femme de nos jours qui reçoit une perle blanche de son mari chaque fois qu'elle se soumet à lui, obtenant ainsi un bracelet infini. Jean de Berg et sa compagne laissent maintenant des photos en noir et blanc circuler vers nous comme des petits bateaux en papier sur une rivière invisible. La voilà, l'Immortelle ! Belle comme une divinité dans son bustier noir et ses porte-jarretelles. Tout à coup, mon voisin, un écrivain turc, se penche vers moi et me chuchote à l'oreille :

– Pourrais-je vous lire le futur dans la sauce noire qui reste dans votre assiette ?

– Je vous en prie.

– Vous vivez plusieurs vies. Vous n'arrivez pas à choisir. Vos rêves sont devenus une torture... Ai-je raison ?

– Je ne voudrais pas contredire un interprète expert en fond de sauces...

– Mais il faut que vous commenciez à profiter de cette sauce douce-amère, car c'est le carburant même de votre existence !

– Que voulez-vous dire en fait ?

– Vous ne le pensez peut-être pas, mais vous êtes sous contrôle. Il faut juste savoir utiliser votre pouvoir...

Jean de Berg se lève brusquement de son poste et commence à marcher lentement autour de la table, avec la grâce d'une panthère. De temps en temps, elle s'arrête, pose la main sur l'épaule de quelqu'un, hésite un instant, puis glisse vers le prochain invité, comme si elle inspectait les fleurs d'un jardin. Je reprends la conversation avec mon voisin écrivain. Soudain, je sens une main sur ma nuque et j'entends la voix de Jean de Berg dire :

– Suivez-moi !

Elles avaient un plan pour moi, mais lequel ? Je me sens calme, si calme, que je commence à m'inquiéter un peu. Elles m'amènent à l'autre extrémité de la table, au fond de la salle, et me demandent de monter sur un petit escabeau posé à côté du mur, qui est couronné par un blason aux bandeaux noirs, transparents. Béatrice commence à attacher mes mains au blason, dans la position de l'*Angélique* d'Ingres. J'essaie de me comporter comme si c'était la chose la plus naturelle au monde, mais mon corps tremble comme de la gélatine.

Je contemple la poupée de cire sur la table, son bracelet de perles, la fleur blanche dans son décolleté, son regard rigide, pointu vers le plafond, la chaussure, pressée contre sa poitrine comme un poignard. Les derviches rentrent de nouveau avec les desserts. Une des convives est invitée à me nourrir d'un sorbet noir au parfum de myrtilles sauvages. Chaque fois qu'elle me tend la cuillère, elle la tient si bas que je suis obligée de me baisser et d'onduler mon corps à chaque bouchée. Jean de Berg demande ensuite aux convives de remettre leurs bandeaux. Béatrice me détache et me demande de la suivre. Elle m'emmène à l'autre extrémité de la table où Jean de Berg est assise.

Celle-ci se lève et pointe la chaise vide de sa main. Elle voudrait que je me mette à sa place ? Ah, non ! Béatrice me murmure de monter sur la chaise, ensuite sur la table et de m'allonger dans la même position que « mon double », avec ma tête à l'extrémité opposée, comme dans un miroir.

Elle m'enlève une chaussure avant que je ne monte, ce qui ne facilite pas trop la procédure.

Béatrice introduit ma chaussure dans ma main gauche, glisse une fleur blanche dans mon décolleté et un bracelet de perles à ma main droite qu'elle pose sur la table, derrière ma tête, introduisant une photo entre mes doigts. Laquelle ? Impossible de savoir. Le mouvement fait sortir mon sein du bustier. J'essaie de rectifier ma tenue, mais elle me fait signe de rester ainsi sans bouger. Jean de Berg demande à chacun des convives d'enlever leurs masques et de continuer à manger.

Il est bizarre d'être soi-même le sujet d'une conversation sans pouvoir y participer. J'ai l'impression d'assister à mes propres funérailles. Soudain, je sens une main caresser mon sein. J'essaie de me concentrer sur le lustre au-dessus de ma tête. Je pense à l'Immortelle, à la poupée, à moi. La morsure du singe me fait si mal. Pourquoi m'a-t-il mordue ? Et si le singe était malade ? Et si j'avais attrapé une infection mortelle ? Voilà une belle fin pour Madame X et ses multiples avatars. Tuée par une morsure de singe à Istanbul. Il faut bien mourir pour devenir immortelle. Je ne sais pas combien de temps je reste ainsi étendue. Soudain, une cloche sonne. Nous sommes invités à quitter la salle, moi en dernier.

« Vous étiez formidable ! Mais on savait que ça allait bien se passer », s'exclame Jean de Berg et elle m'explique qu'elles ne voulaient pas utiliser une actrice, car elles voulaient soumettre quelqu'un aux vraies surprises de la vie. Avant de sortir de la salle, je regarde la photo que j'avais entre les mains, c'était bien l'Immortelle. Je la plie soigneusement, et je la glisse dans mon bustier. Ce n'est pas tous les jours qu'on devient le support surface d'une œuvre d'art. Une question s'impose néanmoins. La soumission à laquelle je me suis pliée est-elle compatible avec ma quête de liberté ?

– Bonne question ! Comment vous y répondriez ? me demande mon psychanalyste, quelques jours plus tard.

– Certains pensent que les jeux sadomasochistes ne font que recréer une société patriarcale. Mais cette conviction interdit aux femmes leur désir de domination. J'avais du pouvoir dans ma soumission, car j'aurais pu mettre fin à la cérémonie à n'importe quel instant, mais mon désir de cocréation était bien plus grand que celui de l'insoumission. Et si un jour je décrivais cette scène dans mon roman, j'aurais encore plus de pouvoir, car le vrai fouet est dans la main qui écrit…

– Je vois très bien ce que vous dites, mais qu'est-ce qui s'est passé une fois que vous êtes sortie du Dîner noir ?

– Je suis montée dans une des chambres de l'hôtel avec les autres invités. Nous avons dansé, fumé, bu, sauté sur le lit comme des enfants. J'ai plongé dans le bain ornemental de corps qui se caressaient dans le lit. Nous étions tellement enjoués… Une fois à l'hôtel, j'ai retrouvé le barman de l'autre soir, qui était en train de fermer le bar. Il m'a demandé de sortir prendre un verre avec lui ailleurs. Après avoir fait je ne sais combien de bars avec lui, je me suis envolée comme l'Immortelle, dans la nuit. Le matin lorsque je me suis réveillée, je suis allée me baigner dans un grand hammam, qui ressemblait à un palais de mille et une nuits. J'étais entièrement seule. L'eau chaude jaillissait de tous les côtés, les mosaïques, les rayons de lumière. Quelle sérénité ! J'étais telle l'Odalisque d'Ingres, toute nue, allongée sur la pierre de marbre chaude avec ma serviette mode turban, la seule chose qui me manquait, c'était une queue de paon, ou une queue tout court. Ha ! Ha ! Je me demande si dans l'islam on peut atteindre Dieu par la danse ? La joie ? Le sexe ? Je ne sais plus où je suis...

– Qu'est-ce qui s'est passé dans le dernier bar pour que vous le quittiez sans cérémonie ?

– Rien de spécial. Pas plus que dans le bar précédant. Et chaque fois, je lui demandais de m'emmener dans un autre bar, et un autre encore. Je ne voulais pas me donner à lui, mais entretenir son désir, à l'infini, rajouter un infini à un autre, et un autre...

– Vous dites « je ne voulais pas me *donner* ». Pourquoi ne pas dire que vous ne vouliez pas « le *prendre* ».

– Car prendre voudrait dire transformer l'autre en objet ? En même temps, j'aimerais bien avoir un harem masculin. J'ai peut-être un regard trop esthétisant sur les choses. J'ai envie d'embrasser tout d'un seul regard. Comme Edwarda, qui est tout, un trou, la saleté, la nuit étoilée. Elle est même Dieu ! Il s'agit peut-être d'un désir de toute-puissance qui cache l'angoisse de la castration, c'est ça que vous allez me dire ?

– Très bien. À la semaine prochaine.

– À la semaine prochaine…

La religieuse

Le printemps est arrivé et avec lui, une tristesse sombre et douce. Comment savoir si tel rire sera le dernier rire ensemble, le dernier souper, la dernière promenade, le dernier baiser, la dernière dispute ? Comment savoir si nous nous dirigeons vers un nouveau commencement ou vers une fin imminente ? La vie peut se montrer tellement imprévisible parfois. Nos cœurs, encore plus. Je retrouve mon écrivain de temps en temps, mais la joie que je ressens dans ses bras pendant quelques heures me jette dans un gouffre sans fond chaque soir quand je remonte les escaliers de ma maison.

Il est temps de réaliser la tâche que Titania m'avait donnée à New York, broder le rêve de la reine de cœurs. Je ne sais pas pourquoi, mais j'ai envie de l'effectuer dans un cadre religieux. Je choisis l'abbaye de Sénanque. J'ai tout de même besoin d'une nouvelle parure. Je décide de solliciter une jeune créatrice de mode qui a un univers très romanesque. C'est comme si Adolf Loos et Le Bernin s'étaient donné rendez-vous pour créer une robe à la fois sexuelle et spirituelle, baroque et minimaliste. La robe qu'elle me prête ressemble à une forteresse invincible de loin, mais lorsqu'on s'approche, on découvre vite ses fentes, ses failles, ses parties précaires et transparentes. Je ne sais pas si j'aurai le courage de la mettre une fois à l'abbaye.

Le TGV arrive à la gare d'Avignon au coucher du soleil. Je prends un taxi, je traverse des collines violacées pleines de bories qui disparaissent peu à peu dans la nuit. À mon arrivée, la valise que je tire derrière moi sur le pavé fait un bruit infernal. Je sonne à la porte sans succès. Toutes les portes sont fermées. Une lumière jaillit par l'entre-ouverture d'une petite fenêtre au rez-de-chaussée, mais, lorsque je m'approche, la lumière s'éteint. C'est étrange, il n'est que 22 heures. Ils doivent sûrement être là quand même ? Les moines voyagent rarement, en tout cas, pas tous à la fois. Je crie d'une voix douce : « Il y a quelqu'un ? » Cette fois-ci, deux volets s'ouvrent au deuxième étage sur la tête d'un moine qui me fait signe d'attendre. Le voilà. Il est entièrement vêtu de blanc, tel un ange, mais c'est un ange énervé.

– Vous n'avez pas le droit de venir de ce côté-là, vous savez, c'est la partie privée des moines. L'abbaye se met en silence à 21 heures. Tout le monde dort maintenant.

Je m'excuse. Il me dit que ce n'est pas grave. Il me montre l'hôtellerie, me donne des draps, une serviette et un petit savon blanc. Ma cellule est très simple, avec un lit, une table et un crucifix au mur. Quel bonheur d'être si loin des conforts terrestres ! Je le remercie pour l'accueil et m'excuse encore une fois d'être arrivée si tard.

– C'est à quelle heure, la prière matinale ?

– Les vigiles sont à 4 h 30, les laudes à 7 h 45, ensuite tierce à 10 heures, sexte à 11 h 45, les nones à 14 h 30, les vêpres sont à 18 heures et les complies à 20 h 15.

– C'est intense !

– Oui... On bâtit notre vie selon la règle de saint Benoît. Huit heures de travail, huit heures de prière et huit heures de repos.

– Je vais essayer de vous rejoindre aux vigiles.

– C'est comme vous voulez, mais essayez de dormir un peu quand même.

Avant de me laisser, il m'incite à manger de la soupe dans la cuisine. Puis il se penche en avant avec les mains jointes en un geste de prière et s'en va, ou plutôt s'envole, car il ne donne pas l'impression de bouger ses pieds en dessous de sa robe blanche.

*

Il est minuit et je n'arrive pas à dormir. J'ai envie d'errer dans la nuit, mais il faut que je commence à broder le rêve de Titania. La reine de cœurs. J'ai acheté tout ce qu'il me faut : une toile, des aiguilles, du fil, un moulinet, des ciseaux, un dé à coudre et un tambour.

Je me mets à broder, une croix après l'autre, je commence par ses yeux, ses cils, son nez. Elle a l'air si triste, si inanimée. Ah ! si tout était à refaire ? À faire et à refaire ? J'ai envie de l'épingler au Ciel. Je perds la notion du temps. Peut-on vraiment régner sur les cœurs ? N'est-ce pas un paradoxe ? Lors d'un voyage à Éphèse, en Turquie, j'ai vu un graffiti de l'époque romaine, qui montrait la direction vers un bordel, avec une tête de femme et un cœur, plein de petites croix, qui, selon le guide, signifiaient que, dans le cœur d'une hétaïre, il y a de la place pour beaucoup d'hommes. Combien d'hommes pourrais-je contenir dans mon cœur ? Combien de voltiges à plusieurs ? Madame rêve.

Les cloches sonnent soudainement. Il est 4 heures du matin. Déjà ? J'entre doucement dans la robe cathédrale, avec ses parties transparentes qui dévoilent mon ventre et mes seins, je mets le voile de nonne qui encadre mon visage, et je me regarde dans un petit miroir rond aux cadres rouges. Pour la première fois de ma vie, je ne me reconnais plus. Je ressemble à une religieuse... mais une religieuse charnelle, qui n'accepte pas la division chrétienne entre le corps et l'esprit, mais lorsque j'ouvre la porte pour me diriger vers la chapelle, une grande peur m'envahit.

Une fois dans la cage d'escalier, je me prends les pieds dans ma robe et je tombe jusqu'en bas des marches. J'ai envie de crier, mais il ne faut pas que je réveille les autres retraités. C'est peut-être un châtiment céleste. Je ramasse tous mes os et je reprends mon chemin. Je traverse de nombreux couloirs, arrivant enfin à un jardin cloîtré, éclairé par la lumière marmoréenne de la lune. Je pénètre la petite chapelle, où un moine fait ses prières face à un grand crucifix, encerclé par une aurore de lumière. Il n'a que quelques rares cheveux et ses oreilles pointent comme celles de maître Yoda de *Star Wars.* N'avait-il pas dit à Luke « à ton intuition fie-toi, par trouver le chemin tu finiras » ? J'éteins ma soif en lapant l'eau du bénitier, et je m'installe sur un banc, les mains jointes, en geste de prière. Une dizaine de moines arrivent. Ils me regardent furtivement. Ils n'ont pas l'air d'être étonnés par mon déguisement. Peut-être parce que plus rien sur terre ne les surprend ou peut-être parce qu'ils ne voient pas mes habits dans cette semi-obscurité.

Ils prennent leurs graduels en main, s'installent le long des murs, et se mettent à chanter une mélodie grégorienne. Je chante avec eux. Je prie la Vierge, Jésus, Dieu, les anges, les saintes et tout le reste et maudis les forces des ténèbres, surtout mes propres ténèbres, car je sens un rire diabolique remonter des tréfonds de mon âme.

Qu'est-ce que je cherche ici ? La seule chose que je sais, c'est que Madame X a choisi de se réfugier avec moi dans une chapelle, avec des moines cisterciens, dans l'obscure forêt du Lubéron, pour prier, chanter et broder. Elle me dit : « La force est en toi. » Mais laquelle ? Lorsque je retourne dans ma chambre, elle ouvre mon carnet et écrit :

La femme est un caméléon.
Sa force réside dans son pouvoir de transformation.
Elle zigzague entre le passé et l'avenir, le possible et l'impossible.
Rien ne lui résiste. Elle n'a peur de rien, car elle n'a rien à perdre. N'ayant pas le désir de posséder ou d'être possédée,
rien ne peut l'attraper.
Quelle est la nature de son désir ?
Si elle le savait, l'aventure s'arrêterait.
On ne peut pas freiner un animal domestique redevenu sauvage en pleine course.

– Ils n'ont rien dit sur votre tenue ? demande mon psy au milieu de mes chimères.

– Qui ?

– Les moines ?

– Ah pardon !... Non...

– Il n'y avait pas un petit sacrilège dans votre geste ?

– Si... mais c'était un sacrilège inversé, qui cherche le pardon, pas le rejet... Quant à eux... Non. Ils n'ont rien laissé paraître.

– Ils n'ont peut-être rien laissé paraître, mais qu'ont-ils pensé à votre avis ?

– Vous savez... j'aurais pu passer mes journées là-bas en bikini. Rien n'aurait perturbé leur calme. Leur bienveillance m'a donné envie de m'ouvrir, pas de me confesser mais de discuter avec frère Bernard qui m'a donné un très beau conseil : « Il faut savoir écouter sans hâte et vivre sans juger. »

C’est assez beau, n’est-ce pas ? C’est un peu ce que vous faites avec moi, vous m’écoutez sans juger…

– On dirait qu’il y a une grande tentation de sacrilège chez vous quand même.

– C’est possible…

(…)

– À propos de ça, j’ai trouvé une nouvelle muse d’ailleurs, Delphine, une amie philosophe qui est devenue très importante pour mes écrits. Elle analyse la différence entre le conflit *antagoniste*, qui nous *enferme* dans nos convictions et le conflit *agonistique*, qui nous *transforme*. Elle a choisi de me faire imaginer la tâche qu’elle serait susceptible de me donner.

– Ah ! Ça se complique…

– Oui. Depuis, je suis entrée dans une zone de turbulences où tout me pousse vers la transgression… Je me demande si ça vient d’elle ? En même temps, ne pas savoir ce que cette philosophe attend de moi me libère complètement. J’arrive de nouveau à dire les choses telles qu’elles me passent par la tête. Plus rien ne me fait peur…

– Plus rien ne vous fait peur ?

– C’est peut-être terrible ce que j’ai fait…

– Très bien, on va s’arrêter là.

– Ah ! Je le savais.

Le Misanthrope et le vilain petit canard

Les miracles arrivent lorsqu'on ne les attend plus. Un jour, Vincent me propose de partir en week-end, dans un hôtel de charme à la campagne. Le but, rajoute-t-il vite, est de trouver une maison qu'on pourrait acheter au cas où il perdrait son travail – une inquiétude qui est toujours là, je vois. Je me rends compte que cela fait une éternité qu'on n'est pas partis en week-end tous les deux. Savoir que c'est uniquement pour des raisons pratiques me désole un peu.

Une fois arrivée à l'hôtel, j'ai l'impression de tout faire de travers. Vincent commente ma manière de manger un croissant : « En France, on ne met pas du beurre et de la confiture sur un croissant sans l'avoir d'abord coupé en deux », mes chaussures : « On ne se promène pas en talons dans les montagnes », ma nouvelle robe en cuir noir : « Ce n'est pas un peu… trop ? », ma nausée dans la voiture lorsqu'on visite trois maisons avec un agent immobilier qui conduit comme s'il avait volé le véhicule : « On ne partage pas son mal-être avec les autres », la distance trop courte entre ma chaise longue et la piscine de l'hôtel : « Tu n'es pas seule sur terre », mon souhait de manger bien cuit au restaurant le soir : « Tu ne vis plus en Roumanie », ma réflexion sur les peintures de Gainsborough auxquelles les marronniers de la vallée me font penser : « Tu ferais bien de revenir un peu à notre temps » et mes livres sur la sexualité féminine : « Est-ce qu'il t'arrive de penser à autre chose qu'au sexe ? Je ne comprends pas pourquoi tu t'y intéresses autant. Tu t'y connais aussi bien qu'en volley-ball suédois. »

Le Misanthrope disait : « C'est une folie à nulle autre seconde, de vouloir se mêler de corriger le monde. » Il faut accepter les choses telles qu'elles sont, sans perdre l'espoir qu'un jour Vincent guérira. De quoi souffre-t-il ? Je ne sais pas. L'amour est peut-être le seul remède… Mais quel est le remède à l'amour si c'est précisément l'amour qui nous fait souffrir ?

La nuit je lis *La Femme et le Sacrifice* d'Anne Dufourmantelle. Je m'attarde sur deux constatations : « Tout sacrifice est un retournement » et « ce retournement est le mouvement même de la liberté ». L'amour est-il vraiment compatible avec le sacrifice ? Les anciens, quand ils aimaient leurs dieux, sacrifiaient plein de choses pour obtenir leurs grâces. Peut-on dire pour autant qu'ils les aimaient ? Qu'ils donnaient sans compter ? L'amour devrait annuler le sentiment du sacrifice. Mais peut-il annuler le mal ? Si Bataille a raison et que l'horreur est la mesure de l'amour, il faut que je sois heureuse que mon amour pour Vincent arrive à fleurir dans un si sombre jardin. Cela veut dire qu'il est grand.

*

Quelques jours plus tard, je pars au Danemark. Je me sens plus aliénée que jamais. Lorsque je reviens, je ne sais plus ce que j'ai vécu ou ce que j'ai fait. Je m'allonge sur le divan pour retrouver le fil rouge de mes pensées.

– Vous connaissez l'histoire du vilain petit canard ? Eh bien, je suis partie à Odense, la ville de Hans Christian Andersen, mais c'était un voyage sans grand intérêt. Ha ! Ha !

– Souvent lorsque vous riez il y a quelque chose d'intéressant.

– Je ne sais pas pourquoi je ris, peut-être parce que je me suis sentie comme un petit canard vilain.

– Vous étiez un petit canard vilain ou un vilain petit canard ?

– Je ne sais pas… Je suis peut-être les deux.

– Mais quelle était la vraie raison de votre voyage ?

– J'étais dans un jury d'examen pour les étudiants de l'école de Beaux-Arts d'Odense. J'ai adoré ces petits canards vilains qui sortaient des discours académiques habituels, surtout un élève, qui se moquait de tout le monde, de l'école, de moi, même de son propre travail qu'il ne voulait pas concevoir comme une œuvre, et pourtant c'était un chef-d'œuvre. C'était merveilleux de voir la joie sur son visage lorsque je lui ai donné la meilleure note possible. Il n'y a pas de mal à être né dans une basse-cour, tant qu'on sait transformer la boue en or.

– Êtes-vous née dans une basse-cour ?

– Oui et non, ma grand-mère venait d'une famille de boyards qui avaient des conversations imaginaires avec Voltaire et Diderot, tandis que mes grands-parents maternels, conversaient plutôt avec leurs porcs et leurs vaches. J'adorais le contraste entre ces deux mondes, qui n'étaient pas si différents après tout, car l'amour et la joie régnaient partout.

– Il y a aussi ceux qui transforment l'or en boue.

– C'est vrai, si l'on interprète mal les choses, ça peut arriver. Le petit canard obtient une bonne estime de soi lorsqu'il découvre dans le reflet de l'eau qu'il est un cygne. J'aurais préféré une autre fin. Une fin où il serait resté un vilain petit canard, s'aimant tel qu'il est, malgré le manque d'amour des autres.

– C'est beaucoup demander à un petit canard.

– Peut-être... Aujourd'hui, je me sens un peu perdue... Je veux dire encore plus perdue que d'habitude. C'est peut-être bon signe. J'ai envie de devenir un petit canard, vilain, mais aimable.

– Vous avez envie d'être aimée.

– Non, je n'ai pas dit ça ! Vous extrapolez encore une fois. Et maintenant, vous allez dire, « très bien, je pense qu'on va s'arrêter là », n'est-ce pas ?

– Si vous le souhaitez...

– Oui, je pense que c'est mieux. Je n'ai pas envie d'être aimée. Voilà ! Je m'arrête sur cette phrase-là !

– Très bien, à la semaine prochaine ?

– À la semaine prochaine...

En sortant de chez mon psychanalyste fictif, je me sens plus mal que jamais… Je ne sais plus quoi faire, où aller. À mon grand soulagement, je reçois un texto d'Amédée qui me demande si je suis libre pour une promenade au bord de la Seine. La dernière fois, il m'avait dit qu'il avait quelque chose d'important à me dire, mais il m'avait fallu une trentaine de minutes pour le faire accoucher de ces mots : « J'ai envie de te connaître longtemps. » J'ai éclaté de rire, car je m'attendais à quelque chose de bien plus inavouable. Amédée a un peu mal pris mon hilarité. Je l'ai rassuré en lui disant que, moi aussi, j'avais envie de le connaître longtemps. Aujourd'hui, je parle sans cesse. Amédée marche silencieux à mes côtés, comme un psychanalyste qui me pousse à avancer par son silence. À un moment, je lui dis :

– Je me sens divisée, comme Faust qui disait : « Hélas ! Deux âmes habitent dans mon sein. » Je pense à la feuille à deux têtes de l'arbre Ginkgo biloba qui amène Goethe à penser la division comme l'origine de tout être.

Amédée s'arrête et me dit :

– Tu sais quoi ? Tu souffres de la même maladie que moi. Tu n'arrives pas à parler de ce que tu sens profondément sans te cacher derrière un auteur. Parle-moi de toi par toi !

– Ah, je ne sais pas si je sais faire ça.

– Essaie, au moins !

– Je n'y arrive pas…

– De quoi aurais-tu le plus envie ?

– De partir quelque part loin, en Asie... Pourquoi pas en Mongolie ?

– C'est le pays de mes rêves, tu sais, me dit-il affecté. J'y suis allé une fois. On pourrait se donner rendez-vous là-bas. Tu pourrais commencer à écrire un nouveau roman, sur l'histoire d'un jeune homme qui tombe amoureux d'une femme mariée. Le jeune homme lui dit un jour : « Voyons-nous le 4 septembre, dans l'après-midi, à Karakorum, la ville de Gengis Khan, à l'entrée du monastère d'Erdene Zuu. » Une fois qu'elle aura atteint la destination, il ne viendra pas, car il aurait été retrouvé mort dans un accident sur la route...

C'est mon tour de ne plus rien dire. On continue à marcher. Tout à coup, Amédée me dit :

– J'aimerais bien être à tes côtés et avancer ensemble sans marcher.

– Comment ça ?

– Comme dans une barque ou une gondole...

– Il n'y a pas beaucoup de gondoles à Paris.

– Non, il n'y en a pas...

Lorsque je quitte Amédée, je flotte sur un nouveau petit nuage de bonheur, mais dans quelques heures, il va falloir entrer dans le rôle de la femme du directeur pour une fête en l'honneur de ses employés. Ce soir, je n'ai vraiment pas envie. Ce soir, j'ai envie de tout abandonner. La souveraineté n'est pas dans l'exercice mais dans le refus du pouvoir. Je voudrais être à côté d'Amédée, dans une barque, au milieu d'un lac, m'allonger sur le dos et nous laisser dériver au gré des courants.

Je monte dans notre appartement. L'équipe du traiteur est déjà là. Je les aide à dresser quelques tables. Une dame arrive, qui semble être l'organisatrice de la soirée et me demande froidement pourquoi je ne suis pas vêtue de mes vêtements de serveuse. Quand je lui explique que la serveuse n'est pas encore là et que je suis la femme du directeur, elle recule comme si elle avait vu le diable en personne, me prie de l'excuser et commence à engueuler le personnel. Je la calme et je passe la soirée à servir les gens, avec la serveuse qui arrive enfin, jusqu'au dernier moment, jusqu'au dernier canapé, la dernière goutte de vin, et lorsqu'un employé dit à Vincent : « Dis donc, je ne pensais pas que des femmes comme la vôtre existaient encore », il répond en riant : « Ah, non. Soyez-en sûr, elle n'existe pas. » Lorsqu'il dit ces mots, « elle n'existe pas », il me regarde longuement dans les yeux, comme s'il attendait quelque chose de très précis de ma part, mais quoi ?

Le lendemain, je vais voir mon amie Ophélie, qui jusqu'à maintenant a souhaité rester dans les coulisses de mes aventures. J'ai besoin d'elle, de ses forces et de son intelligence d'artiste, d'amie et de femme, plus que jamais. Je la retrouve dans son atelier, à la fois pensive et enjouée, avec ses boucles d'or coiffées telle une actrice de films des années 40. Parfois, son travail ressemble à un jardin à la française vidé de narrations, parfois à un bal masqué abandonné. Elle me montre ses dernières pièces. Un manteau en fourrure accroché au mur comme un blason, des sculptures aux gants de cuir noir, rouge, vert. L'acmé de son œuvre : une nouvelle paire de chaussures noires avec deux montagnes enneigées peintes sur la langue qui embrasse les pieds. Je prends une chaussure et je balade mon œil vers l'intérieur de son ventre.

C'est tellement étrange. J'ai l'impression d'être dans la bulle alchimique de Madame X. J'avais envisagé d'organiser une exposition pour accompagner la sortie de mon roman, mais pourquoi attendre la sortie du livre ? Pourquoi ne pas faire quelque chose ensemble dès maintenant ? J'ai plein d'idées, mais pour l'instant je lui dis simplement : « J'aimerais bien que tu me suives, que tu sois mon alliée en tout et qu'on commence à faire des actions artistiques pour embellir nos vies ! » Ophélie est si heureuse. Un nouveau pacte est scellé ! Je me retrouve dans la rue, plus excitée que jamais.

Le discours de l'hystérique

– Comme c'est bon de retrouver le divan !
– Mm… ?
– Hier j'ai été invitée par Oméga à participer à un débat sur les hystériques à la Salpêtrière. C'était dans le cadre d'une exposition sur Charcot et les « folles d'enfer ». J'ai parlé des Pussy Riot en disant que l'hystérique n'est qu'un sujet politique refoulé, qui revient, qui s'impose, et qui arrive à faire bouger les choses. Ce n'est pas le maître mais l'hystérique

qui détient le savoir. Mais son savoir reste souvent caché, pour mieux lui permettre d'opérer.

– Et comment interprétez-vous le fait que vous ayez toutes ces femmes autour de vous qui vous donnent des tâches ? Ne fonctionnent-elles pas comme des maîtres en quelque sorte ? Vos masques, vos jeux de miroirs et de dédoublement, ne sont-ils pas une mise en scène par laquelle vous vous donnez à voir comme les hystériques de Charcot ?

– Non, je ne pense pas, car il y a une différence entre « se mettre en scène » et « dévoiler l'autre ». Hamlet utilise la mise en abyme, *The Mousetrap*, pour dévoiler les injustices de la cour royale.

– C'est quand même l'hystérique, avec son côté créatif, qui a donné naissance à la psychanalyse.

– Je ne suis pas contre la psychanalyse, mais vous savez, Foucault n'a pas entièrement tort quand il dit qu'avec la modernité, nous nous sommes libérés de la religion pour nous soumettre à une nouvelle forme d'enfermement – la psychanalyse.

– C'est quand même un couple intéressant, le maître et l'hystérique. Vous ne trouvez pas ?

– C'est plutôt un couple démodé...

– Pourquoi ?

– Parce que ce dispositif met l'homme du côté du savoir, et la femme du côté du voir...

– Nous avons tous une bisexualité psychique.

– Oui, oui. Mais la société ne s'organise pas selon ce principe. Le pouvoir est toujours du côté des hommes qui n'acceptent pas leur castration, le fait que nous sommes tous castrés, aliénés. On parle souvent de la jouissance féminine sans bornes, mais c'est la jouissance de l'homme qui est sans bornes !

– On dirait que vous vous sentez un peu révoltée aujourd'hui.

– Mais bien sûr que je suis révoltée !

– Comme si les hommes avaient quelque chose que vous n'aviez pas.

– Le phallus ?

– Oui, sauf qu'ils ne l'ont pas.

– Mais ils ignorent qu'ils ne l'ont pas ! Et dès que nous voulons l'annoncer, on passe pour des hystériques. C'est terrible ! Où sont les hommes qui se vantent de leur phallus absent ? Je n'en vois pas en tout cas. L'autre jour, j'ai fait un rêve très étrange.

– Ah ! Il ne manquait plus que ça !

– Ha ! Ha ! Excusez-moi, vous êtes très drôle parfois. J'étais dans un village au milieu des montagnes, en Suisse, je pense, car il y avait des vaches partout. J'entre dans un hôtel et je demande une chambre. L'hôtelier me dit qu'il n'y a que deux chambres, une chambre à trois lits et une chambre à cinq. Je prends celle à trois lits. Je m'endors et je me réveille dans mon lit. Mon mari est à côté et me demande ce que je fais là. Il me dit que je dois partir. Je lui dis que c'est *ma* chambre et que c'est *moi* qui l'ai payée, mais il ne veut pas l'entendre. Je le quitte et je monte dans une cabine téléphérique, mais, à un certain moment, je me retourne sur le petit village, je prends mon appareil photo et j'essaie de faire une photo comme souvenir, mais la cabine commence à balancer dans le vent.

Je sens que je vais tomber d'un moment à l'autre. Je lève alors mon regard vers les montagnes. Je vois un objet indescriptible sur leurs crêtes. Il ressemble à un décor de théâtre, un paravent lumineux qui pourrait aussi être un château. Il bouge comme ça, comme un éventail divisé ou comme deux groupes de jeux de cartes rassemblés.

– Comme un éventail divisé...

– Oui. Mon rêve s'arrête là.

– Et votre mari vous demande ce que vous faites là, dans la chambre... Vous savez, ce que vous faites là ?

– Non, pas vraiment, mais ce décor lumineux me donne envie de sortir du décor.

– Vous voulez sortir du décor par le décor.

– Ha ! Ha ! En quelque sorte oui. L'autre soir, j'y ai presque réussi.

– En faisant quoi ?

– J'ai organisé le *Dîner du paon*, un dîner performance en l'honneur de Jean de Berg. La règle du jeu ? Il fallait que chaque personne amène avec soi un objet qui hante leur imaginaire et raconte son rapport à l'objet. Le dîner était en miroir avec mon expérience à Istanbul. En dehors de Jean de Berg, sa compagne, ma complice Ophélie et mon amie Carine, il y avait mon mari, et quatre autres hommes bien choisis. J'ai aussi fait venir un majordome que j'ai trouvé au café Ruc, pour nous servir. J'ai organisé le dîner comme un voyage initiatique à travers les quatre éléments : l'eau fut symbolisée par une entrée aux poulpes, la terre par un carpaccio aux radis noirs, l'air par des faisans que j'ai cuits au four, et le feu par un dessert flambé à la grenade, qui nous renvoie au feu de l'amour.

– Cette fois-ci, c'était vous le maître... du jeu.

– Ou *la maîtresse,* si l'on veut... Mon mari a apporté deux dieux protecteurs de la maison, qu'il avait reçus lors d'un voyage en Birmanie. Jean de Berg a apporté une peinture représentant saint Sébastien, Béatrice, un fouet, Jean-Pierre, a amené un livre d'Alain Robbe-Grillet, *La Jalousie*, qui m'a permis de dire : « Le début de l'amour, c'est la fin de la jalousie. » Personne n'a osé me contredire d'ailleurs, et Ophélie a apporté une sculpture informe qu'elle a faite un jour, d'une manière inconsciente. Elle a parlé de la masturbation, ce qui a beaucoup excité les hommes, surtout mon ami Eugène, qui avait amené avec lui un pipeau qui imite les chants d'oiseaux. Carine a apporté un œuf d'autruche et raconté l'histoire d'un exhibitionniste qui s'est masturbé avec un œuf, place de la Madeleine. Amédée a apporté une « boîte à névroses » qu'il a reçue de son frère disparu, tandis que le Divan a apporté une montre sans aiguilles qu'il a reçue de son père, lui permettant de parler de la transmission tronquée. Ce que personne n'a su, sauf Ophélie et Carine, c'est qu'Amédée et le Divan n'ont pas pu venir. Ils n'avaient pas envie de rencontrer mon mari, je crois. J'ai donc choisi de les remplacer par deux acteurs.

– Personne ne s'en est rendu compte ?

– Non, vraiment pas. Ils ont tous été très touchés par l'histoire d'Amédée, sur son frère disparu qui était donc une pure fiction et tout le monde a été d'accord avec les interprétations psychanalytiques de l'acteur qui a joué le Divan. Même mon mari a dit plusieurs fois : « Ah oui, vous avez tout à fait raison. »

– Cela me fait penser à Nausicaa.

– Pourquoi ?

– Parce que Nausicaa veut brûler tous les navires dans l'*Odyssée*. Vous auriez pu brûler tous vos navires à ce dîner, si vous aviez été dévoilée. Mais vous êtes restée la maîtresse du jeu du début à la fin...

– Il y a une chose que je ne vous ai pas racontée d'ailleurs, qui s'est passée à Istanbul.

– ... Oui ?

– Après le dîner stambouliote, j'ai demandé à l'un des hommes qui ont participé à l'organisation de la soirée, pendant que nous fumions dans l'entrée de l'hôtel, si je ne pouvais pas garder le bracelet qu'on m'avait glissé sur la main, lors de ma performance. Il m'a répondu sèchement : « Oui, si tu fais quelque chose en échange : mets-toi à quatre pattes, juste ici. » J'étais très étonnée par son propos, mais j'ai accepté. Il a pris mes jambes comme si j'étais une brouette et il a descendu, avec moi devant, les marches de l'escalier de l'entrée de l'hôtel. J'ai trébuché et cogné ma tête contre le pavé. Il a ri, triomphant : « Très bien ! Le bracelet est à toi maintenant. »

– Vous n'étiez plus dans le cadre esthétique de tout à l'heure.

– Peut-être que c'était esthétique pour lui. Qui sait ? De toute manière, la liberté ne triomphe qu'à travers des sacrifices… Qu'y a-t-il de plus difficile que de sacrifier l'image que l'on se fait de soi-même ?

– Vous étiez prête à faire l'animal pour un petit bracelet de perles.

– Je sais. C'est idiot. À quoi m'a servi ce bracelet ? Je l'ai perdu en plus… Je me rends compte que mes désirs ne sont pas assez sophistiqués… ou en tout cas, pas assez élaborés.

– Il faut peut-être sortir de la maîtrise, en parlant des sentiments.

– Oui, mais j'ai peur de ce que je ressens… j'ai peur des sentiments.

– On va peut-être s'arrêter là.

– Ah non ! Mais c'est bête, ce que je viens de dire !

– Eh bien, réfléchissez-y pour la prochaine fois.

L'escalier

Le moment est venu de passer à la muse suivante. La première fois que je l'ai croisée, c'était dans une fête mondaine à Paris. Elle était d'une beauté spectaculaire, avec ses cheveux roux, ses mouvements empesés comme si elle sortait d'un lent sommeil, ou d'une peinture de Fernand Khnopff. Héméra est comme Jean de Berg, une des femmes les plus légendaires de notre époque, avec son éloge de l'amour et de la sexualité libre, qu'elle prêche à travers ses œuvres d'art et ses livres. Le jour où l'on s'est croisées, je portais une blouse blanche dont les plissures en forme hélicoïdale montaient jusqu'au cou. Elle avait placé ses mains sur ma poitrine me disant : « J'adore votre blouse ! » Vincent a vu la scène car à ce moment-là de notre vie, il ne me lâchait jamais de ses regards, et m'a avoué plus tard que c'était très excitant de me voir si magnifiée par une femme.

Elle me reçoit chez elle, dans son temple, plein d'objets aux usages obscurs. Une fois qu'on commence à discuter, je découvre une femme pétillante d'humour et de bonté, une femme qui fait rêver les femmes, non pas parce qu'on voudrait être *comme* elle, mais parce qu'on voudrait être *avec* elle, son alliée en tout, et la suivre jusqu'au bout. Nous allons prendre un verre dans un bar du Marais, où Baudelaire passait son temps à boire de l'absinthe. Nous nous racontons nos vies, nos amours et nos désirs les plus inavouables. Je lui dis que je suis à la recherche d'un monde où la spiritualité et l'extase physique ne feraient qu'un, un monde où il n'y aurait plus de limites, ni de repères, un monde où je pourrais aller au bout de l'homme, par-delà le bien et le mal. Elle me contemple longtemps sans dire un mot, ensuite elle me dit qu'elle connaît une femme, une sorte de prêtresse dionysiaque, qui possède un manoir dans une forêt, à une heure de Paris. Si je voulais, elle pourrait faire le lien et me préparer pour sa prochaine soirée.

– C'est fantastique ! Comment s'appelle-t-elle ?

– Méphistophéline. Mais je n'ai rien à voir avec son monde. Elle travaille avec le côté noir et divinatoire de la sexualité. Tout ce que je peux faire pour toi, c'est t'aider à te préparer.

– Comment ?

– Eh bien, je pourrais te transformer en un joli cadeau. Voilà ma tâche. Tu verras ! Il faut que tu sois chez moi bien avant, pour que j'aie le temps de te préparer comme il faut. Quelqu'un viendra sans doute te chercher en voiture. Mais, à partir de ce moment-là, je ne peux plus rien te garantir. Beaucoup de gens ont mal fini. T'es sûre que tu veux y aller ?

– Oui...

*

– Vous n'avez pas besoin d'enlever vos chaussures, vous savez...

– Oups, pardon, c'était un acte manqué.

– Vous pouvez si vous voulez.

– C'est sûr ?

– Oui, si ça en reste là. Ha ! Ha !

– Vous riez ! Un psy qui rit, voilà ce que je cherchais...

Le silence se fait.

– Je ne sais plus qui a dit : « Le plus beau moment de l'amour, c'est le moment où l'on monte les escaliers » ? Eh bien, l'autre jour, j'ai vu Amédée au bord de la Seine. Je pensais qu'il avait pris du poids, mais, une fois assis, il a sorti de son manteau une bouteille de vin, des pâtes chaudes, du pain, des verres, des fourchettes et des couteaux, tel un magicien. Quelques heures plus tard, comme il commençait à faire frais, nous sommes montés dans sa mansarde de jeune étudiant, dans une maison à colombages place Saint-Sulpice, avec des poutres et des petites fenêtres qui donnaient sur l'église. La pièce n'avait qu'un lit, un bureau, une étagère et des livres étalés partout. Je me suis installée par terre, et j'ai commencé à lui parler de Rachilde que je n'arrête pas de lire et relire en ce moment, surtout *Monsieur Vénus*. Ensuite, je lui ai offert un cadeau. Je crois que c'est le cadeau le plus osé que j'aie jamais offert à quelqu'un…

– C'était quoi ?

– C'était *Madame Bovary* en édition Pléiade.

– Ah ! C'est un cadeau assez parlant, effectivement.

– Mm… Je sais. Je lui ai dit : « Si tu veux comprendre la nature féminine, lis ça. » Il m'a répondu qu'il n'aimait pas recevoir des livres, car cela l'obligeait à les lire, mais il a ajouté : « Bon, je vais le lire, mais uniquement parce qu'il vient de toi. » Il m'a offert un livre à son tour. « Si tu veux comprendre la nature masculine, lis ça. » C'était *L'Attrape-cœurs* de J. D. Salinger. Soudain, je ne sais pas comment il a fait, il s'est levé de sa chaise pour s'allonger sur le lit, tout en m'emportant avec lui dans son mouvement…

– …

– En rentrant, j'ai fait une liste de toutes les choses que j'aime chez Amédée, son intelligence, sa mélancolie, sa beauté, ses rêves, ses cheveux ondulés si doux que j'ai pu enfin toucher, ses yeux verts, ses lèvres d'Adonis, son muscle coccygien, son pelvis, son pubis, que j'avais envie de décorer de fleurs de lys… Vous ne me coupez plus ?

– Continuez.

– Quand est-ce que vous allez me couper ?

– Peut-être jamais.

– Ha ! Ha ! Quel bonheur, une séance sans fin ! Eh bien cette nuit avec lui était comme ça… sans fin. Et les jours qui ont suivi… eh bien… il faut que je regarde dans mon carnet, car je ne me rappelle plus ce que j'ai fait depuis…

– Je me demande à quoi ça sert d'écrire dans vos carnets ? Vous me demandiez de vous interrompre au moment où vous vous taisiez. Comme s'il n'y avait rien à dire sur cette nuit… Mais quelque chose s'est passé, non ? Vous n'arrivez pas à parler de l'acte lui-même.

– C'est vrai… Qu'est-ce que je peux dire ? Nous nous sommes déshabillés, nous sommes restés ainsi, nus, très longtemps, l'un à côté de l'autre, en nous regardant profondément dans les yeux sans dire un mot, comme deux amants avant d'être séparés par la mort ou leur entourage. Ensuite, il est sorti chercher des préservatifs, je l'ai regardé depuis sa petite fenêtre… il est remonté en courant dans les escaliers et… nous avons fait l'amour jusqu'à l'aube. Ensuite, nous avons dormi entrelacés. Quand nous nous sommes réveillés, nous avons fait l'amour de nouveau. Nous étions insatiables…

– Et qu'est-ce que cela vous a fait, émotionnellement ?

– J'étais très étonnée, de faire l'amour à un homme si jeune… en plus, c'est la première fois que j'arrive à jouir tout en ayant des sentiments… je veux dire des sentiments si enfantins…

– Des sentiments enfantins ?

– Dans le sens où l'acte sexuel devient une véritable expédition. On prend son temps, on se parle, on s'accompagne. On fait vraiment l'amour à deux. Vous voyez ce que je veux dire ? On rigole, on réinvente les choses, tandis qu'avec l'âge, on revient toujours à la même chose. Les hommes âgés font l'amour plus ou moins de la même manière. C'est comme s'ils avaient tous lu le même manuel.

– Oui, mais en même temps, on peut dire ça de tout.

– De tout ?

– On peut dire qu'un tableau c'est comme n'importe quel autre tableau, quand en fait tout dépend du regard… C'est le regard qu'il faut savoir changer, pas la chose…

– C'est encore mieux si on arrive à changer les deux, non ?

– Qu'est-ce qu'il vous a apporté à part ça ?

– À part une jouissance sans fin ? C'est déjà beaucoup, non ? Il a apporté une profondeur à l'érotisme habituel. Car lui, il prend le temps de s'arrêter sur le corps, sur la vie, non seulement poser des questions, mais aussi répondre, se dévoiler. Il arrive à faire l'amour sans se regarder faire l'amour, en me parlant sans s'écouter, en étant vraiment en moi, et au-delà de moi, avec moi, tout en restant soi. Combien d'hommes savent faire cela, vous croyez ? Nous étions deux esprits, pris dans le plus vertigineux engrenage de l'existence. Peut-être que cela ne vous suffit pas ? Il faut que je retourne à mon carnet. Je suis sans doute plus éloquente à l'écrit.

– Qu'est-ce que vous cherchez dans vos notes ? Quelqu'un pourrait croire que vous avez peur que quelque chose ne vous échappe ?

– J'écris pour pouvoir photographier le temps !

– Mais au moment où vous tentez de l'arrêter, il se perd...

– C'est vrai, je n'ai pas envie d'arrêter le temps.

– Bon ! On peut s'arrêter là pour aujourd'hui ?

– Bien sûr... Vous avez l'air un peu irrité. J'espère que tout va bien...

– N'oubliez pas vos chaussures.

– Ne vous inquiétez pas... Je n'oublie les choses que lorsque j'ai envie de revenir.

– Je vois...

– Ah ! Pardon, ce n'est pas ce que j'ai voulu dire... J'ai très envie de revenir. C'était l'inverse que je voulais dire.

– À la prochaine fois.

Le palais du Minotaure

Les vacances arrivées, nous quittons notre palais de pierre, pour le palais du Minotaure. Une fois là-bas, j'effectue la nouvelle tâche d'Oméga. Je dois regarder autour de moi et écrire les choses telles que je les vois, comme si le monde n'était que la production immédiate de mon iris. J'enfile des images, des dédales d'allées, des colonnes, un pilier, un bout de fresque. Sur la fresque, deux personnes, impossible de deviner leurs sexes, tiennent chacune une amphore, comme un trophée. Des arabesques accompagnent leur mouvement. Une petite fille prend des photos. Un guide gesticule de tous ses bras. Sandales. Chaussettes rouges. Arbres. Cigales. Lunettes. Le ciel bleu. Femme assise dans l'ombre. Colonnes rouges. Un prince aux fleurs de lys. Pierres. Pierres. Encore des pierres. *Throne Room.* Des griffons. Des taxis. Des hommes qui fument. Vincent qui m'attend dans le taxi. Quelqu'un m'attend encore, mais pour combien de temps ?

Une fois dans le taxi, Vincent est énervé car j'ai trop tardé au stand de souvenirs pour photographier des petits labyrinthes avec des figurines de minotaures et des phallus, partout des phallus, certains portent des ailes autour de leurs testicules. Vincent déteste les lieux historiques, il ne supporte pas les touristes. Je lui raconte l'histoire du site de Carthage que j'ai visité une fois la nuit, grâce à la bienveillance d'un guide. Et si on essayait de visiter Pompéi dans la nuit ? Ça ne l'intéresse pas. Il baisse sa fenêtre et s'avachit sur la banquette dans un grand soupir.

Je me réfugie dans mes lectures érotiques car j'ai besoin de trouver de l'inspiration pour mon exposition-roman que je prépare pour la rentrée et je laisse mon petit Thésée s'enfoncer dans ses propres méandres, me disant qu'un jour il en aura sans doute assez et c'est lui qui se mettra à ma recherche. Un jour, lorsque Vincent feuillette mes livres, il me répète sa fameuse phrase : « Je ne comprends pas pourquoi tu travailles tellement sur la sexualité. Tu t'y connais aussi bien qu'en volley-ball suédois. » Je lui réponds avec un grand sourire : « Tu as raison ! C'est pour cela que j'ai besoin d'apprendre. » « C'est pas dans les livres qu'on apprend ces choses-là », me répond-il. C'est étrange, il avait l'air de beaucoup aimer faire l'amour avec moi avant. C'était notre plus grande source de joie. Que s'est-il passé ? J'ai l'impression d'être face à une énigme insoluble.

En quittant l'île, nos amis, et un petit chat, que j'appelais Gina, qui est venu nous rendre visite tous les jours, je pense à Asasara, la déesse aux serpents de Cnossos. J'essaie d'invoquer ses esprits. Je pense tellement fort à elle qu'à un certain moment j'ai l'impression d'entendre sa voix me dire : « Sois forte ! Ne montre jamais ce que tu penses. Mets de l'élégance dans chacun de tes gestes. Deviens irréprochable extérieurement, comme ça, tu peux aller où tu veux secrètement ! » Je me regarde dans le rétroviseur du taxi, je regarde ma peau, mes yeux, mes cheveux décolorés par le soleil. On dirait qu'ils ont pris feu. Quand on sort du taxi, un vent fort et chaleureux se déchaîne de nulle part. Je brandis mes mains vers le ciel, comme si j'essayais d'attraper des serpents volants, avant de monter dans le petit avion qui nous emmènera vers le prochain stop – Naples.

*

Une fois réveillés dans un hôtel napolitain au bord d'un rocher immense, nous partons visiter Pompéi, la Villa dei Misteri. Je redécouvre cette image qui avait orné mon livre de philosophie à l'école, où l'on voit un homme s'étonner face à un miroir qui lui est tendu par une femme. En sortant, nous découvrons qu'il n'y a presque plus de touristes. Seulement la mort. Partout cette mort voilée au cœur d'une ville déserte et ensoleillée. Nous rentrons à l'hôtel. Nous faisons l'amour. Il jouit vite. Il me dit que cela devrait me flatter. Le lendemain, nous allons à Capri. J'ai envie d'emmener Vincent à la Villa San Michele d'Axel Munthe (un scientifique suédois qui est devenu complètement fou lorsqu'il s'est mis à créer un lieu presque imaginaire à partir de ses nombreux voyages), pour lui montrer le fameux sphinx. Nous prenons un taxi qui nous mène dans son Olympe. La villa est aussi magnifique que je l'avais imaginée, avec ses colonnes en spirales, ses sculptures et meubles multitemporels, ses allées ombrées et ses recoins qui respirent le bonheur et la tranquillité. Au fond du jardin, la chapelle. Le voilà. Le sphinx blanc face à la mer, sur une falaise, dans une arche en pierre. Seuls les oiseaux peuvent voir sa face. Comme la légende nous l'impose, je lui caresse le dos en faisant un vœu. J'incite Vincent à faire de même. Il se moque gentiment de mon « ésotérisme », mais il le fait tout de même. Je lui achète la biographie d'Axel Munthe, qu'il se met à dévorer. Je la lis après, méditant longtemps sur sa devise : « Oser, vouloir, savoir, se taire », que je relis par paires : « oser vouloir », « vouloir savoir », « savoir se taire ».

Nous passons les jours suivants à nous promener dans les ruelles de Naples. Un soir, nous découvrons une baie avec un petit restaurant charmant au bord de la mer, qui offre des poissons grillés et autres délicatesses de la région. On mange, on rit, on boit. Sur le chemin vers notre hôtel, Vincent prend ma main et me sourit. Cette fois-ci, nous faisons l'amour avec une certaine intensité.

Pendant le vol vers Paris, Vincent me dit qu'il a envie de partir une semaine tout seul, il ne sait pas où, avant que l'automne arrive. Il m'incite à faire de même. Ainsi « nous nous retrouverons mieux ». L'idée m'attriste, mais j'accepte et je repars à Hyères. La plage est le lieu parfait pour tourner la page. Je prends un taxi et commence à faire le tour de la ville. Il n'y a plus une seule chambre de libre dans les hôtels, pas même dans le centre de thalassothérapie en haut de la montagne. Le chauffeur de taxi m'invite à dormir chez lui. Il habite tout seul dans une petite maison au bord de la mer. Il m'offre sa chambre d'ami. Les gens l'appellent Che puisque il ressemble à Che Guevara. Le matin, je me lève, je bois un café avec lui. Il me demande de rester, j'accepte, soulagée, je laisse ma valise et prends un bateau vers l'île de Porquerolles où je découvre une crique déserte. Je me déshabille et m'allonge sur un rocher avec mon sexe ouvert au soleil. Que le soleil me transperce de partout, mon éternel amant.

Méphistophéline

Les jours suivants, je passe mon temps sur les plages à écrire et lire des ouvrages érotiques parée de ma stricte nudité en pensant à tout ce qui pourrait m'arriver dans quelques jours, car dans une semaine je retrouverai Héméra qui va me préparer pour une soirée que Méphistophéline va donner dans son manoir. J'essaie de bronzer de la tête aux pieds, pour n'avoir aucune trace de maillot. Je me rends compte que le bronzage nudiste demande du travail. Il faut que je fasse attention à ne pas brûler ma peau, à ne pas négliger une partie plus qu'une autre. Je me retourne, je me détourne et quand les gens passent au-dessus de ma tête, d'une plage à l'autre, je reste avec les jambes et les cuisses écartées, couverte par la mousseline de sable, me disant que ce n'est qu'ainsi que j'arriverais à combattre mes derniers restes de pudeur. Les plus grandes transformations se produisent sans la moindre dépense d'énergie. Un jour, on s'endort dans sa peau d'avant et on se réveille muée. Il faut que tout glisse, que tout parte, que je renaisse dans l'écume de mes désirs. Je plonge dans la mer et pour quelques instants, je m'oublie, j'oublie vraiment qui je suis.

Le soir, je rentre chez mon chauffeur de taxi, qui m'attend avec le dîner sur la table, comme un bon mari, qui ne demande rien, qui ne me reproche rien. C'est dommage que je ne sente aucune attirance pour lui, ni pour ses lectures, qui malheureusement se limitent à un seul livre : *Afghanistan : la guerre inconnue des soldats français.* Quant à son cœur, il appartient à une Thaïlandaise qu'il voit tous les deux ans. Entre-temps, il paie le loyer de son restaurant, son permis de conduire et les travaux dans sa petite maison. Lorsque je le quitte pour retourner à Paris, il me dit : « Fais-moi une seule faveur. Laisse-moi faire un tour avec toi en taxi, pour te montrer à tous mes amis. Comme ça, ils auront de quoi parler pendant des mois. » J'accepte avec plaisir, même si je ne vois pas trop pourquoi, car mes cheveux décolorés et ma peau écarlate, brûlée par le soleil, me donnent plutôt l'aspect d'un Jésus oublié sur la croix.

Quelques heures plus tard, Héméra me reçoit dans un kimono beige aux fleurs bleues et ses cheveux roulés dans des bigoudis. Elle tient une cigarette entre ses doigts et une coupe de champagne dans l'autre.

– *Where have you been, darling ? You're very late !* Ce n'est pas bon du tout.

Elle fait une mine d'héroïne de bande dessinée, posant avec ses sourcils comme deux essuie-glaces décalés.

– Je peux prendre un bain ? J'ai du sable partout...

– Bien sûr, my darling ! Mais dépêche-toi ! J'ai une grande soirée également, et ton chauffeur arrive dans une heure. Maria doit finir mon maquillage. À tout à l'heure, mon arlequin, je viendrai te voir dans ton bain.

Je descends dans un royaume de bulles et de parfums. Lorsque je me mets debout dans la baignoire pour sortir de l'eau, la porte s'ouvre sur une véritable apparition : Héméra en posture de femme fatale avec ses cheveux roux lisses comme les pinceaux chinois, vêtue d'une robe verte de satin.

– Oh ! Mais c'est la renaissance de Vénus. Maria, tu peux l'essuyer, enduire son corps dans la crème de jade et faire quelque chose d'intéressant avec ses cheveux ?

Maria me demande de descendre comme ça, nue, dans le petit salon vert d'Héméra, qui m'attend les jambes croisées enveloppée dans un éther de mystère, une cigarette à la bouche et un long ruban de soie lilas entre les mains.

– Ce sera un peu douloureux, mais le mal peut aussi faire beaucoup de bien, comme tu le sais...

– Tu parles de quoi ?

– De ce ruban avec lequel je vais t'attacher. Il va activer les ondes énergétiques de ton corps. Mais il faudra que tu puisses respirer, car tu vas rester assise pendant un bon moment dans la voiture.

Héméra prend le bout de son ruban violet et commence à m'embobiner avec lui. Ses mains bougent si vite que j'arrive à peine à comprendre ce qu'elle fait. Quelques minutes plus tard elle a fini. Je suis serrée comme un morceau de viande, prête pour le four, mais en même temps, ma nouvelle parure m'a redressé. J'ai l'impression d'être plus grande, plus souple, et surtout plus droite. Si elle savait pourtant à quel point les bandeaux s'accordent mal à ma peau brûlée. J'ai l'impression de porter une armure de lames qui pourront me couper à n'importe quel moment. J'espère juste que je n'aurai pas affaire à des fouets. Ça sonne à la porte.

– Ton chauffeur est arrivé ! Maria ! Prête-lui ma cape noire. Elle ne pourra pas se revêtir de ses vêtements habituels. Et toi, ma chérie, sois belle et fière. Une grande aventure t'attend !

La porte s'ouvre sur un homme pâle et sec, au regard absent. Il ouvre la portière d'une vieille Jaguar noire, je me glisse sur la banquette de cuir beige, il la referme calmement, s'installe au volant, me jette un regard froid dans le rétroviseur et démarre.

*

Le manoir de Méphistophéline, au milieu d'une forêt obscure qui vibre dans l'aquarelle rouge-violet du coucher de soleil, est digne des vices suprêmes du Sâr Péladan, avec ses peintures symbolistes, ses vitraux, ses canapés veloutés, ses vases aux orchidées et ses bougies étalées partout, comme dans un sanctuaire.

– Vous pouvez attendre ici. Madame va arriver dans peu de temps, me dit le chauffeur, d'une voix presque inaudible avant de disparaître derrière une petite porte de service.

Je me laisse tomber dans un fauteuil plein de coussins. Les rubans me tirent de partout. Je prends un coussin dans mes mains et je caresse l'émulsion de pétales de fleurs et de papillons sur un fond bleu turquoise. Tout d'un coup, j'entends le parquet craquer. Je me retourne. Quel mirage ! Dans la lumière d'une demi-obscurité, je vois la silhouette héraldique d'une femme vêtue d'une robe noire transparente, qui dévoile un corps dont la chair semble structurée par la peau d'un serpent. Ses cheveux sont sombres, longs et soyeux, sa bouche, rouge sang.

– Il est peint par Odilon Redon.

– Pardon ?

– Le coussin, que vous tenez dans vos bras.

– Ah ! C'est vrai ? Quelle splendeur…

– Je ne vous connais pas. Et vous ne me connaissez pas non plus à part les mythes qui circulent à mon propos bien sûr… Mais les mythes, vous savez, ce sont les récits des non-initiés.

Elle me serre la main et me sourit froidement.

– Un peu de scotch, peut-être ?

– Avec plaisir.

Elle arpente lentement la pièce, saisit une bouteille de cristal et remplit doucement un verre.

– Tenez !

– Merci.

– Je n'ai pas l'habitude de préparer les gens à ce qui va arriver, car cela tuerait tout le mystère. La seule chose que je puisse vous dire, c'est que ce soir c'est un test. Nous ne serons pas nombreux et je ne serai pas la seule à vous juger… Je vous ai demandé d'amener un texte érotique en allemand avec vous. Vous l'avez, j'espère !

– Oui, bien sûr. Vous voulez que je vous le donne ?

– Merci, non. Je vous fais confiance, vous le garderez dans votre cape, et vous le sortirez quand je vous le demanderai.

Ça sonne à la porte.

– Oh ! Les Autrichiens sont déjà arrivés ! J'espère que la cave est prête.

Des Autrichiens dans la cave ? Que dirait Frau Wagner si elle me voyait maintenant ?

– Vous voulez que je descende dans la cave ?

– Pas tout de suite. Vous allez attendre ici. Je vous appellerai, le moment venu. Ah ! Votre nom, ce soir, sera Lorelei.

Une trentaine de minutes plus tard, j'entends la voix malicieuse de Méphistophéline : « *Lorelei ! Where aaaaare youuuu ?* » Je commence à descendre tout doucement. La cave est grande, illuminée par des bougies. À côté de Méphistophéline, un homme et une femme. Ses cheveux sont gris, un peu longs, peignés en arrière, son visage bien bronzé, on dirait un mélange entre un chef d'orchestre et un moniteur de ski. Elle a une coiffure carrée à la Loulou, des mains fines qu'elle tient ensemble, comme si elles pourraient s'enfuir à tout moment. Elle semble avoir mon âge. Lui, bien plus vieux qu'elle, trente ans de plus ? Elle garde son regard baissé. Quant à lui, il a plutôt l'air d'un lion rassasié. Mes jambes commencent à trembler. Ah non ! Jusqu'ici tout allait bien. Méphistophéline ôte ma cape et me demande de faire le tour de la pièce. J'essaie de me tenir aussi droite et d'avancer aussi lentement que possible.

– Alors ? Comment trouvez-vous ma Lorelei ?

– *Mein Schatz. Wie findest du sie* ?

– *Sehr schön*... dit la jeune femme, qui baisse de nouveau son regard sans exprimer la moindre chose.

J'ai l'impression qu'elle n'a pas envie d'être là. Méphistophéline me demande de leur servir le champagne et le gâteau sur le buffet. J'ouvre la bouteille de champagne, je les sers, je coupe un gâteau aux fraises, doucement, pensant à chaque geste, à chaque mouvement.

– Quelle élégance ! dit finalement l'Autrichien. C'est une danseuse de ballet ?

– Ah non... On pourrait le croire, dit Méphistophéline, car elle a de si jolies fesses, mais non... elle est écrivain.

– Ah bon ? Qu'est-ce qu'elle écrit ?

– Vous pouvez vous adresser à elle directement, si vous voulez. Elle parle allemand, vous savez...

– Ah ! C'est vrai ?

– Oui...

– Ça parle de quoi, votre roman ?

– C'est un roman sur les mystères du désir humain…

Je regarde ma maîtresse. Elle a l'air très contente malgré son air hautain, mais l'Autrichienne semble un peu triste… Je prends mon courage à deux mains, je m'approche d'elle et je lui dis en français : « Vous êtes tellement belle ! » Je lui dis ces mots avec beaucoup d'émotion. Elle m'envoie un sourire timide. Méphistophéline sort maintenant un fouet, me demande de m'approcher d'une porte capitonnée en cuir qui donne sur une cellule et de me pencher en avant. J'obéis. Je n'avais jamais été fouettée de ma vie, c'est étrange, je pensais que cela allait être plus douloureux que ça, compte tenu de mon insolation, mais chaque coup de fouet m'inonde d'une vaste sérénité.

Ma démone me demande de monter sur un petit podium et de lire le texte que j'ai apporté, *Venus im Pelz* de Sacher-Masoch. J'ai choisi le passage où Wanda découvre qu'elle n'est pas la maîtresse mais l'esclave de Sévérin, et que celui-ci ne joue la soumission que pour mieux la dominer. Je regarde intensivement l'Autrichienne, chaque fois que je fais une pause. La lecture semble lui plaire, car elle écarte doucement ses genoux. Une fois finie, Méphistophéline enlève la nappe de la table et la transforme en autel, en la couvrant d'une fourrure noire. L'Autrichienne sort de la pièce et revient maintenant dans un déshabillé transparent, bleu turquoise. Elle s'allonge sur la fourrure et s'abandonne peu à peu à nos caresses et nos baisers. De temps en temps, elle demande à son Autrichien. « *Liebst du mich ? Liebst du mich ?* » Il lui répond en chuchotant. Impossible d'entendre quoi que ce soit.

Lorsqu'elle jouit, elle crie « Encore ! Encore ! » Quelle conversion ! L'Autrichien reste tel qu'il était, habillé et réservé. Il a beaucoup vu, trop vu peut-être, ou a-t-il juste peur de perdre le contrôle ? Lorsque Méphistophéline l'incite à s'abandonner à son tour, il refuse et part remplir son verre tranquillement. Ah ! Le mur reste dans la tête, effectivement.

Avant de partir, l'Autrichienne dit tout bas à son Autrichien : « J'aimerais bien que Lorelei revienne la prochaine fois. » Lorsqu'il s'en vont, Méphistophéline et moi regagnons le salon. Le chauffeur, que je n'avais pas vu de toute la soirée, nous sert des huîtres. Je me sens traversée par une vaste sérénité.

– J'ai vraiment adoré accompagner ces gens dans leur recherche du plaisir !

– Donner du plaisir donne du pouvoir, pas uniquement sur l'autre, mais sur soi et la société entière, car une personne satisfaite consomme moins. C'est pour cela que l'art du plaisir érotique reste le plus grand tabou de notre époque. Les gens satisfaits sexuellement n'ont plus besoin de rien. Quant à vous, vous avez été parfaite ce soir ! Vous les avez satisfaits sans les combler, car ils veulent vous revoir !

– Et comment avez-vous trouvé les Autrichiens ?

– Ah ! J'essaie depuis un temps fou de renverser les rôles, de sortir la jeune fille de sa soumission. J'ai une idée pour la prochaine fois. Vous verrez !

Dans la voiture, sur le chemin du retour, je me laisse bercer par une rêverie sans maîtres ni esclaves.

La chambre d'Oscar Wilde

Le soir est venu pour ouvrir les portes de Venusia, ma nouvelle « exposition-roman », que j'ai structurée comme un cabinet de curiosités dispersé dans les commerces et les librairies de Saint-Germain, accompagnée par un petit roman d'exposition qui raconte l'histoire d'une jeune modèle de nu, qui un jour tombe amoureuse d'un crocodile empaillé, qu'elle va s'acheter par morceaux, en se prostituant de temps en temps. Elle rêve de « faire œuvre » mais elle finit empaillée, comme son crocodile aimé. Le soir du vernissage, j'organise une performance avec Ophélie et plein d'autres personnages, dans la chambre d'Oscar Wilde à l'hôtel Hôtel, rue des Beaux-Arts, pour créer un lien entre Venusia et l'histoire de Madame X.

The Peacock Room est verte, dorée, feutrée, on dirait un boudoir d'une époque passée. Le collectionneur attend avachi sur le lit. Le poète s'entretient avec le psychanalyste et Ophélie. La Mort qui va recevoir et faire ressortir les gens et Mnémosyne qui va tout tracer à la machine s'entretiennent dans un coin. Les visiteurs ne sont pas encore arrivés. Je reste face au miroir, ma cigarette au bout des doigts, essayant de trouver une pose qui pourrait renforcer la théâtralité de ce tableau vivant qui sera aussi parlant. Bientôt je commencerai à demander à chacun, aussi bien aux visiteurs qu'aux autres ici présents : « Quel est votre véritable désir ? » La différence entre l'art et la vie n'a maintenant plus lieu d'exister… *May the show begin !*

*

Je quitte la chambre d'Oscar Wilde suivie par un cortège de gens. Je suis tellement heureuse ! Amédée est venu ! Et la doublure du Divan était si amusante dans sa position de psychanalyste hautain qui pense plus à son image qu'à ses patients. Andrea, parfait dans son rôle de collectionneur blasé, le poète crépusculaire fut un roman en soi, Jean de Berg et sa complice, qui sont venues plus tard, ont transformé le salon en une pièce de théâtre dans le théâtre, quant aux visiteurs, certaines réponses resteront à jamais imprimées dans ma mémoire.

J'arrive à la fête du vernissage chez moi, deux heures en retard. Des centaines de gens fourmillent et dansent partout dans l'appartement. Lorsqu'ils me voient entrer, ils se mettent à applaudir. Tout le monde est là. Mademoiselle K parle avec Ophélie, Oméga avec Héméra. Un créateur de mode a peint des figures à l'encre chinoise sur ses jambes élancées. On dirait qu'elle sort de *Pillow Book*. Lorsqu'on danse, elle brise plusieurs tiges de roses sur mes fesses. J'essaie de ne pas me laisser attristée par Vincent qui me fait une crise de nerfs. Vers 4 heures du matin, lorsque tout le monde part, j'ai envie de retourner dans la chambre d'Oscar Wilde. Je veux écrire à son bureau, dormir un peu, puis descendre dans la piscine souterraine de l'hôtel à laquelle on a accès uniquement si l'on dort dans sa chambre. Ophélie désire m'accompagner. Nous ouvrons une nouvelle bouteille de champagne pour finir la soirée en beauté. Lorsqu'elle s'endort, je m'installe au bureau d'Oscar et j'écris.

Le matin, nous prenons le petit déjeuner sur la terrasse, ensuite nous descendons nues dans la piscine qui brille telle une émeraude. Je ne me suis jamais sentie aussi à l'aise et libre avec une amie de toute ma vie. Je lui dis : « Nous sommes comme le reflet des deux femmes dans la peinture de l'École de Fontainebleau où l'une pince le téton de l'autre. Tandis que nous, nous titillons nos cerveaux. » Elle est tout à fait d'accord et ne cesse de dire : « C'est incroyable ! Nos vies sont incroyables ! »

Quelques jours plus tard, nous prenons un verre au Flore avec André qui nous tient un discours enflammé :

– J'ai surtout aimé la gratuité de ce projet. Le fait que vous n'ayez pas filmé a rendu nos sensations encore plus fortes car on savait que cela n'aurait lieu qu'une seule fois. Et la fille qui a répondu que son plus grand désir était de disparaître. C'était tellement fort ! J'ai aussi adoré cette femme qui a dit : « Je désire désirer », car plus personne ne s'autorise à désirer quelque chose de grand aujourd'hui. Le désir est devenu obsolète, quelque chose que l'on ne mentionne que lorsqu'on parle de Lacan. Vous savez, en même temps, tout le monde rêve de partir à la recherche de son véritable désir, mais ils n'osent pas se l'avouer.

– Pourquoi ? demandons-nous presque en même temps.

– Parce que nous vivons dans une époque à la fois profondément conservatrice et hypercapitaliste. Le collectionneur, c'est le nouveau faire-valoir du XXIe siècle. Il y a une grande différence entre l'art et le cinéma. Jouer dans des films, c'est enivrant. Si l'art nous permet de posséder un objet plus ou moins unique, personne ne possédera le cinéma. Il est aussi fuyant que la nature même du désir. Pourtant, l'art a gagné. Aujourd'hui il est mieux de se faire photographier auprès d'un grand collectionneur à Bâle, qu'avec Romy Schneider à Saint-Tropez. Platon en parle très bien. Il dit qu'il y a trois catégories de personnes dans le monde : les « âmes d'or », ce sont les artistes, les « âmes d'argent » protègent la société avec des armes, et les « âmes de bronze » font du commerce. Aujourd'hui, ce sont les âmes de bronze qui dirigent le monde. C'est dans des périodes comme celles-ci, tristes et cyniques, qu'il faut inventer un nouveau monde.

Je les quitte enivrée par cette armée d'âmes d'or qui se forme autour de moi. Les jours qui suivront, je ne cesse de recevoir des retours positifs sur mon petit roman. Même Vincent me dit qu'il est « bien », sauf certains passages érotiques qu'il trouve trop réalistes. Cela ne donnera pas une très bonne image de lui. Il pourrait se faire attaquer par son entourage. « Pour quelle raison ? » je lui demande. « Eh bien, ils pourraient dire que j'ai une femme libertine. » « Non, mais tu leur diras la vérité, que je maîtrise aussi bien l'art de la sexualité que le volley-ball suédois. » Pour une fois, j'ai le dernier mot.

Je retrouve mon amant écrivain que je n'ai pas vu depuis un bon moment. Je le félicite pour son livre sur ses combats et jeux de pouvoir au cœur de la politique française, qui vient de sortir. Le voilà maintenant, dans le top des ventes, invité dans toutes les émissions de télévision. Je suis tellement fière de lui ! Il a envie de s'acheter une maison au bord de la mer. Il me demande si je voudrais venir y vivre avec lui. Je ris et je lui dis « Hors de question ! Mais je t'aiderai à la trouver, si tu veux. »

L'après-coup

– Cela fait longtemps que je n'ai pas eu de vos nouvelles. Vos vacances ont été longues, j'imagine.

– Oui, plutôt, j'ai invoqué la déesse des serpents en Crète, j'ai caressé le dos d'un sphinx à Capri. J'ai fait un petit exercice linguistique à Cnossos, j'ai décrit tout ce que je voyais, des pierres, des sandales, des cigales… Excusez-moi, j'ai besoin de m'allonger dans une position plus confortable… Je suis tellement fatiguée… La dernière fois, vous m'avez posé cette question : « Qu'est-ce que tout ça vous apporte, finalement ? » Je pense qu'il faut plutôt renverser la question. « Que puis-je apporter aux autres ? »

Le silence s'installe.

– Continuez…

– Je suis passée à deux autres femmes. Héméra et Méphistophéline. La première crée des œuvres d'art érotiques, l'autre c'est une sorte de prêtresse sadomasochiste.

– Encore ?

– Ha ! Ha ! Oui… Un soir, j'ai vécu une expérience assez intense avec Méphistophéline et deux Autrichiens dans son manoir.

– Avec deux autres chiens ?

– Non, deux Autrichiens !

– Vous jouez la déesse avec deux serpents, vous pourriez aussi jouer la déesse avec deux chiens, comme Diane ou Ava Gardner dans *La Nuit de l'iguane*.

– Vous voulez qu'on parle de vos fantasmes ? Nous pouvons si vous le souhaitez…

– Pourquoi vous vous prêtez à ce genre de jeux ? Est-ce que la liberté vous fait peur quelque part ?

– Non, pourquoi vous dites ça ? Je me suis sentie très libre.

– Oui, mais votre liberté dépend visiblement toujours de l'autre.

– Pas toujours... J'ai passé quelques belles journées, toute seule, nue, sur une plage près d'Hyères.

– Nue ?

– Oui ! J'étais tellement heureuse...

– Comme quoi toutes les robes du monde ne valent pas un rayon de soleil.

– J'ai aussi organisé une exposition-roman dans laquelle l'héroïne meurt dans son désir de dépasser la vie par l'art. Après le vernissage, lorsque je suis arrivée à ma fête, mon mari m'a fait une scène face à une jeune fille qui le suivait partout. Il était fou de rage car les gens lui avaient pris quelques bouteilles de vin. Il s'agissait de cinq ou six bouteilles. Bon, j'étais en retard, car il fallait recevoir tous les gens qui avaient fait la queue pendant des heures pour entrer dans la chambre d'hôtel et des bouteilles de vin avaient disparu, mais je ne pouvais pas prévoir qu'il y aurait autant de monde. Je lui ai demandé ce qu'il voulait que je fasse. « Que tu restes là pour garder les bouteilles restantes ! » La jeune femme, à ses côtés, était très amusée par la scène mais elle m'a aidée à cacher les bouteilles restantes dans deux sacs, que nous avons enfermés dans un placard. Il ne m'a pas adressé un mot de tout le reste de la soirée. Cela m'a un peu aliénée. J'ai commencé à me sentir comme Gatsby le Magnifique, qui regarde sa propre fête de loin, en se demandant « mais qui sont tous ces gens ? ». Je contemplais aussi mon jeune amant, Amédée, qui draguait les plus belles filles de la fête... l'une après l'autre. Dans chaque pièce où j'entrais, il embrassait une autre fille et une autre fille, comme ça, à l'infini. J'ai alors décidé de retourner à la chambre d'Oscar Wilde.

– Vous lui avez ouvert une porte sur un monde incroyable. Il faut comprendre ce que cela peut avoir comme effet sur quelqu'un... Il voulait peut-être éveiller votre jalousie.

– Bref. Ophélie m'a dit une chose assez étrange le lendemain : « Tu as enfin dépassé ton maître. »

– Quel maître ?

– Je pense qu'elle faisait référence à mon mari...

– Pourrait-on dire que votre mari appartient à la vie réelle ?

– Dans quel sens ?

– Votre monde imaginaire a du mal à s'accorder avec votre monde réel, mais votre mari vous ramène toujours à la réalité.

– Il y a des gens qui vous font voyager et d'autres qui vous rendent immobile...

– N'y a-t-il pas quelque chose, dans tout ça, qui s'adresse à lui ?

– Je ne crois pas. Dans ce cas-là, c'est peut-être un désir inconscient.

– Oui, mais le désir *est* inconscient.

– J'aimerais bien savoir si ses actes envers moi sont conscients ou pas.

– Vous pensez qu'il ne vous aime plus ?

– Je me demande parfois si l'amour et le désir sont compatibles. L'amour rend possessif, et la possession tue le désir. C'est pour cela que parfois je n'ai plus envie d'aimer. S'il fallait choisir entre son amour et son désir, je choisirais son amour, bien sûr... Et pourtant, son manque de désir... physique envers moi... est terrifiant. C'est comme si j'avais une relation avec un objet mort... C'est peut-être *lui,* le crocodile empaillé. En même temps, non, ce n'est pas la mort, mais la vie qu'il représente... car Vincent m'échappe comme une matière vivante.

– Vous dites souvent, *je pars,* je pars à New York, je pars à Istanbul, je pars à Berlin, en Grèce ou en Italie. Sauf dans la chambre d'Oscar Wilde. Là vous *retournez à.*

– Je devrais faire comme Venusia peut-être, me prostituer pour pouvoir y habiter.

– Peut-être que la fête a été formidable, mais vous voyez votre amant papillonner avec toutes les autres, votre mari vous insulte face à une autre fille, donc vous le quittez pour « retourner ». Vous avez dit ça : « Je retourne à la chambre d'Oscar Wilde. » Vous retournez à quoi ?

– En fait, vous pensez que je tourne en rond, c'est ça ?

– La question, c'est *où* est-ce qu'on revient ?

– J'essaie de revenir avec un nouveau regard sur les choses, comme les jeux sulfureux de Jean de Berg ou de Méphistophéline. Quand la dernière m'a fouettée, j'ai ri, car je n'ai rien senti. La vraie douleur, je la ressens les soirs, lors de mes dîners avec mon mari, quand je dois introduire ma fourchette dans une patate, il a l'habitude de m'appeler « patate » d'ailleurs et de l'amener à ma bouche, jour après jour, tout en écoutant des choses terriblement blessantes de la part d'un homme qui est censé m'aimer... Si la douleur est quelque part, elle est là, dans le voyage que fait la fourchette entre l'assiette et ma bouche...

En sortant de chez lui, je réalise que je ne lui ai pas dit que la veille de mon vernissage j'avais senti une chose étrange dans mon cou. Mon ganglion avait gonflé jusqu'à prendre la taille d'une noix. Quand je l'ai montré à Vincent il m'a dit : « Je suis sûr que ce n'est rien. » J'aime bien l'idée d'être atteinte par le rien.

Le philosophe

La première chose qui me frappe lorsqu'il apparaît, c'est sa beauté, ses cheveux noirs, ses yeux vifs, son nez, sa bouche, ses maxillaires, tout est parfaitement sculpté, comme d'une main divine qui se serait dit : « Pour une fois, je ne vais pas me tromper. » J'essaie de dissimuler ma fascination par une nonchalance bienveillante. Cela faisait longtemps que je voulais le rencontrer. J'avais d'abord tenté ma chance en l'invitant à participer à la performance dans la chambre d'Oscar Wilde. J'avais besoin d'un philosophe dandy, un philosophe qui séduit. Il m'a répondu dans la seconde, me disant qu'il ne pouvait pas, malheureusement. Il m'a prié de le contacter un peu plus en avance la prochaine fois. Deux jours avant, c'était un peu court, effectivement. Nous avons décidé de se voir tout de même. Il semble absent, malgré son discours effervescent qui monte et descend avec la rapidité des arpèges de Liszt et son regard qui a tout vu, mais qui se dit que, par politesse, il faut regarder une femme comme si toutes les femmes de la planète s'étaient provisoirement réunies en une seule.

Il me dit que la philosophie est une affaire de désir, car la philosophie n'atteint jamais son objet, sinon elle deviendrait théologie. Nous parlons de la détresse du quotidien, le fait que nous passions souvent du désir à la souffrance et de la souffrance à l'ennui. Pourquoi ? Parce que nous n'osons pas désirer véritablement, et surtout, parce que nous n'arrivons pas à désirer ce que nous possédons déjà, l'éternel retour des choses. Ah, mon cher Nietzsche ! Me voilà revenue à toi, dans un fauteuil de velours vert olive, appréciant la courtoisie tranquille d'un bel homme à travers le prisme de ton gai savoir.

Je le retrouve quelques jours plus tard dans un restaurant italien. C'est lui qui prend l'initiative, choisit le lieu, m'envoie un SMS avec ses passages préférés de *Venusia*, m'ouvre la porte du taxi lorsque j'arrive, prend mon manteau, commande le vin. Il est parfait et il le sait. Je suis troublée car je n'ai jamais rencontré une telle perfection, surtout pas chez un être humain, on dirait une statue grecque parlante. Il m'attire tellement, mais dans le même temps, quelque chose en lui me révulse. C'est peut-être son savoir-faire, son éloquence, sa trop grande facilité avec la vie, les mœurs, les femmes. Il est si lisse ! Tout glisse. J'ai besoin d'une faille, quelque chose qui puisse le rendre humain… pas trop humain, mais suffisamment pour que je puisse garder les pieds sur terre. C'est comme s'il en avait eu l'intuition, car tout à coup, il se met à me parler vraiment. C'est merveilleux, le voilà enfin, son vrai visage, ou l'un de ses vrais visages ? Avant de se quitter, dans le taxi, je lui parle de l'histoire de Madame X. Il m'écoute longtemps, ensuite il dit : « En fait, tu écris avec ton propre sang. »

*

Si au moins c'était vrai. Je n'arrive pas à écrire, et mon petit ganglion n'arrange rien. Il faut que j'aille voir mon psychanalyste fictif. Je m'allonge sur le divan, complètement déboussolée.

– J'ai déjà commencé à penser à la fin de cette histoire…

– Déjà ?

– Oui. Je me demande si Madame X devrait se détacher de toutes ses femmes ou si elle devrait continuer à se laisser diriger par leurs désirs jusqu'à la fin de ses jours ? J'hésite entre ces deux extrêmes.

– Et la voie médiane ne vous a jamais effleuré l'esprit ?

– Je préfère des drames puissants, comme ceux de Corneille. Avec les voies médianes, on finit chez les bouddhistes, et je ne connais pas beaucoup de drames bouddhistes intéressants.

– Hm…

– La souffrance n'a aucun intérêt littéraire, euh, je veux dire, l'amour, non, pardon, le bonheur n'a aucun intérêt littéraire.

– Voilà une série de lapsus intéressants.

– Ha ! Ha ! Je me rends compte que j'ai beaucoup ri avec vous sur ce divan.

– Le rire nous renvoie à l'enfance. On dit que Rabelais est né en riant, et qu'il est mort en riant également. Mais revenons à Madame X. N'y a-t-il pas quelque chose de dionysiaque chez elle ?

– On dirait que vous êtes voyant. C'est étrange, car je viens de rencontrer un philosophe très… nietzschéen. Mais depuis, je n'arrive plus vraiment à écrire… je veux dire, j'écris encore moins qu'avant… Je me sens complètement exténuée. Il faut que j'arrive à couper… euh non, je veux dire… à… continuer.

– Couper ou continuer ?

– Continuer ! Excusez-moi, je suis un peu fatiguée aujourd'hui. Il faut que je continue avec les femmes… Il y a une nouvelle femme qui vient de me donner une tâche. Elle s'appelle Mireille. Elle est actrice. Elle a joué dans le seul et unique film que j'ai tourné dans ma vie… sur un amour naissant… Bref… où suis-je ? Ah oui ! Chez Mireille. Elle m'a donc donné la tâche suivante : aller à la tour Montparnasse, aborder des hommes qui passent, me présenter comme une extraterrestre qui fait une étude sociologique sur les femmes, et leur demander : « Dites-moi, que désire la femme, réellement ? » Je l'ai donc fait.

J'ai reçu des réponses très différentes, bien sûr : la fidélité, la proximité, des enfants, la liberté, l'amour, le respect, la sécurité, la joie de vivre, un sac à main, le bonheur, connaître le désir masculin. Et le dernier m'a dit que la question était impossible...

– Oui ?

– Excusez-moi... Je ne sais pas ce que j'ai aujourd'hui. Je n'arrive plus à m'animer.

– Pourquoi ?

– Je pense à toutes ces héroïnes littéraires qui ont mal fini...

– Mal dans quel sens ?

– Passons aux choses plus joyeuses. Sinon, j'ai l'impression que je vais m'écrouler... L'autre jour Méphistophéline m'a contactée pour me dire que les Autrichiens voulaient me voir de nouveau, mais que, cette fois-ci, elle avait une surprise, pour nous trois, une sorte de nouveau jeu qu'elle avait inventé. Elle m'a demandé de venir dans la version la plus magique de moi-même. Je suis arrivée déguisée dans un costume de cabaret, un petit short minuscule, un corset constitué d'un jeu de cartes brillantes, des bas de soie noirs et un petit chapeau noir, posé obliquement sur ma tête. Lorsque Méphistophéline m'a vue, elle s'est exclamée : « Le jeu que j'ai inventé est un jeu de cartes ! Comment le savais-tu ? »

– Vous aussi, vous êtes voyante...

– Je me sentais cette fois-ci en pleine symbiose avec Méphistophéline. La sonnette a retenti. Elle s'est exclamée : « Ah ! Les Boches sont arrivés ! » C'est drôle, car la phrase m'a renvoyée aux films comiques sur la Résistance française. En même temps, on était loin de *La Grande Vadrouille.* Je suis vite descendue dans le bunker, euh... je veux dire la cave, où elle m'a enfermée dans la petite cellule capitonnée d'à côté, mais juste avant, elle m'a attaché les mains derrière le dos, pour que je ne regarde pas les cartes qu'elle m'avait fournies. Il y avait une petite fenêtre à travers laquelle je pouvais regarder à l'extérieur. Ensuite la soirée a commencé... J'ai obéi, mais j'ai aussi donné des ordres. Car cette fois-ci, ce n'était plus les femmes mais les cartes qui ont imposé les règles.

– Ça s'appelle un jeu, oui.

– ... Il y avait aussi chez Méphistophéline et moi un désir caché, le désir de transformer l'Autrichien en objet... Mais le hasard a voulu qu'il tire le joker. Eh bien, dans ce jeu, le joker lui a donné le pouvoir d'imposer aux autres ce qu'il voulait. Et vous savez ce qu'il a désiré ? Que je fasse l'amour avec sa copine.

Il se met à tousser bruyamment.

– Vous allez bien ?

– Quelle surprise ! C'est tout à fait inattendu.

– Je l'ai caressée, elle m'a caressée, je l'ai embrassée, elle m'a embrassée, et on a continué comme ça pendant un bon moment. Elle avait une inquiétante ressemblance avec moi. Soudainement, j'ai eu l'impression d'embrasser le reflet de mon miroir... de caresser mon propre sexe et pas le sien… J'avais peut-être trop bu. Cela m'a un peu troublée, je me suis donc arrêtée…

– … Oui ?

– Ensuite, l'Autrichienne a tiré une carte qui l'a de nouveau renvoyée à son rôle de soumise, cette fois-ci encore plus qu'avant, car la carte lui a imposé de se transformer en table. Elle s'est mise sur ses quatre jolies pattes… Ses fesses se bombaient comme deux pierres rondes et luisantes. Méphistophéline a attaché ses mains et elle a ramené son postérieur sur ses pieds. C'était tellement beau ! Elle me faisait penser à la fameuse photo de Man Ray… Vous voyez de quoi je parle ?

– Hum…

– Méphistophéline a posé les coupes de champagne sur son dos. À ce moment-là, j'ai eu une idée. J'ai versé mon verre de champagne sur son dos, et j'ai lapé les gouttes de champagne le long du creux que formait sa belle colonne vertébrale.

– Dans quelle direction ?

– Voyons ! Vers ses fesses, bien sûr ! L'Autrichien avait l'air très content. Elle aussi… Ensuite un nombre d'actions farfelues ont suivi. L'autre chien était extasié, mais il est resté malgré tout dans sa position de mâle dominant. Les cartes n'ont pas voulu qu'on fasse autre chose avec lui. Je leur ai aussi fait une danse, inspirée par Lola de Jacques Demy. J'adore Lola. Elle est à la fois diabolique et angélique. Ensuite je me suis écroulée sur un lit, et je suis restée dans son manoir jusqu'au lendemain. Il fallait revenir à la réalité en douceur.

– Encore une fois. Le fantasme poursuit la réalité qui poursuit le fantasme... qui poursuit la réalité.

– Oui, mais il n'y a pas que mes rêves qui deviennent réalité. Mes cauchemars aussi, parfois...

– Car votre désir est multiple et plus compliqué que la plupart de gens... Vous cherchez tout le temps à créer de la vérité fictive *dans* le réel.

– C'est-à-dire ?

– Vous cherchez tout le temps ce qui pourrait être vrai, comme seule la fiction pourrait l'être.

– Je ne comprends toujours pas.

– Ce n'est pas grave.

– Mais c'est important ! Je ne comprends pas pourquoi je n'arrive pas...

– Vous ne comprenez pas pourquoi vous ne comprenez pas ?

– J'ai l'impression de ne plus rien comprendre de toute manière ! Laissez tomber...

– Plus vous vous approchez de ce que vous recherchez, moins vous arriverez à voir.

– Quelques jours après cette petite escapade nocturne, je suis partie en voyage.

– Ah ! Ça faisait longtemps.

– Ha ! Ha ! Oui... Je suis partie à Marseille. J'étais invitée par une association de philosophes pour tenir une conférence sur n'importe quel sujet. J'ai choisi la séduction. Vous savez, « séduire » veut littéralement dire « détourner du droit chemin ».

Mais qu'est-ce qu'on fait si le chemin droit va droit dans le mur ? Ou encore pire, nulle part ? Il faut bien que quelqu'un vous détourne, non ?... Quand la séduction devient altruiste, elle cesse d'être maléfique.

– Maléfique, c'est assez religieux comme terme...

– Oui, c'est pour cela qu'il faut réinventer la séduction. Il y a simplement un petit problème. Si la séduction est une manière d'amener l'autre vers son véritable désir, comment faire la différence entre son désir à soi, et celui des autres, si Lacan avait raison, et qu'on ne désire que le désir de l'autre ?

– Dans la séduction, il y a aussi la captation. C'est pour cela que la séductrice est dangereuse. Elle a attrapé l'autre dans ses griffes, pour le faire rentrer dans son ventre...

– C'est très amusant ce que vous dites. Mais ces théories ne concernent que vous... et vos propres peurs. On dirait que vous ne pouvez pas vous imaginer une séductrice qui ne serait pas une femme fatale qui vous ferait mal. On devrait changer de places, peut-être... Je pense qu'il faut *repenser* la « femme fatale » et revenir au mythe de la « femme vitale » ! La femme tendre et joyeuse. Je ne vais pas vous tenir une conférence sur le divan, mais quand même... Dans ma conférence, j'ai parlé d'Inanna qui apparaît dans le mythe de Gilgamesh et qui traverse les siècles, inspirant les mythes d'Isis et d'Aphrodite. C'était la déesse de la sexualité. Vous comprenez ?

– Et de la maternité.

– Il y a aussi la fécondation artistique… Inanna est la muse de toutes les muses !

– Les questions que se posent les enfants, avec une curiosité sans fin, c'est comment fait-on des enfants ? Votre question initiale « qu'est-ce que le désir ? » s'intensifie lorsque vous entrez dans une véritable relation de transfert.

– Je ne suis pas sûre de vous comprendre…

– L'enfant. Il est dans l'amour aussi, non ?

– Je ne suis pas sûre… La « femme vitale » est dans le désir du don, car « aimer c'est donner ». Tandis que l'enfant, il veut tout prendre. La « femme vitale » est solaire, car le soleil ne reçoit pas, il émane. La « femme fatale » n'est qu'un enfant qui est dans une demande perpétuelle d'amour… C'est pour cela que la « femme fatale », comme les « hommes fatals », d'ailleurs, abandonnent l'objet de leur désir aussi vite qu'ils l'ont capté, tandis que…

– Tandis que ?

– Tandis que… Je ne sais plus où j'en étais…

– Mais vous savez, la vie *est* fatale. Vie et mort ne sont pas si séparées qu'elles le semblent.

– Hum… Je ne vous suis pas trop bien.

– Dans l'amour on joue avec des choses qui sont entre la mort et la vie. Sade l'a très bien dit, avec *La Philosophie dans le boudoir*.

– Sade ! Sade ! Sade ! Je l'aime beaucoup, mais ses femmes sont souvent des femmes déchirées, massacrées. Si on oublie son héroïne Juliette, qui s'en sort plutôt bien, vers la fin… Ah ! Ça y est ! Je vois maintenant où vous voulez en venir. Vous voulez que j'accepte d'être une femme fatale ? Mais si c'était tout le contraire ? Et si j'étais simplement une femme qui se fait tuer par petits bouts ?

– …

– J'ai revu mon ami philosophe Uranus l'autre jour, que j'avais rencontré à New York. Il a beaucoup écrit sur la mort, la mort des philosophes. Il dit que la philosophie commence par la déception. La philosophie nous confronte au vide, le manque, la mort, le nihilisme, la mort du sens, l'enfer de notre époque. Et il écrit tout ceci à partir de la mort de son père… C'est un ouvrage à la fois théorique et sentimental.

– Vous ne parlez pas souvent de votre père.

– Il n'est pas très intéressant.

– C'est une négation faible.

– Oui… c'est possible.

– Mais « oui », veut parfois dire « non ».

– Oui ! Ha ! Ha !

– Non ?

– En fait, ce n'est pas vrai ce que je viens de dire, mon père est un personnage très intéressant. Il a passé la plupart des années quatre-vingt comme écrivain, interprète et agent double à Berlin. Je n'ai juste pas envie de parler de lui. Vous savez, je ris beaucoup avec vous, mais à vrai dire… je suis d'humeur assez mélancolique en ce moment. Quelques jours avant le vernissage de *Venusia,* j'ai commencé à sentir quelque chose d'étrange sur une des parois de ma gorge. D'abord une sphère, ensuite une seconde sphère est apparue, quelques semaines plus tard, à côté de l'autre. On dirait que je suis en train de faire une fellation à un sexe imaginaire. Cette expression a fait rire beaucoup de médecins depuis.

– La manière dont vous le dites nous renvoie à une image de castration. Vous aviez tout l'organe masculin, y compris les deux boules dans votre bouche ?

– Hum...

– Qu'ont dit les médecins ?

– Ils ne savent pas ce que c'est. Vous parliez des enfants tout à l'heure, maintenant je vais sans cesse à l'hôpital des enfants, l'hôpital Necker. Je ne sais même plus combien de tests sanguins j'ai fait ces derniers temps.

– Et ils ne trouvent rien ?

– Ils me demandent maintenant de faire des examens de plus en plus inquiétants. L'autre jour, j'ai fait une cytoponction pour voir si je n'ai pas un cancer. Ha ha ! Ça serait drôle si Madame X mourait d'une mort précoce... Il faut toujours punir les femmes qui suivent leurs véritables désirs, n'est-ce pas ?

– Y a-t-il des anomalies dans les tests sanguins ?

– Si j'ai un cancer, il n'est pas généralisé en tout cas. Je le saurai bientôt... C'est un peu dur, car mon mari n'est plus très présent depuis quelque temps, ni très rassurant lorsqu'il est là. Je ne sais pas ce qui se passe entre nous, mais je sais une chose... Normalement, quand quelqu'un est malade, on éprouve un peu de compassion pour cette personne, non ?

– La cytoponction date de quand ?

– Je viens juste de la faire. J'attends les résultats. C'est drôle… ce week-end, je l'ai passée à Londres avec mon mari, qui devait y aller pour son travail. Nous avons visité la National Gallery. Je voulais à tout prix revoir la fameuse peinture de Holbein, *Les Ambassadeurs*. J'adore l'idée qu'il faut se décentrer pour découvrir la tête de mort. Si on la voit d'une manière frontale la tête de mort ressemble plutôt à une carte roulée ou un pain, le voyage ou la vie casanière. Il faut se décentrer pour comprendre la vanité. Mon angoisse a enfin trouvé son objet, la mort… Mais la mort s'est elle-même dédoublée… je vis entre deux morts possibles. Ma propre mort et la mort de mon couple. Laquelle va arriver en premier ? À Londres, je me suis aussi acheté le tarot de Marseille, que j'ai tout de suite posé… Je n'aurais pas dû, car selon les cartes… les choses vont mal finir.

– Mais ce que les cartes vous ont dit, c'est une vérité sur la vie ! La vie est une pièce de théâtre qui finit mal, puisqu'on va tous mourir.

– Peut-on faire une pause ? Je n'arrive plus à respirer…

– Bien sûr ! Pourrait-on se revoir demain ?

– Ah non… Demain, je dois préparer un débat sur l'amour, qui aura lieu ce week-end.

– Lundi ?

– D'accord… à lundi.

Une fois à la maison, je m'allonge sur le divan et j'essaie de ne penser à rien. Mes ganglions me font mal, si mal que je me force à m'endormir pour ne plus rien sentir. Je suis réveillée par un appel téléphonique. C'est mon écrivain. Il me demande comment je vais et pourquoi je n'ai pas répondu à ses appels ces derniers temps. Je n'arrive pas très bien à cacher ma tristesse. Je lui parle de mes ganglions. Il ne comprend pas pourquoi je ne l'ai pas appelé pour le lui dire avant. Il veut me voir tout de suite. Je lui dis que je ne suis pas trop baisable. Il s'en fout. Il veut juste me voir, et surtout m'emmener chez son médecin. Je lui dis que je dois aller à la cérémonie de la Légion d'honneur organisée pour Hélène Cixous.

– Mais laisse tomber ! Ta santé est bien plus importante qu'Hélène Cixous !

– Je dois y aller. J'ai toujours rêvé de la rencontrer.

– Eh bien, je demanderai à mon médecin de nous recevoir après. Il est assez flexible.

– T'es sûr ?

– En cas d'urgence, oui. Apporte tes papiers. Je viendrai te chercher là-bas.

Sa voix tremble. Cela me fait mal au cœur de le voir si inquiet. J'accepte et je m'écroule sur le divan. Il me rappelle quelques minutes plus tard pour me confirmer le rendez-vous avec son médecin qui a soigné « les plus grands ». Je vais maintenant aussi avoir une double vie médicale. L'idée me fait rire, et je m'endors, cette fois-ci, un peu soulagée, essayant d'ignorer les larmes qui coulent le long de mes joues. Je ne suis tout de même pas entièrement seule au monde…

*

Il est 7 heures du matin. Me voilà, en train d'écrire, dans le bar de L'Hôtel d'Oscar Wilde, sous l'influence de l'opium que le médecin de mon écrivain m'a prescrit. Je dois préparer un débat sur l'amour après la projection d'un film que j'ai tourné l'année dernière. Si Nietzsche a raison, et « nous avons l'art pour ne pas mourir de la vérité », quelle serait cette vérité qu'on n'arrive pas à accepter ? Ma tête tourne… J'ai l'impression de voir tout et rien en même temps… Non ! Nietzsche a tort. Nous avons l'art pour ne pas mourir du mensonge. Tout art digne de ce nom est une quête de vérité… Silence, on meurt. Ça tourne. Neptune. La lune noire m'attend.

Je passe à la maison pour prendre une douche. Dans l'entrebâillement de la porte, je vois que Vincent dort encore. Je m'allonge sur mon lit, dans la chambre à côté, comme une morte, avec mes bras croisés. L'idéal serait que je meurs maintenant et que mon roman reste un récit oral, raconté par les gens qui m'ont connu.

Lorsqu'on se réveille, chacun prend son petit déjeuner de son côté, en silence. J'ai besoin de lui parler, de savoir s'il m'aime encore. C'est comme dans les magasins communistes, soit il y en a, soit il n'y en a pas. J'aime bien cette blague roumaine : Un homme entre dans un magasin et demande s'il y a du fromage. La personne lui répond : « Non, ici c'est le magasin où il n'y a plus de viande. Le magasin où il n'y a plus de fromage, c'est à côté. » On ne peut pas forcer le réel. J'ai l'impression de vouloir acheter de la viande dans un magasin de fromage, et de m'étonner qu'il n'y en ait pas. Mais je n'arrive pas à faire autrement. J'entre dans son bureau, et je lui pose enfin la grande question.

Vincent me répond que ce n'est ni le bon moment, ni la bonne manière de poser la question. « Tu n'as qu'à répondre "oui" ou "non". » Il me dit que ce n'est pas à lui qu'il faut poser la question, mais à moi. Car c'est moi qui ai douté de nous, toutes ces années, pas lui. Impossible de lui faire comprendre à quel point il complique les choses. Je n'ai plus la force de douter. J'ai besoin d'assurance et de clarté. Mais il reste impassible, derrière son ordinateur, emberlificoté par les guirlandes de sa fumée. Je commence à pleurer, à le supplier de chasser mon spleen, de me dire un mot, juste un mot qui pourrait me rassurer. Si on aime quelqu'un, on le rassure lorsqu'il a besoin… Non ?… Je n'arrive plus à dormir, je suis peut-être atteinte d'un cancer, et dans quelques heures je dois tenir un débat sur l'amour et le film que j'ai basé sur notre histoire d'amour… Je pense que je suis qualifiée pour le droit à une réponse… Est-ce qu'il m'aime encore ? Il regarde à travers la fenêtre et sourit. Je le supplie une dernière fois. J'ai l'impression que la scène l'amuse, car tout à coup il rit et fait les gestes d'un fou qui agite frénétiquement ses mains : « *Oh, dis-moi que tu m'aimes, dis-moi que tu m'aimes.* » Je recommence à pleurer. Il me traite de « petite fille », « malade mentale », « éternelle insatisfaite », d'« hystérique » et, le coup final : « Chasse tes propres serpents. »

Je me dirige vers la salle de bains avec mes dernières forces, et je m'installe dans la baignoire, accroupie sous la douche, laissant l'eau chaude caresser mon dos, se mêler à mes larmes, espérant toujours qu'il va entrer pour me réconforter, mais non. Ah ! *Liebestod.* Il faut plutôt tuer l'amour en soi qu'en mourir. Ce soir je vais enfin faire le deuil de notre amour perdu, quelque part, je ne sais plus où.

Je reprends mes forces, encore une capsule d'opium contre les douleurs, un Xanax contre mon angoisse, et une robe pour ma paroisse... Avant de sauter dans le taxi, je vais vers lui. Il n'a pas bougé de sa place, derrière son bureau. Je l'embrasse sur le front et je lui dis : « J'ai fait ce que tu m'as dit... Je te retrouve tout à l'heure ? » Il me répond « Oui » avec un sourire victorieux sur les lèvres.

La lune d'opium

– J'ai l'impression d'être une géante sur votre divan. Depuis quelque temps, tout est devenu lilliputien. Plus rien n'est important...

– Vous vous sentez comme une géante ?

– Une géante qui est descendue aux enfers. Je devrais faire comme Gargantua, aller sur les tours de Notre-Dame et pisser sur Paris... Après la cytoponction, ils m'ont demandé d'aller faire une biopsie et une IRM, car... Ils ont finalement trouvé des choses, vous voyez ?

– Ils ont trouvé quoi ?

– Je ne veux pas entrer dans les détails, mais ça ne sent pas bon. Demain je dois aller à l'Hôtel-Dieu.

– Mon Dieu...

– Mon Dieu, oui... Mon nouveau docteur, qui a d'ailleurs soigné Man Ray, m'a donné de l'opium contre mes douleurs.

– De l'opium ?

– C'est un médicament pharmaceutique, qui s'appelle Lamaline, mais depuis, je n'arrive plus à dormir. L'opium rend très lucide... mais il peut aussi attirer de nouveaux monstres.

– Donc vous êtes dans un état un peu particulier, si je puis dire...

– Oui... je commence à avoir des idées très étranges. J'essaie de rester dans ce monde... mais le monde m'échappe. Ce week-end, j'étais donc obligée d'orchestrer ce débat sur l'amour, sous l'influence de l'opium. La dernière chose dont j'avais envie c'était de me déguiser de nouveau, mais j'ai fini par glisser dans une robe crépusculaire. Quand j'ai descendu les escaliers du Silencio, j'ai eu l'impression de descendre dans mon inconscient, littéralement. La noirceur... l'absence de sons, tout était capitonné. J'étais à la fois euphorique, triste et absente. Je suis allée aux toilettes pour me laver les mains, mais en bas du miroir ovale, qui brillait dans le noir, j'ai vu une autre paire de mains surgir, et commencer à se laver, en même temps que les miennes. C'est comme si j'avais quatre mains à la fois, telle une Shiva au pays des merveilles. C'était très étrange… Si étrange que j'ai failli m'évanouir, lorsque j'ai découvert qu'il n'y avait personne derrière. Mes chaussures à talons n'amélioraient pas la situation. J'avais l'impression de monter lorsque je descendais, et de rétrécir une fois montée sur scène. Imaginez-vous ce que ça pouvait être de modérer un débat dans des conditions pareilles, face à un public plein d'amis et de journalistes… Mes amis m'ont pourtant dit que je n'avais jamais été si bien.

– Peut-être parce que vous étiez un peu moins dans le contrôle que d'habitude.

– C'était un monde renversé. J'avais l'impression de léviter, que le psychanalyste reculait comme dans une chaise roulante, tiré par un fil invisible, qu'Ophélie volait et que Jean-Pierre, qui parlait de ses rêves, sautait. Et les têtes dans le public, je ne les voyais même pas, ce qui est peut-être un peu normal, car on était quand même dans une salle de projection. Je n'avais aucune envie de revoir le film. Encore moins d'en parler. Je voulais pleurer dans un trou… mon trou de lapin… mordue par les serpents…

– Mais le film, n'est-il pas aussi un hommage à cet homme ?

– Quel homme ?

– Votre mari ?

– Ah, oui… C'est vrai… Au dîner, plus tard, il avait l'air de souffrir. De quoi ? Impossible à savoir. Il n'a sans doute pas aimé la définition de l'amour que j'ai donnée à la fin du débat pour clore la discussion : « L'amour, ce n'est pas dire à l'autre *chasse tes propres serpents*, mais *allons chasser tes propres serpents ensemble.* » Il n'est pas resté longtemps avec nous. Mais juste avant, mon ami philosophe Timofey qui a écrit des ouvrages magnifiques sur le hasard et le temps après la finitude, nous a dit : « J'ai l'impression que les protagonistes de cette histoire restent ensemble parce qu'ils veulent partir... Et que c'est à cela que ça tient. » Il a aussi fait le signe avec ses propres mains de deux coquilles qui s'accrochent l'une à l'autre, par leurs points de fuite. J'ai failli fondre en larmes, car j'avais l'impression de recevoir la clé de toutes nos souffrances amoureuses. S'agit-il d'une fugue contrapuntique ? Quand je suis rentrée... j'étais dans un état second, car j'avais bu un certain nombre de verres, ce qu'il ne faut jamais faire avec l'opium. J'étais trop grande pour entrer dans les petits taxis qui roulaient à mes pieds, et je me sentais trop petite par rapport aux bâtiments qui n'arrêtaient pas de s'enchaîner dans la rue. Une fois chez moi, j'avais l'impression d'avoir fait intrusion dans la vie d'une autre. Qui était la pauvre femme qui habitait ici ? Il faudrait la sauver, mais comment ? Je me suis allongée dans son lit, parmi tous ses livres et ses carnets, et lorsque j'ai fermé les yeux... Une chose extraordinaire s'est passée. Un gigantesque paon s'est matérialisé sur ma rétine. Il a commencé à bouger sa belle queue, un palimpseste de couleurs intensifiées par des pierres précieuses scintillantes, embrassant la totalité de mon corps, me caressant avec la tendresse d'un oiseau qui nettoie les plumes de son petit poussin. C'est étrange quand on essaie de dormir et que la tête commence à produire le film d'une métamorphose infinie. C'était à la fois inquiétant et rassurant... Car je me suis dit qu'après tout je pourrais bien rester dans ce monde onirique, car ce paon, j'ai compris, il me voulait du bien.

– On dirait des visions baudelairiennes.

– La seule chose positive qui m'est arrivée suite à ces rêves opiacés, c'est que mon écriture a enfin démarré...

– L'écriture, c'est un moyen de s'approcher de soi-même, aussi bien que des autres, car l'autre, en lisant ce que vous avez écrit, peut aussi partir à la recherche de lui-même. C'est un transfert, comme on dit.

– Un transfert ?

– Un transfert littéraire.

– Je n'y ai jamais pensé...

– Ce n'est pas vous qui avez fait un transfert sur Madame Bovary ? Vous m'avez dit cela une fois, en sortant du cabinet. Eh bien, peut-être, un jour, il y aura des gens qui feront des transferts sur Madame X.

– J'ai du mal à le croire, il n'y a aucun héroïsme dans mon histoire. Je suis plutôt en train de faire un transfert sur le nain mesquin de l'écrivain expressionniste suédois Pär Lagerkvist. Je suis une ordure et rien d'autre qu'une ordure...

– Mais vous ne voyez que le côté noir, romantique et dramatique des choses. Il y a quand même une lumière éclatante dans la vie de Madame X !

– Je suis désolée, de vous contredire… mais quand l'amour est si impossible et la mort si possible, c'est très difficile d'éclater de bonheur sur un air de yodel.

– …

– Il n'y a qu'une chose qui m'apaise maintenant, la voix d'un philosophe que je viens de rencontrer. Je ne sais plus si je vous en ai parlé. Il m'a en tout cas envoyé une lecture qu'il a faite d'un livre récemment. La nuit, je m'endors avec sa voix dans les oreilles. Parfois je me réveille avec sa voix également. Je fais en sorte que le récit tourne, comme moi, en rond.

– Je vois…

– En étant consciente que je suis peut-être mourante, j'ai décidé de réaliser un vieux rêve, tenir un salon… Il me reste combien de temps encore ?

– Assez peu.

– Ha ha ! Si peu dans la vie ou ici ?

– Continuez.

– J'ai donc décidé de tenir salon, et de le faire dans l'esprit de la Dame aux camélias.

– Ah, vous revenez à votre fantasme adolescent !

– Oui… Qui est plutôt une peur qu'un fantasme. J'aurais tant voulu que mon histoire trouve une belle fin… c'est vraiment typique, c'est comme si quelque chose, dans le cosmos, ne voulait pas que ces épopées féminines finissent bien. Nous sommes toutes condamnées à l'extinction.

– Rassurez-moi, vous ne commencez pas à avoir des pensées noires ?

– Dans la fiction ? Ou dans la vraie vie ? Je ne sais pas encore. En attendant, je m'accroche plus que jamais à Madame X. Elle doit maintenant dépasser toutes ses peurs. La peur de mourir, la peur d'être abandonnée, la peur de ne plus désirer, et surtout la peur d'aimer.

– Vous avez dit une chose sur votre père la dernière fois…

– Oui ?

– Vous avez dit qu'il n'était pas très intéressant. Vous trouvez toujours cent choses à dire sur tout ce qui vous arrive, mais sur votre père, vous ne dites jamais rien. C'est assez frappant pour un psychanalyste.

– Oui… je n'ai pas grand-chose à dire sur sa vie d'agent, car je ne le connais pas si bien, j'aurais besoin d'inventer des choses pour ne pas endormir les gens…

– Vous avez peur d'endormir les gens ?

– Mon père m'a abandonnée tant de fois que je ne me trouve plus, oups… euh… je veux dire que je ne le trouve plus du tout intéressant.

– Vous pensez qu'il ne vous a pas trouvée suffisamment intéressante pour vous garder ?

– C'est peut-être aussi moi qui n'ai pas su le garder.

– Encore une fois, que penserait une petite fille abandonnée, sinon qu'elle n'est pas suffisamment intéressante ?

– C'est peut-être parce que j'ai voulu l'abandonner qu'il a voulu me punir en m'abandonnant. Lequel des deux abandonne l'autre en premier ? C'est impossible à savoir... véritablement. Mais c'est comme ça, la vie... Parfois on sait, parfois on ne sait pas... Non ?

– Voilà un esprit de philosophe.

– C'est peut-être ce philosophe postnietzschéen qui m'inspire, car il m'écrit souvent... À un certain moment, j'ai arrêté de lui répondre. Et un jour, j'ai repris le contact en lui écrivant que je n'avais pas eu la force de lui écrire, car j'étais tombée assez malade et je ne voulais pas l'inquiéter. Je retrouve presque tous les jours maintenant un mot de sa part, il m'accompagne vraiment... Ce sont des échanges très simples, très sereins.

– ...

– Vous ne dites plus rien ?

– Vous non plus ?

– On peut arrêter là ? Je me sens complètement épuisée... et je vous ai sans doute bien épuisé également.

– Si vous voulez...

*

Je suis à l'Hôtel-Dieu, dans la salle d'attente. C'est pire que l'attente dans *Godot* car, au moins, eux, ils savent ce qu'ils attendent, et c'est pire que dans *Huis clos*, car dans l'enfer de Sartre, au moins, les gens se parlent. Ici, on est confronté à l'inconnu de nos corps. C'est pire que l'inconnu de notre inconscient, car l'inconscient nous échappe, mais le corps reste, nous rattrape. J'espère juste avoir encore un peu de temps pour rendre honneur à tous ceux que j'aime et que j'aimerai jusqu'à la fin de mes jours... L'amour c'est tout de même la fin de la peur. Je ne veux plus avoir peur de ne pas être aimée. En quoi est-il important que Vincent ne puisse plus me le dire ? L'important c'est d'aimer sans rien attendre en retour. Il faut aimer la vie et les personnes telles qu'elles sont. Vincent sera toujours, quoi qu'il arrive, l'amour de ma vie, car ma vie s'est raccourcie. Dommage qu'on n'ait pas su vivre plus heureux ensemble...

Une heure plus tard, lorsque je reçois le résultat, je cours vers la maison. Il est là, je cours dans ses bras... il me réconforte... Car oui, ils ont trouvé quelque chose dans le foie... mais quoi ? Il faut que j'aille faire une nouvelle IRM dans un nouvel endroit. Pour une fois, j'arrive à pleurer, dans les bras de Vincent, et lui, il caresse ma tête tendrement.

La communauté inavouable

J'ai toujours rêvé de créer une communauté qui ne se donnerait qu'en disparaissant, une communauté qui saurait nourrir en son centre un impossible, un manque, renouvelant sans cesse ses propres règles de jeu. C'est la meilleure manière de résister à l'eucharistie des conventions sociales, la terreur du prévisible. Mais pour trouver la forme absolue d'une telle communauté, il faut d'abord errer. Mon premier salon fut un salon errant.

J'ai invité une trentaine d'amis, du monde entier. Ceux qui n'ont pas pu venir, ont été invités à envoyer une question qui les hantait depuis quelque temps, à leur place. Ainsi, les invités absents allaient devenir les membres d'une communauté inavouable. Je voulais activer une pièce d'Ophélie qui consiste en un éventail de sept cartes, sur un fond noir. J'avais envie de dévoiler leurs faces cachées, mais aussi celles de mes convives. Ophélie eut la formidable idée d'aller acheter un nouveau jeu de cartes, qui consistait en une série de photos anciennes, d'effacer les photos avec l'eau de Javel, de garder leur joli dos, et d'écrire les questions qu'on allait recevoir sur leur recto.

Ma copine Carine eut l'idée d'envelopper le salon dans un esprit esthétique préraphaélite. Elle s'est mise à la création d'une nature morte, habillant l'une de nos plus grandes tables du salon d'une nappe blanche qui allait jusqu'au sol, sur laquelle elle a posé des bols de fruits de la passion, des raisins, des vases aux bouquets de roses anglaises, des tubéreuses et des camélias, qui allait couronner la thématique inavouable du salon.

Je me suis procuré un service à thé de Limoges avec des oiseaux de paradis et un petit oracle africain, en bronze, que j'ai trouvé dans un magasin d'antiquités. J'étais très intriguée par le couvercle du réceptacle, sur lequel on voit des petites figurines munies de chapeaux pharaoniques jouer un jeu divinatoire. La vendeuse m'a raconté qu'on avait l'habitude de remplir l'oracle de graines noires et blanches et de petites souris, pour pouvoir lire le futur en fonction de leurs mouvements.

J'ai passé toute la nuit à faire une charlotte aux fraises, le gâteau préféré d'Ophélie, avec des langues de chat, de la chantilly, de la liqueur de framboise et des fraises, que j'ai corseté par un morceau du ruban violet dans lequel Méphistophéline m'avait attachée. Quant à nos déguisements, on nous a prêté cette fois-ci deux créations assez dramatiques d'une jeune créatrice de mode : pour Ophélie, une robe blanche, avec des morceaux de texte imprimés sur ses effilures, pour moi, une longue robe noire d'organsin, asymétrique aux plissures solides qui se contorsionnaient autour de mon corps comme un escalier en colimaçon.

*

Lorsque tout le monde s'en va, je contemple mon salon. Je le trouve si beau dans son abandon, avec toutes les petites tasses, les restes de gâteaux, les pétales de roses et les rubans. J'espère que personne n'a remarqué mes ganglions. Je rentre dans la cuisine avec le service et je commence à le laver. Tout à coup, je sens une main autour de ma taille. Je me retourne vers Vincent qui me regarde tendrement. J'essaie de respirer calmement et de lui envoyer mon plus doux sourire. Ce n'est pas le moment de surréagir.

Il me prend dans ses bras, il m'embrasse, et m'emporte avec lui dans le lit, il commence à me parler, à me dire qu'il était si fier de moi ce soir, si fier. Soudain, il me dit qu'il m'aime, qu'il ne m'a jamais aimée autant... qu'il m'aimera toujours... J'ai l'impression d'être déjà morte, un esprit qui voltige au-dessus de nos têtes, une dernière fois, avant de prendre son envol. Je sais que c'est le moment que j'ai attendu depuis une éternité, mais maintenant qu'il est enfin arrivé, je me sens plus vide et évanescente que jamais.

L'aveu

– Vous me dites quand vous êtes prête... Ma pipe est allumée.

– Je pense que j'aurai du mal à vous parler aujourd'hui, je ne sais pas pourquoi...

– Il suffit de rentrer dans votre personnage.

– Oui... Mais comment ? Je ne sais plus comment faire.

– Picasso disait que, pour peindre, il faut fermer les yeux.

– La dernière fois que l'on s'est quittés, je vous ai dit que j'avais commencé à avoir des relations épistolaires avec ce philosophe, je ne sais pas si vous vous rappelez...

– J'ai une bonne mémoire.

– On s'écrivait de temps en temps, mais un jour, je ne sais pas pourquoi, j'ai cessé de lui répondre de nouveau. Il a continué à m'écrire quand même, des messages très polis, mais aussi très ambigus par moments. Je passais mes journées à les décortiquer et à me questionner sur mes véritables désirs. Un jour, ma copine Carine, qui commençait sans doute à en avoir marre de mes états d'âme, m'a simplement dit : « Écris-lui ! Dis-lui la vérité. Dis-lui la raison pour laquelle tu n'arrives plus à lui écrire. »... Eh bien, j'ai suivi son conseil, et je lui ai enfin écrit : « La raison pour laquelle je n'arrive plus à t'écrire, c'est que notre rencontre a un peu troublé mon esprit. » Il m'a répondu tout de suite, me proposant de se voir le lendemain... pour le déjeuner.

– ...

– Nous nous retrouvons autour d'un gigantesque plateau d'huîtres, dans son restaurant préféré, couvert de boiseries et de velours rouge. Il veut sentir mes ganglions. Je le laisse faire, et je lui dis qu'ils n'ont rien trouvé... Je ne veux pas l'inquiéter. Il veut célébrer ma santé retrouvée avec un verre de champagne. Je lui demande s'il a déjà été réellement malade dans sa vie. Il me répond que non, pas vraiment. Une fois, il s'est cassé le poignet lors d'une escalade. Je lui raconte que je me suis remise à l'escrime, car lorsqu'on combat quelqu'un au visage caché, on a l'impression de lutter contre soi-même. Il adore l'idée. Il se met à me parler des enfants. Il me demande si je voudrais en avoir. Je lui dis que cela dépend.

Des fois oui. Des fois non. Il se met à me tendre des huîtres et d'autres petits fruits de mer. Il m'explique comment on mange les bigorneaux. Je sais très bien mais je le laisse me dorloter… À un moment, il se penche vers moi, et me dit après un long silence :

– Je te désire…

– Les huîtres peuvent être assez aphrodisiaques.

– Ha ! Ha ! Oui…

Je ris, par nervosité.

Il reprend : « Je suis sérieux, tu sais… En fait, c'est très simple. Le sexe peut tout évacuer, comme ça, on n'y pense plus, mais il y a un risque. Le risque qu'on s'entendra très bien. Cela nous confrontera à de nouveaux choix… Nous pouvons aussi rester comme ça, sans rien faire, face à un infini de possibles. » Il ajoute vite après : « Mais l'infini, ça prend beaucoup d'espace… Il y a aussi une troisième voie. Rester amis. Car de toute manière nous sommes innocents. Nous n'avons rien fait encore. Nous pourrions voir combien de temps nous serons capables d'y résister. » Nous sortons sur la terrasse pour fumer. Il me demande : « Quelle est ta relation à la fidélité ? » Je lui réponds que je ne suis fidèle qu'à moi-même. La jalousie, ce n'est qu'une manière nocive de prendre du pouvoir sur l'autre, et que la meilleure chose qu'un couple pourrait faire, c'est de décider de se tromper dès le début, en même temps. Il rit, et il me dit : « T'es sûre que tu es prise ? » Lorsqu'on se dit au revoir, il me serre fort dans ses bras, ensuite il me dit : « Quoi que tu choisisses, cela m'ira. » Nous nous sommes quittés comme ça, au milieu d'un carrefour de possibles. Les semaines qui ont suivi, je me suis lancée dans des rêveries de plus en plus alambiquées. Je lui ai fait l'amour dans ma tête, partout, tout le temps, mais je ne lui ai pas envoyé un seul mot, et lui non plus... J'ai laissé les choses en suspens.

– Très bien, suspendons notre séance également.

En sortant de chez mon psychanalyste, je me sens si désaxée que je décide d'aller voir le film *Interstellar*. C'est un film très complexe. Au début de l'histoire, la petite fille communique avec un être fantomatique à l'intérieur de sa bibliothèque. Son père ne comprend rien à ses jeux mais, lorsqu'il entame le voyage, et découvre la cinquième dimension, il comprend que c'est avec lui que sa fille avait communiqué sans le savoir, et que le message qu'il essayait d'envoyer à rebours du temps était : « Ne me laisse pas partir, car je ne pourrai pas revenir. »

En sortant du cinéma, je me dis que la véritable odyssée, c'est celle dans l'espace intérieur et ses diverses temporalités, qui se croisent et qui vivent parallèlement. Si j'avais à choisir de nouveau, je vivrais ma vie de la même manière. Mes erreurs m'ont permis de grandir. Les erreurs que je commets maintenant me permettront de grandir demain, et d'être plus indulgente avec les erreurs des autres. Le désir veut dire la nostalgie des étoiles… Pourquoi en avoir la nostalgie ? Il suffit de tendre le bras. Et pourtant… « Ne me laisse pas partir », c'est ce que j'aurais voulu communiquer à Vincent l'autre jour, lorsque j'étais avec lui, à la campagne chez sa mère, avant qu'on parte tous les deux sur une île lunaire pour fêter le Nouvel An. Vincent était dans son bureau, focalisé sur un nouveau projet de recherches. J'entre et je lui demande s'il a un peu de temps. Il me répond qu'il vient juste de retrouver le fil de ses pensées mais que le mal est déjà fait, je peux rester. Je m'installe et je m'entends dire :

– Écoute, chéri, j'ai l'impression qu'on ne fait que tourner en rond depuis quelque temps.

– Parle pour toi, pas pour moi !

– J'ai l'impression que nous sommes enfermés dans un éternel retour, car chaque fois qu'on essaie de communiquer, on ne fait que parler du passé…

– Oui, mais le passé est important. Tant qu'on ne l'a pas résolu, on ne peut pas avancer.

– Je suis d'accord, mais c'est difficile d'atteindre une forme d'entente quand ta rancune est si grande. Tant que tu ressentiras cette rancune, qui n'est pas vraiment liée à moi, si j'ose dire, nous ne pourrons pas avancer. Il faut que tu t'en débarrasses.

– Mais je ne peux pas le décider comme ça. Ça va prendre du temps !

– C'est ce que les gens disent en général, quand ils sont feignants. Eh bien, je te propose qu'on fasse une pause, pour qu'on puisse reprendre avec de nouvelles forces, sinon on va aller droit dans le mur.

– Tu dis ça maintenant parce que cela t'arrange. Il aurait fallu faire ça quand tout allait bien !

– C'est un peu tordu, non ? Se séparer quand tout va bien…

– Je voulais qu'on prenne de la distance pour mieux se retrouver l'année dernière, mais tu as refusé.

– Je trouvais cela cruel, de faire ça au moment où j'étais en train de tourner un film sur notre histoire d'amour. Je ne voyais pas pourquoi tu voulais le faire précisément à ce moment-là. Mais tu t'es éloigné quand même, et pour beaucoup plus longtemps que tu me l'avais annoncé.

– Pas vraiment, car tu ne m'as jamais laissé prendre une distance définitive…

– C'est vrai… j'ai beaucoup lutté pour nous à l'époque. Je ne voulais pas te perdre, mais je t'ai perdu, car tu n'es jamais vraiment revenu.

– Mais je n'ai jamais fait ce que tu as fait ! C'est toi qui es partie brusquement, d'un jour à l'autre !

– Tu m'as envoyé une lettre d'adieu, Vincent. On ne va pas reparler de tout ça encore une fois…

– C'est peut-être une bonne idée de faire une pause alors. Combien de temps ?

Je m'entends dire :

– Quelques mois…

– Quoi ? Mais c'est long ! C'est dangereux. Cela ne va rien résoudre… Ce n'est pas parce que tu n'es plus là, dans la pièce d'à côté, que ma rancune va disparaître.

Nous tombons d'accord sur un mois, et il me propose de dîner ensemble, de temps en temps, avec nos amis, pour « ne pas nous exposer de nouveau à tout Paris comme un couple défaillant ». Vers la fin, je doute un peu. Ai-je bien fait ? Il a dû le sentir, car il me dit :

– Ah non ! Tu ne vas pas revenir en arrière ! Il suffit que je dise oui, pour que tu regrettes ensuite…

– Tu n'as pas besoin de t'inquiéter, on reste sur ce qu'on a décidé.

Mais les jours suivants, une angoisse légère surmonte en moi. J'essaie de ne pas penser à tous les chemins possibles qui m'attendent et de ne pas penser à toutes les femmes qui doivent attendre Vincent. Mon choix est fait. Mais il nous reste encore un petit voyage d'hiver sur une île portugaise, avant la pause, car les billets et l'hôtel sont déjà payés.

Voyage à Sils-Maria

Je retrouve mon psychanalyste ; là où je l'avais laissé. Qu'est-ce qu'il a fait depuis ? Quels sont ses désirs à lui ?

– Vous avez passé de belles vacances ?

– …

– Ah, pardonnez-moi, je vais respecter la règle du jeu. Eh bien, pour les vacances d'hiver, je suis partie en voyage avec mon mari sur une île atlantique pleine de rochers noirs, dans un hôtel qui ressemblait à une maison de retraite, car il y avait des vieux couples partout. Le dernier soir, lorsqu'on s'est promenés au bord d'une falaise, j'ai vu un rocher qui ressortait des vagues, on aurait dit un diable qui ouvrait sa bouche pour engloutir la lune. Cela me faisait penser à ce film que Vincent m'avait montré au début de notre relation, *Pandora*, qui selon lui contenait toutes les clés à notre histoire, car à l'époque il m'identifiait à Ava Gardner. Une fois dans ce paysage crépusculaire, je lui dis : « Tu te rappelles de *Pandora* ? Tu te rappelles leur pacte ? Le Hollandais volant ne peut tomber amoureux que d'une femme qui est comme lui. Et Pandora ne peut le garder qu'en lui échappant. » Il me répond : « Mais c'est *toi*, le Hollandais volant ! Pas moi. » Je me rappelle être restée perplexe. Avait-il raison ? Essaie-t-il de m'attraper en me fuyant ? Comme moi au début ? Ou ne suis-je qu'un port parmi d'autres qui lui permet un peu de repos avant son prochain embarquement ? J'ai pris mon courage et je lui ai dit que j'étais en train de brûler les pistes entre mon moi réel et mon moi imaginaire, que ce jeu littéraire que j'avais entamé depuis quelque temps avait donné lieu à plusieurs vies parallèles. Je lui ai dit que je voulais maintenant réconcilier tous ces mondes, afin de pouvoir écrire, et que j'avais besoin de sa compréhension. Le lendemain, au déjeuner, comme il était un peu troublé par mes paroles, mais toujours à l'écoute, j'ai pris une serviette blanche, et je me suis mise à lui dessiner ma carte de Tendre. J'ai tracé les dandinements de Madame X, entre sa vie officielle et ses vies parallèles, sans entrer dans les détails, lui expliquant le conflit intérieur que toutes ces explorations ont créé. J'ai vu dans les yeux de Vincent un mélange de fascination et de résolution, mais à quoi touchait cette résolution subite ? Impossible de le savoir, car il n'a pas voulu s'ouvrir à son tour, comme je l'avais espéré… Les dernières heures sur l'île se sont passées dans un silence insupportable. Une fois à Paris, j'ai préparé mes valises, lui aussi, car nous avions décidé de faire une pause, avant de partir sur cette île. J'allais partir à Sils-Maria, et lui, pour un voyage de travail. Je commence à faire ma valise. Vincent entre dans mon bureau, il me regarde quelque temps, ensuite il dit :

– Je ne comprends pas pourquoi tu ne restes pas à la maison. C'est comme si tu ne supportais pas d'être toute seule.

– Mais pas du tout ! J'ai juste envie de partir, c'est tout.

– Je peux te demander où ?

– Dans les montagnes.

– Ah bon ? Moi, je suis obligé de partir pour travailler, j'ai un travail dur et sérieux, mais toi, qu'est-ce qui t'oblige à partir dans les montagnes ?

– Personne, justement. Et crois-moi, je ne suis pas entièrement sûre de faire ce que je fais… J'attends encore les réponses de mes examens… Je ne sais même pas où je vais vivre pendant notre pause une fois qu'elle commencera. Tout est très flou en ce moment… J'aurais eu besoin de toi, de ton soutien, mais je sais que je ne peux pas te le demander…

– Tu rentres quand ?

– La semaine prochaine. Je n'ai pas les moyens de rester plus longtemps... Ensuite, je verrai.

– Avec qui suis-je aujourd'hui ? Toi ou Madame X ?

– Avec moi.

– Hier, tu voulais faire une pause mais, aujourd'hui, tu sembles vouloir autre chose.

– Je me concentre sur mon départ...

– Et où en es-tu ?

– Ah, je pense qu'il me reste les chaussettes et deux, trois pulls à mettre dans ma valise.

– Tu évites ma question ! Je répète. Où en es-tu ?

– Je suis là où j'en étais hier et avant-hier.

– Tu te demandes si tu dois partir définitivement ou rester, c'est ça ? Cela fait sept ans que tu te poses cette question ! Je t'attends depuis sept ans !

– C'est ça... Sur un banc... Tu n'as qu'à arrêter d'attendre alors, et agir selon tes propres désirs... quels qu'ils soient !

– Et qui va s'occuper du chat ?

– Carine passera une fois par jour. Ne t'inquiète pas.

J'ai embarqué vers Sils-Maria accompagné par *Le Gai Savoir*. J'ai pris la chambre 333 à l'hôtel Waldhaus, qui offrait une vue vertigineuse sur la vallée et les montagnes qui brillaient comme des gigantesques diamants dans le soleil. Les matins, je les passais dans la bibliothèque de l'hôtel à écrire dans mon carnet, et les journées, je me baladais autour du lac ou sur l'île où Nietzsche eut sa révélation de l'éternel retour, m'abandonnant aux plus folles cogitations.

– Vous êtes très romantique.

– Ah bon ?... Revenons à Nietzsche. Pourquoi s'est-il retiré du monde ? Eh bien pour essayer de se dépasser. Et pour cela, il faut s'habituer à vivre sur des montagnes. Je n'avais qu'un seul désir, dépasser mon désir pour ce philosophe en marchant dans les traces d'un autre philosophe... Cela ne fait peut-être pas trop sens, ce que je viens de dire...

– Tout fait sens.

– Sauf le non-sens...

– Est-ce vraiment Nietzsche qui vous a inspiré cette mission ?

– Oui, parce qu'il était un solitaire, et la solitude nous permet de devenir qui nous sommes réellement, des êtres créateurs. C'est pour cela que les gens essaient de l'éviter, car dans la solitude nous sommes vite confrontés à notre manque de créativité... Je voulais aussi quitter l'horizontalité de la ville, chercher l'obliquité des montagnes, regarder les nuages caresser leurs cimes, la neige, toutes ces choses cristallines, propres, retrouver la tranquillité dans ce spectacle complètement effrayant... Les soirs, je dînais toute seule dans la grande salle à manger. Tout le monde me regardait. Comment me protéger de leurs regards ? Impossible. Je dînais tranquillement en essayant d'afficher une allure un peu insolente, à la Thomas Mann, car lui aussi avait l'habitude de dîner tout seul dans cet hôtel. Il paraît qu'il était assez antipathique avec les serveurs, d'ailleurs... En même temps, tout n'avait pas l'air aussi angélique au Waldhaus, les occupants ressemblaient plutôt aux nazis des années 40, avec leurs bermudas beiges et leurs chaussettes vertes tirées jusqu'aux genoux. On aurait dit des répliques de Heidegger.

– Cela ne vous a pas fait peur ?

– Non, c'est plutôt le sauna qui m'a fait peur. Car en y allant, une après-midi, j'y ai découvert trois hommes très nus. J'étais habillée, je veux dire d'un maillot de bain, et eux de rien du tout. C'était comme un déjeuner sur l'herbe inversé. Je me suis pourtant vite rappelé que la nudité germanique est moins sexuelle que chez nous... J'ai aussi découvert une chose en allant sur l'île où Nietzsche avait eu la révélation de l'éternel retour. Il y avait une plaque, avec un texte qui finissait par la déclaration : « Tout le plaisir veut l'éternité, veut la profonde, profonde éternité. » N'y a-t-il pas un piège dans l'éternel retour ? Tout à coup, j'ai réalisé que l'ascension et la descente sur la montagne de Zarathoustra qui lui fait découvrir l'éternel retour, et la notion de l'éternel retour en soi, sont deux mouvements absolument irréconciliables. Zarathoustra ne monte et ne redescend la montagne qu'une fois. On ne réalise l'éternel retour qu'une fois... Je me suis dit qu'il fallait faire un choix entre ces deux mouvements, entre l'éternel retour et le futur. Sur le chemin de retour vers l'hôtel, le vent a commencé à souffler. Les filets de neige ondulaient comme des serpents blancs autour de mon corps. J'avais l'impression de danser au milieu du néant, mais un néant joyeux et lumineux. Le vent est devenu si fort qu'il a fallu que je me retourne, et que j'avance en reculant. J'ai commencé à rire, car je me suis rappelé le fameux passage de Walter Benjamin sur l'ange de l'histoire, qui avance vers le futur avec son visage retourné sur le passé. Encore une image défaitiste qu'il fallait abandonner. Il me fallait une meilleure piste pour échapper à Nietzsche. Pourquoi pas Nietzsche lui-même ? J'ai pensé à cette phrase magnifiquement énigmatique dans *Le Gai Savoir* : « Ce qui rend héroïque c'est d'avancer simultanément vers sa plus grande souffrance et sa plus haute espérance. » Je me suis arrêtée, et je me suis posé la question aussi brutalement que j'ai pu. Qu'est-ce qui réunissait ma plus grande souffrance et ma plus haute espérance ? La réponse s'est manifestée avec l'évidence d'un panneau publicitaire américain au bord d'une autoroute : L'ÉCRITURE. Voilà ce qui me faisait le plus peur. Tout ça pour ça. Je n'avais donc pas peur de vivre, mais d'écrire ce que je vivais. Je me suis dit qu'à partir de maintenant, j'allais me couper de mon corps, de mes désirs, de tous mes hommes, et commencer à écrire vraiment.

– Se couper de son corps ?

– J'avais donc décidé de commencer à habiter ma tête, comme un homuncule. C'est pour cela que j'ai osé, dès le lendemain, aller nue dans le sauna, avec les Allemands. Plus tard, en visitant la maison de Nietzsche, en bas de l'hôtel, où il avait passé ses derniers étés, j'ai longtemps contemplé son masque de mort, sa moustache qui ressemblait à deux monticules de crème de chantilly, et j'ai embrassé ses yeux fermés.

– N'y a-t-il pas une folie des hauteurs en tout ça ?

– Folie des auteurs ?

– Folie des hauteurs, avec un « h ». Il y a la folie des auteurs, mais aussi celle des hauteurs, car certains auteurs essaient toujours d'aller plus loin, plus haut...

– C'est possible. Lou Salomé écrit dans sa biographie sur Nietzsche que c'est sa propre pensée qui l'a rendu fou. C'est une pensée centrifuge, qui explose tous les systèmes. Il s'agit quand même de l'écriture de quelqu'un qui essaie de tuer Dieu, pas pour prendre sa place, mais pour se moquer de tous ceux qui tentent de se mettre à sa place. Il y a bien sûr une grande folie dans tout ça... Vous pensez que je suis en train de devenir folle ? C'est ça ?

– Non, je pensais à Icare, qui s'approchait des hauteurs, il montait, il montait, et tout à coup, il fait plouf ! Parfois, il ne faut pas trop monter, sinon on risque de chuter.

– C'est pour cela que j'essaie maintenant de sublimer.

– Mais dans la sublimation, il y a aussi l'illusion. D'ailleurs, ça ne fonctionne pas si bien que ça, sinon ça se saurait.

– Vous allez rire, car, en rentrant chez moi, à Paris, lavée de tous mes désirs charnels, la première chose que j'ai trouvée, dans ma boîte d'emails, c'est une lettre de mon philosophe, qui m'avait écrit : « Incontestable, ce matin, en me réveillant, j'ai pensé à toi. » Je lui ai répondu que je venais juste de rentrer de cet endroit nietzschéen. Il m'a vite écrit que c'était presque violent de lire mes mots, car il rêve depuis si longtemps d'y aller, mais parce qu'il en a trop rêvé, il n'a pas osé...

– Très bien. On va s'arrêter là.

– D'accord. À la prochaine fois...

– Pardonnez-moi, pourrais-je vous demander une chose ?

– Bien sûr.

– Comment vont vos ganglions ?

– Ah ! J'essaie de les dépasser également. Ha ! Ha !

– Avez-vous reçu les résultats ?

– Non, pas les derniers, pas encore. Mais une chose est sûre. Maintenant, j'ai envie de vivre !

La chasse aux désirs

Je ne sais plus par quel bout prendre mon désir. Plus je désire ne plus désirer, être tranquille et apaisée, plus je deviens anxieuse ou excitée. La solution pour vivre en tranquillité serait-elle de ne plus désirer cette tranquillité ? Si la philosophie est un amour de la sagesse, et que l'amour est basé sur le manque, cela veut dire que la philosophie n'est pas sage, car plus j'aspire à devenir sage, moins je parviens à l'être. Je ne sais plus vers quel système philosophique me tourner. Je partage ces pensées avec mon cher philosophe, qui me répond par une citation de – oui, vous l'avez deviné – Nietzsche.

« *Personne ne peut bâtir à ta place le pont qu'il faudra toi-même franchir sur le fleuve de la vie, personne, hormis toi. Certes il existe des sentiers et des ponts et des demi-dieux sans nombre qui s'offriront à te porter sur l'autre rive, mais seulement au prix de toi-même, tu te mettrais en gage et tu te perdrais. Il existe au monde un chemin sans autre pareil et que nul ne peut frayer, toi excepté. Où mène-t-il ? Ne le demande pas. Suis-le.* »

Sa réponse me laisse encore plus désorientée qu'avant. Comment fraie-t-on son propre chemin ? Et une fois qu'on l'a fait, comment savoir si c'est le bon ? Comment faire pour ne pas confondre le désir de l'autre avec le sien ? Je lui envoie tous ces « comment-ci, comment-ça ? », car rien ne me fait plus jouir que les questionnements. Le lendemain, il me répond qu'on ne peut jamais connaître le désir de l'autre véritablement, mais qu'on le sent, quels que soient les détours qu'il emprunte ou les masques qu'il porte. Comment trouver son propre chemin ? « En marchant. En décidant avant de délibérer. En aimant avant de se demander si on est capable. »

Nous nous donnons rendez-vous quelques jours plus tard ; entre-temps, je passe mes jours scotchée à la télé, suivant dans le moindre détail les répercussions de la terreur qui vient de secouer la France. Tous ces journalistes, ces dessinateurs, ces policiers, ces gens qui faisaient leurs courses dans le magasin kacher, morts, disparus à jamais, à cause d'une bande d'abrutis qui ont mal lu le Coran. Les textes sacrés sont les miroirs ultimes de nos sociétés. Si on cherche l'amour dans un texte religieux, on le trouve, si on cherche la haine, on la trouve également.

Je commence à préparer le prochain salon, qui aura lieu dans quelques jours également. Ophélie a l'idée géniale de laisser les invités choisir la règle du jeu. C'est parfait, comme ça, il n'y aura plus le côté pyramidal de notre salon initial. Tout le monde sera obligé de s'impliquer. La thématique cachée, cette fois-ci, sera le manque, et je décide de le faire dans l'esprit de Proust, car personne n'a travaillé le manque aussi bien que lui. Je m'achète un livre sur la cuisine proustienne, qui me donne envie de cuisiner un gâteau manqué, des madeleines, et le fameux pudding de Nesselrode. J'achète plein de roses de campagne et du blé pour rendre le buffet plus champêtre, plus ensoleillé, et je propose à Ophélie de nous habiller de nos robes les plus éthériques.

La veille, je prends un verre au Flore avec Amédée, pour l'initier au salon, comme il n'a pas pu venir la dernière fois. La première chose qu'il me dit lorsqu'on se retrouve est : « Tu as l'air amoureuse. » Je ris et je lui demande d'arrêter de se moquer de moi. Rien ne m'est plus lointain que l'amour. Je lui explique que j'avais cru être atteinte par une maladie grave, mais que les docteurs n'ont finalement rien trouvé. Nous trinquons à ça. Soudain, il s'incline vers moi, et me dit gravement :

– Je pensais que j'allais tomber amoureux de toi... mais je n'ai pas réussi.

– Tant mieux !

– Non. Cela veut dire que quelque chose ne tourne pas rond en moi, que je ne serai plus jamais capable d'aimer. Et dans ce cas-là... la vie ne vaut pas la peine d'être vécue.

– Arrête ! Tu m'inquiètes... Qui t'a brisé le cœur à ce point-là ?

– Une fille... qui m'a quitté pour un autre, il y a un bon moment maintenant.

– Tu t'es battu pour elle ?

– Non... quand j'ai découvert qu'elle me trompait avec un autre, c'était déjà trop tard.

– Ce n'est jamais trop tard. Elle est où maintenant ?

– Peu importe. En tout cas, je n'aimerai plus jamais...

– Tu es jeune, Amédée ! Tu aimeras et on t'aimera. Tu tromperas et on te trompera. Tu ne peux pas te protéger de la vie. Vis-la vraiment... et cesse de te tourmenter ainsi !

– D'accord, je vais essayer, mais uniquement par ce que c'est toi qui me le demandes.

*

Mon psychanalyste me reçoit avec un grand sourire aux lèvres, peut-être parce que je viens de l'informer de ma convalescence par téléphone.

– Je ne sais plus où je me suis arrêtée la dernière fois...

– Peu importe. Ce qui compte est le présent ! Et là vous y êtes pleinement !

– L'autre jour, j'ai enfin revu mon philosophe, pour un nouveau dîner maritime. C'est comme si les gens autour de nous n'existent pas. Nous parlons de tout, de nos anciennes amours, nos défaites, nos craintes, mon bovarysme, ma peur de l'ennui, mais aussi ma peur de blesser. Il me comprend si bien, si bien. Nous sortons fumer. Soudain, il essaie de m'embrasser... Je lui résiste. Nous rentrons un peu gênés. Nous mangeons. J'ai envie d'une deuxième clope. Nous ressortons. Cette fois-ci, il s'approche doucement de moi, et prend mon visage dans ses mains. Il me regarde tendrement. Je ferme mes yeux. Je sens sa belle haleine, ses lèvres, sa langue, toute chaude, tendre et ferme, pénétrer ma bouche. Nous nous embrassons passionnément. Dans le restaurant, nous continuons à nous embrasser. Je me retourne, car j'ai peur que quelqu'un ne nous découvre. Il me parle de sa bibliothèque. J'ai envie de la voir. Sur le chemin, je ne sais pas pourquoi je lui parle de Rousseau... et là, il s'arrête, enjoué, et se met à me raconter une petite histoire, que je ne connaissais pas. Un jour, se promenant dans la rue, Rousseau voit un chien courir vers lui. Il a très peur des chiens. Comme il voit qu'il n'a plus le temps d'y échapper, il essaie de sauter par-dessus le chien, mais tombe et se casse la figure. La chute le bouleverse complètement. Il s'aperçoit qu'il n'a jamais été plus heureux ! Nous rions, nous nous embrassons de nouveau, sans cesse, dans chaque rue, face à chaque porte, chaque lampadaire. J'ai l'impression d'être sur un chemin sans fin. Je me souviens tout de même de ma devise. Je ne vais pas passer à l'acte. Hors de question de passer à l'acte ! Je vais juste voir sa bibliothèque et rien de plus.

– Vous étiez dupe de votre propre résolution...

– Comment ça ?

– Vous pensiez vraiment ce que vous pensiez ?

– Je ne sais plus ce que je pensais à vrai dire.

En tout cas, sa bibliothèque est vraiment impressionnante. Il s'approche de moi et me retourne vers lui. Je recule un peu. Il se presse de nouveau contre moi, et là, je sens mes fesses entrer dans ses livres, qui glissent vers les tréfonds de l'étagère. Comme ils étaient si bien rangés, je me retourne vite vers les rayons pour tout remettre à sa place, et là, vous n'allez pas me croire, je découvre que mes fesses sont entrées dans les œuvres complètes de Kundera ! Il rit et dit que Kundera aurait été très flatté s'il avait vu la scène. Il me fait une visite de sa maison ; ensuite, il m'invite à m'installer dans le sofa. Les sofas sont dangereux, et celui-ci est particulièrement dangereux. « Tu ne veux pas me faire une lecture de Rousseau ? » Il me lit le début des *Confessions*. Nous rions, car nous le trouvons tellement ridicule. Je mets ma main sur son ventre... Il me chuchote :

« Descends », et je descends… Je retrouve tout de suite son sommet, dur, tendre et vif. Comme mes mains ne savent plus quoi faire, elles se mettent à le déshabiller. Je suis un peu gênée, car je vois qu'elles sont maintenant clairement parties en vadrouille sans me demander la moindre permission, ce qui ne s'assaisonne pas trop bien avec mon désir de sublimation. Je m'arrête, car il ne reste maintenant plus aucun vêtement à enlever. Ses yeux brillent d'un feu noir… si noir… C'est comme si toutes mes péripéties, toutes mes déviations, n'étaient que des excuses pour arriver jusque-là… Il me dit : « Je pourrais rester comme ça avec toi pendant des jours, des mois même, s'il le faut. Je ne te déshabillerai que le jour où tu me le demanderas. »

– Mais comment s'est-il retrouvé nu ?

– Je vous l'ai dit ! Je l'ai déshabillé.

– Qu'est-ce que vous voyez alors ?

– Pardon ?

– Qu'est-ce que vous voyez ?

– Qu'est-ce que je vois ? Je ne comprends pas.

– Qu'est-ce que vous voyez dans cette scène ?

– Un désir assez inéluctable, appartenant à quelqu'un qui ne va pourtant pas me violer…

– En tout cas, pas tout de suite.

– Et surtout une énorme… joie ! J'ai beaucoup du mal à partir comme ça, mais… il faut… il faut que je parte, que j'arrive à, avant que, eh, je veux dire… sans que… oui, je pense que vous compreniez…

– Encore couper.

– Je ne voulais pas rentrer trop tard. J'avais oublié ma clé chez... bref, je ne voulais pas réveiller Vincent. Il m'a appelé un taxi. Il s'est rhabillé, et il m'a suivie jusqu'en bas de chez lui. Quelques minutes plus tard, il m'a envoyé un SMS en disant, « Vite avant que tu arrives, un dernier baiser », et un autre SMS, vite après, avec le message « et un autre, entre le nez et le menton... ». Je lui ai répondu que je lui envoyais des baisers sur toutes les parties que je n'avais pas encore effleurées, en me disant qu'il n'en restait pas beaucoup, effectivement... En rentrant à la maison, je sonne à la porte, mais Vincent n'est pas là. Je m'installe sur la grande chaise à côté de notre porte et j'attends. Il arrive quelques heures plus tard, l'air jovial. Pas de questions. Pas d'explications. Voilà, c'est tout ce que j'avais à dire.

– Très bien, à la prochaine fois alors.

L'interdiction

Je me sens plus euphorique que jamais. Il n'y a presque pas un jour qui passe sans que le philosophe et moi échangions des emails pleins de mots d'esprit et d'énigmes philosophiques. Les soirs, j'essaie de faire en sorte que mes dîners avec Vincent deviennent de plus en courts, car il supporte très mal ma joie. Un soir, je lui demande pourquoi. « Parce qu'elle ne vient pas de moi. – Tu n'as qu'à être gentil, et je serai aussi heureuse de ta présence ! Il n'y a rien de plus beau et désirable que la gentillesse. – T'es devenue croyante ou quoi ? – Non, je découvre enfin la beauté de la vie. En ce moment, tout me rend heureuse. Même toi ! » Il se lève de la table enragé et revient avec un nouveau cigare. Il essaie de me présenter quelques théories sur ma déconnexion d'avec le monde, mais je ne l'écoute pas. Je lui dis que je suis plus que jamais *dans* le monde. Il hoche la tête, et s'en va de nouveau. Je regarde notre petit chat, qui reste pensif sur son tapis bleu. Je le prends dans mes bras, je lui chante sa chanson préférée, je le prends par ses pattes avant, et j'essaie de le faire danser sur la table. Il a l'air moyennement amusé. Vincent rentre de nouveau dans la cuisine, se réinstalle calmement à sa place et rallume sa cigare.

– En fait, ton problème, ton VRAI problème, me dit-il froidement en marquant une pause avant de l'annoncer, c'est que tu ne sais pas faire la différence entre le sexe et l'amour.

– Qu'est-ce qui te fait croire ça ?

– Eh bien, je te connais comme si je t'avais faite. Comme tu ne sais pas faire la différence entre l'un et l'autre, eh bien... tu vas tomber dans le piège.

– Quel piège ?

– Le piège de tes illusions romantiques.

– Je ne vois pas de quoi tu parles...

– Eh bien, je vais te dire. Il faut que tu évites tout contact avec les philosophes, par exemple, en tout cas, tout contact physique.

– Ah bon ? Et les écrivains, ça te va ?

– Hum... Les écrivains non plus...

– Et les psychanalystes ?

– Ah non ! Ça va foutre encore plus la merde entre nous.

– Il faut que je prenne qui, un boulanger ?

– Pourquoi pas ?

Je ris et, pour une fois il rit à son tour, mais il se reprend :

– Non, je suis sérieux ! La pensée t'érotise… Je sais de quoi je parle. Il est hors de question que tu couches avec un philosophe.

– Mais ça ne va pas ? Est-ce que je te fais des interdictions pareilles ? Est-ce que je t'interdis de coucher avec quelqu'un en particulier ?

– Non…

– Cesse d'essayer de contrôler mon désir alors. Tu devrais te mettre à écrire le troisième testament, ou prendre une femme soumise. Ou les deux !

Cette fois-ci, c'est moi qui quitte la cuisine, mais je sors en riant, m'adressant au chat qui nous regarde toujours aussi attentivement depuis son tapis bleu : « N'écoute pas ce qu'il dit, le chat. Il ne dit que des bêtises. » Mais au fond de moi-même, je tremble d'inquiétude. Qu'est-ce qu'il sait ? Est-ce qu'il a fouillé dans mes carnets ? A-t-il vu la dédicace que le philosophe m'a faite sur un de ses livres ? Je sais que cela lui arrive de feuilleter mes bouquins parfois. Heureusement que j'ai lu beaucoup de philosophes contemporains ces derniers temps, qui m'ont fait des belles dédicaces également.

Je m'installe derrière mon bureau. Je caresse sa couverture en cuir rouge carmin aux fils dorés, son bois acajou, plein de petits trous. Le week-end prochain, Vincent hissera de nouveau les voiles. Je serai seule. Toute seule. J'y vais ou je n'y vais pas ? Pile, je lui écris. Face, je m'abstiens... Pile ! Je lui écris. Il me répond tout de suite : « Dans la cohorte des mails et le chaos des contraintes, soudain un signe de toi. Et la nuit s'éclaire. Je devais partir ce week-end, mais j'annule. » Je lui propose de cuisiner chez lui. J'amènerai tout ce qu'il faut. Il m'écrit qu'il est incapable de refuser une chose pareille. Il m'envoie des baisers impatients. Je lui dis que je dois passer chez une amie qui organise une soirée avant. Il me répond que je peux arriver à l'heure que je souhaite. Il m'attendra jusqu'à l'aube s'il le faut...

Passage à l'acte

Me voilà de nouveau sur le divan, en train de boire une tasse de thé fumé, accompagnée par le coucher de soleil et un pianiste qui joue *Impromptu in G flat majeur* de Schubert dans un appartement voisin. Mon psychanalyste prépare sa pipe et l'allume. Quelle odeur suave ! Je me sens envahie par un plaisir vaniteux. A-t-on le droit d'être si heureuse sur un divan ?

– Votre thé est délicieux. Cela ne doit pas être très orthodoxe de boire du thé sur un divan...

– Rien n'est orthodoxe dans ce qu'on fait ici, vous et moi, depuis quelque temps…

– Depuis quelque temps ?

– Je veux dire depuis toujours…

– Ah ! Et pourtant, je suis baptisée chez les orthodoxes. Vous n'auriez pas un peu de sucre ?

– Ah si, bien sûr… Tenez.

– Merci ! Je viens de passer un week-end assez merveilleux, si j'ose dire… Samedi soir, j'ai revu mon philosophe. Il avait laissé la porte de son appartement ouverte. Je suis entrée et j'ai posé les courses sur la table de la cuisine. J'ai apporté des poissons, des amandes, du persil, des citrons, une bouteille de meursault et mon livre sur la cuisine proustienne. J'allais cuisiner des truites aux amandes, qu'on retrouve dans *Le Temps retrouvé*. Il est sorti de l'une des pièces de son appartement, comme un taureau qui entre dans l'arène, ou disons plutôt comme un toréador, conduit par son plexus solaire. Il m'a pris tendrement dans ses bras me chuchotant « Mon ange » et il a commencé à m'embrasser passionnément. Comme je n'arrivais pas trop à me concentrer sur ce que j'avais à faire, je l'ai envoyé chercher *La Recherche* pour me lire son passage érotique préféré. J'ai sorti les poissons et j'ai commencé à les rincer, me disant que j'allais faire à la fois la maman et la putain.

– Pourquoi la putain ?

– Je ne sais pas pourquoi je viens de dire ça. En tout cas, il avait raison, l'infini prend beaucoup de place. Il fallait maintenant abolir l'infini.

– Le plus incroyable, c'est que vous y avez cru.

– Ha ! Ha ! Oui. J'allais d'abord cuisiner. Je n'avais jamais senti une envie si impérative de cuisiner pour un homme… Bref, il s'est mis à lire un passage très drôle de Proust. Mes mains étaient plus calmes et décidées que jamais. J'avais pour une fois vraiment l'impression de maîtriser la situation mais, au moment où j'ai commencé à couper les têtes des poissons, comme je n'aime pas manger quelque chose qui me regarde, il s'est arrêté dans sa lecture, et il s'est mis à suivre chaque petit geste. J'ai essayé de le faire d'une manière rapide et élégante, si rapide qu'au moment où j'ai fait glisser les têtes dans la poubelle j'ai découvert à ma grande surprise un caleçon d'homme dans ses tréfonds. C'était trop tard pour faire marche arrière. Les têtes de poisson gisaient maintenant dans son bac à linge. Il avait suivi chaque geste sans dire mot. J'ai fait semblant de n'avoir rien remarqué, et je me suis précipitée vers les poissons, pour qu'ils ne brûlent pas dans leur poêle. Quel acte manqué ! N'est-ce pas ? Je venais donc de mélanger le sale avec le propre. La poubelle de la cuisine devait être le petit bac à côté. Je n'arrivais pas à penser à autre chose. Je me suis dit que tout était foutu, à partir de maintenant, j'allais enchaîner des gaffes en série, et redevenir ce que j'ai toujours été, une femme clown. Nous nous sommes installés à table. Il a mangé les poissons avec un grand appétit, ensuite nous sommes très vite passés de la table au sofa, du sofa au lit, et… Je peux prendre une cigarette ?

– Pourquoi ce désir de satisfaction orale tout à coup ?

– Vous m'avez permis d'amener mon thé sur le divan, je pensais qu'une cigarette ne changerait pas grand-chose. Vous fumez une pipe, donc...

– Restons comme ça, pour l'instant.

– D'accord... Où en étais-je ?.... Ah ! Dans le lit. Nous nous sommes amusés un bon moment, sans que... sans... passer tout de suite à... l'acte final.

– Qu'est-ce que vous appelez l'acte final ?

– Ha ! Ha ! Sans... Je n'arrive pas... Sans... Écoutez, vous comprenez bien ce que je veux dire, non ?

– Pas sûr...

– Je parle de la... pé-né-tra-tion !

– Pourquoi avez-vous du mal à dire ce mot ?

– Parce que j'ai du mal à prononcer ce genre de choses oralement...

– Vous préférez le prononcer comment ?

– Bref... En tout cas, je franchis la porte...

– Quelle porte ?

– Oh ! Je suis nulle !

– Pourquoi ?

– Je suis désolée... Je ne sais pas ce qui me prend. Il faut que je revienne un peu en arrière. Ah oui ! Revenons au sofa. Avant de passer à l'acte, il m'a cité le passage où Marcel, enfant, après avoir attendu des heures que sa mère monte lui dire bonne nuit, regrette finalement qu'elle soit enfin montée dans sa chambre, je ne me rappelle plus la phrase exacte, mais c'était quelque chose dans le genre « J'aurais pu être heureux, mais je ne le suis plus, mes désirs sont exaucés »... J'aurais dû m'arrêter sur cette phrase. J'aurais dû suspendre notre bonheur, là entre le pas encore et le trop tard, mais non, je l'ai laissé me déshabiller dans le sofa, qui me faisait penser au sofa de Crébillon, combien de choses a-t-il vues ? Ensuite, il m'a soulevé et il s'est dirigé avec moi vers sa chambre, me portant dans ses bras. J'ai essayé de m'accrocher à Heidegger quand nous sommes passés devant sa bibliothèque, mais je n'ai pas réussi. Une fois dans sa chambre il flottait sur les nuages du lit, comme un Dieu sorti d'une fresque de Michel-Ange. Comme c'est enivrant de retrouver sa chair, son odeur, ses yeux, sa langue, et cette fois-ci, je la découvre vraiment. Nous nous jetons dans un tourbillon de bonheur inouï...

– Oui ?

– Après, je pars rejoindre le fameux sofa, enveloppée d'une écharpe noire qui se reposait sur une chaise. Nous fumons une cigarette et je m'endors dans ses bras. Mais avant de s'endormir également, il met une éternité à ajuster l'écharpe sur mon corps. Je crois que je n'ai jamais rencontré une telle tendresse chez un homme. Je me réveille en pleine nuit. Je regarde son visage serein, illuminé par la lune. Comment peut-on dormir à côté d'une beauté pareille ? C'est presque un sacrilège. Je le réveille et je lui dis que je dois partir. Il me commande un taxi, il se rhabille, descend avec moi, il m'ouvre la porte de la voiture, et il reste dans la rue à me regarder jusqu'à ce que je sorte de son orbite.

– Pourquoi vous partez ?

– Je ne sais pas. Mais avant de partir, je lui dis : « Ce qui s'est produit entre nous restera notre jardin secret. Notre jardin à nous. » Il me répond : « Bien sûr... bien sûr... » Et ferme ses yeux... par tristesse ou fatigue ? Les jours passent. Aucun mot de sa part... Je me sens envahie par un gigantesque spleen, car je me dis que j'aurais dû attendre... et ne pas rompre le pacte avec moi-même. Peut-être est-il aussi déçu que Marcel dans *La Recherche*, ou est-ce moi qui suis déçue ? Je ne sais pas... Un jour passe, ensuite deux, trois, quatre, cinq. Une semaine plus tard, il m'envoie un SMS qui contient juste mon nom, suivi par un point d'interrogation. Je lui réponds, et on décide de se revoir, car ainsi, je me dis que nous pourrions enfin passer à autre chose.

– Comme s'il fallait que ça commence pour que ça finisse ?

– Ou que ça finisse pour que ça puisse recommencer, dans une autre vie... je n'avais pas vraiment envie de finir quoi que ce soit... En fait, je ne sais pas...

– Très bien, on va s'arrêter là.

Dîner sadien

Ce soir, je vais retrouver mon amant. Mon philosophe. Mon hors-champ. Mon ange. Mon plus beau passe-temps. Je suis plus heureuse que jamais, lorsque je prépare mes coquelets farcis. Je coupe les légumes, les carottes, les champignons, les oignons, le céleri, les bouts de pain. Je les coupe en petits dés, si petits, qu'on dirait les bouts de verre colorés d'un kaléidoscope brisé. Je les cuis séparément, pour préserver le goût de chaque sorte de légumes. Je caresse les corps des coquelets avec du beurre. Ils ont l'air si heureux, avec leurs pattes en l'air. Peut-on être à la fois heureux et décapité ? Je pense à l'image terrible de Gustave Doré avec l'homme qui porte sa tête sous le bras, dans l'*Enfer* de Dante, je pense aussi à mon écrivain, l'autre jour, lorsqu'on a fait l'amour, j'étais sans entraves, sans peurs, comme si je galopais sur un cheval fou dans la nuit. Avec mon philosophe c'est différent, j'ai l'impression de gravir une montagne qui monte et qui descend.

C'est comme si chaque amant m'amenait à une nouvelle demeure en moi. Combien de demeures vais-je trouver dans mon château intérieur ? Je remplis minutieusement les coquelets des petits dés de légumes. J'attache leurs ailes et leurs cuisses avec des ficelles, et je les introduis dans le four. Vincent traverse la cuisine. Il s'arrête, me regarde étonné, m'embrasse sur le cou et me dit qu'il a un dîner ce soir. Il espère que je n'ai pas oublié. Ah non, pas du tout ! Moi aussi j'ai un dîner. Ici à la maison ? Ah non. Ailleurs. Je vais emporter le plat avec moi. Ah bon, d'accord. À plus tard. À plus tard. Il sort. Je cours vers la douche car il est tard. Je me rase, je me lave, j'enduis mon corps de crème et je me parfume de mon dernier parfum, aux notes de cèdre, caramel, poudre à canon et orchidée. Si on ne veut pas confondre ses amants, il ne faut pas confondre ses parfums.

Je glisse dans mon corset baroque que j'avais porté lors de la cérémonie de Jean de Berg, mes bas, mes jarretières, mon costume de cavalière, mes bottes, je sèche mes cheveux, je les boucle un peu, ensuite je les démêle pour leur donner un aspect un peu plus sauvage. *Dring !* Les coquelets sont prêts. J'appelle un taxi, je couvre et j'enveloppe le plat dans deux torchons de cuisine. Je le mets dans un grand sac et je descends tranquillement vers le taxi.

Quel bonheur de retrouver ses yeux, sa bouche, son bel esprit. Il rit lorsqu'il voit les coquelets, car il trouve ces petits corps attachés très sexy. Je lui raconte que c'est un plat décrit par Sade, dans *Justine et les Malheurs de la vertu*. Il me dit qu'il voit Juliette et Justine, le vice et la vertu, comme les facettes d'une seule et unique femme. Je lui demande s'il préfère Justine ou Juliette. Il préfère Juliette, car c'est une grande vicieuse qui sort glorieuse. Il me parle de la religiosité de Sade, me disant que Sade ne pouvait pas tuer Dieu. Il en avait besoin pour pouvoir jouir. Je ris. Je lui parle de mon amour pour l'errance. Il me parle d'un de ses romans préférés, *Le Neveu de Rameau*. Qu'il fasse beau, qu'il fasse laid. Le bouffon et le philosophe, sont-ils un seul et même personnage ? Je lui parle d'un de mes philosophes préférés,

Uranus. Il le connaît. Il sort un de ses livres, sur la mort des philosophes. Il me montre un passage à la fin, où Uranus écrit sur sa propre mort. Il finira tué par un ours ! Nous rions. Je lui parle de mon dernier salon que j'ai fait sur l'objet manquant. Quel aurait été son objet manquant ? Il rit et dit, son sexe.

Nous évoquons la relation du philosophe à son corps, le cerveau dénudé, est-ce qu'il arrive à mettre son cerveau à nu ? Pas souvent. Comment le dénuder ? Il me dit que je devrais faire un salon sur les extraterrestres. Leur demander à chacun d'amener leur ailleurs. En ce cas-là, je l'amènerais lui, je lui dis, car c'est *lui* mon véritable ailleurs. Il propose de me montrer le début de *Gravity*. Nous nous installons dans le sofa. Mais juste avant, je vais jeter les restes du dîner. Cette fois-ci, je demande dans quelle poubelle. Il me désigne celle à droite. C'est la même que la dernière fois. A-t-il changé sa position pour éviter de nouveaux dégâts, ou pour ne pas me mettre mal à l'aise ?

Dans le sofa, il me prend dans ses bras. Le film commence. Sandra Bullock et George Clooney flottent comme deux bonshommes Michelin autour d'un vaisseau spatial pour réparer quelque chose qui s'est cassé. Ils sont tranquilles, en train de faire leur boulot de tous les jours, quand, tout à coup, quelque chose foire, Sandra commence à tourbillonner de plus en plus vite autour du vaisseau, elle se raccroche, mais la corde de Clooney se brise et il disparaît dans l'espace. Elle est maintenant obligée de descendre toute seule sur la terre, dans un vaisseau complètement détruit. Va-t-elle y arriver ? Il arrête le film en me disant : « Tu verras le reste une autre fois, d'accord ? » et il se jette sur moi. Il adore mon corset. Je me mets débout pour l'enlever d'une manière un peu plus théâtrale, mais je trébuche et tombe sur mes fesses. Il rit et prend ma main, mais lorsque je remonte, je cogne ma tête à son menton. Gaston Lagaffe revient. Je passe à son membre infini pour lequel il me faudrait plusieurs bouches.

Je lui dis que j'ai envie de voyager dans *son* espace. Je lui demande s'il s'est jamais fait hypnotiser. Oui, mais cela n'a jamais marché. Il préfère « les profondeurs de la peau » et commence à me caresser. Je lui demande de me laisser essayer. Il s'allonge sur le dos, avec son sexe brandi en l'air. « Imagine que tu es dans une maison, je te tiens par le sexe, eh, je veux dire la main, j'ouvre une porte, qu'est-ce que tu vois ? – Je me vois dans un sofa, avec toi, comme maintenant. Là, j'ai tout ce qu'il me faut, tu sais. Pas besoin d'imaginer. » Il me caresse les hanches. « Ah non… Joue le jeu ! – Eh bien, je t'allonge sur un lit, je te prends dans ma bouche et je te donne des plaisirs infinis… – Et après ? – Tu me prends dans ta bouche… Tu me bois, je te bois. – Et après ? – Après je te prends par-derrière en te récitant Pouchkine. » Nous nous tordons de rire. « Et après ? – Uranus entre sur la scène et se fait manger par un ours. » Je n'arrive pas à me rappeler la dernière fois où j'aurais autant ri avec un homme. Nous nous lançons dans un voyage interstellaire qui me ramène brusquement sur terre. Je reste les yeux dans le ciel, comme un coquelet, les cuisses en l'air.

Nous parlons maintenant de tout ce qui nous passe par la tête, comme si on était sur deux divans croisés, il me raconte plein de choses intimes, ses regrets, ses pertes. Puis, il change de registre et se met à me réciter Pouchkine en russe. Ah non ! On a oublié de le faire. « Eh bien, oui ! Il nous reste beaucoup de choses à faire », me dit-il tendrement. Tout à coup il s'exclame : « Quel bonheur tu m'apportes ! » Le moment est venu pour ponctuer. Il faut que je rentre chez moi, car demain matin j'ai mon cours à la fac avec mes nouveaux étudiants qui m'attendent. Avant de partir il me lit un passage de Racine sur l'amour interdit. Je ne me souviens plus des détails, car je suis trop envoûtée par les mouvements de ses lèvres. J'ai tant de choses que j'aimerais lui dire, lorsqu'il attend le taxi avec moi, mais je me tais… il m'embrasse fiévreusement, je rentre chez moi… Sur le chemin, je me dis : *Je ne suis pas en train de tomber amoureuse d'un homme, je ne suis pas en train de tomber amoureuse d'un homme, mais de la vie elle-même…*

La confusion des sentiments

Quand il pleut à Paris, il faut sillonner les musées. Je retrouve Eugène, mon critique d'art redouté, vêtu d'un manteau beige, appuyé contre une colonne de la Pinacothèque. Cette fois-ci, on va voir l'exposition sur Klimt et son temps. Il m'enlève une boucle de cheveux qui est tombée sur mon front, m'enveloppe dans un châle de compliments, et me tend son bras. Je me sens toujours à l'abri des intempéries avec Eugène. C'est un homme parapluie.

Nous commençons à arpenter l'exposition. Eugène se moque de tout ce qui l'entoure. Les salles sont, par rapport aux merveilles qu'elles abritent, trop petites à son goût : « On se croirait à la Fnac. » Les sexes masculins sur les études de nus académiques censés être réalistes : « On dirait des zizis d'enfants. » Quant à la reconstruction de la *Frise Beethoven,* reconstituée à l'échelle de celle de la Wiener Secession : « Une Disneyfication du monde de l'art. »

Nous voilà face à la fameuse *Judith et la tête d'Holopherne*. Cette fois-ci, pas de reproduction. C'est vraiment elle. Judith. Les cheveux noir corbeau, vêtue d'une robe chatoyante de lumière qui laisse apparaître un sein somptueux, dur comme un écusson, mais vibrant de vie. Elle nous regarde les yeux mi-clos, enivrés par les triomphes de son désir. La voilà enfin, la femme fatale ! Nous sommes très loin de la femme fragile, préraphaélite, qui passe son temps à renifler des fleurs. Judith est là, débout et fière de son acte. Dans sa main gauche, elle tient la tête d'Holopherne, coupée une deuxième fois par l'artiste lorsqu'il l'a placée dans le coin droit du tableau, de manière qu'on voie une seule partie de son visage.

– Elle est sublime, non ? Je m'exclame.

– Elle a plutôt l'air d'une véritable connasse...

– Comment ça ?

– Tu as vu le dédain dans ses yeux ? Pauvre Holopherne... on dirait un chien battu.

– Je trouve quand même qu'il y a beaucoup de sensualité dans le tableau. Regarde sa main. La façon dont elle l'a posée sur la tête d'Holopherne. On dirait qu'elle est en train de lui faire un shampoing.

– C'est ça... avec son sang ! renâcle-t-il.

– Bon, je n'ai pas envie de m'engueuler avec toi. J'adore ce tableau. Point ! *Basta !*

– D'accord... Tu peux juste me dire pourquoi ?

– Je ne sais pas... mais le tableau me parle !

– Et qu'est-ce qu'il te dit ?

– Bon ! Si tu insistes... Il me dit que certains hommes méritent de recevoir un shampoing avec leur propre sang.

Je lui offre joyeusement mon bras, et je l'invite à prendre un thé dans le café à côté. Il se laisse emporter sans aucun autre commentaire. Qu'est-ce qu'il peut faire froid en février ! J'ai envie de danser ! J'ai envie de me laisser emporter par le valse numéro 2 de Chostakovitch.

*

Je viens d'avoir une discussion assez inquiétante avec Méphistophéline. Elle me raconte d'abord une séance psychomagique qu'elle vient de faire avec un groupe de femmes battues qu'elle a transformées en maîtresses SM, après les avoir confrontées à différents supplices corporels.

– Enfants, nous sommes tous des masochistes, des sadiques, des cannibales même. Mais lorsqu'on grandit, nos pulsions enfantines se transforment en nœuds qu'il faut défaire, car c'est dans le corps que tout se sédimente d'abord.

– Et c'est pour ça que tu confrontes les gens à leurs peurs ?

– Oui ! Tu as tout compris. Et maintenant ton tour est venu. J'ai enfin trouvé ta tâche.

– Ah bon ? C'est quoi ?

– Je voudrais qu'on fasse un rite autour de toi. Mais il va falloir un témoin. Quelqu'un à qui je pourrai t'offrir, une fois que j'aurai dénoué tous tes nœuds à toi.

– Je ne sais pas à qui je pourrais demander une chose pareille…

– Réfléchis bien, et tu me diras.

– Mon mari ?

– Ah non, ma chérie, il faut que tu gardes ton jardin secret… Tu n'as pas quelqu'un d'autre en tête ?

– Eh bien, j'ai deux… amants.

– La plupart des femmes n'osent même pas en avoir un. Toi t'en as deux ! Je suis fière de toi ! Qu'est-ce qu'ils font dans la vie ?

– L'un est écrivain, et l'autre est philosophe.

– Hum… L'écrivain, c'est trop risqué. Il pourrait décrire l'action dans un de ses romans, et c'est à toi de le faire, tandis que le philosophe, il faudrait qu'il arrive à prendre ça avec philosophie, et cela ne va pas être évident. Je pense qu'il faut que tu amènes ton philosophe…

– D'accord ! Je l'appelle ou je lui écris ?

– Tu lui envoies un SMS, tu lui dis que tu as besoin de lui, pour une tâche importante que tu dois réaliser. Tu ne lui dis pas de quoi il s'agit. Tu lui demandes juste de te dire quel soir il sera disponible… Il faut que tu restes dans le mystère…

Mon philosophe me répond dans la seconde : « Mais quelle tâche, mon ange ? Figure-toi que je ne suis pas là cette semaine. Je rentre dimanche prochain. La tâche peut-elle s'accomplir sans moi ? » « Bien sûr ! », je lui écris. « Mais tu es mon candidat n° 1. » Il me répond qu'il se sent flatté et qu'il est à moi, dès son retour. On fixe la date, lundi prochain, l'heure et le lieu du rendez-vous.

Je passe la semaine dans un état de jouissance hors bornes. J'imagine plein de scénarios différents, les uns plus avancés que d'autres. La nuit, je me lève brusquement, toute transpirante, le cœur battant. Heureusement que nous faisons toujours chambre à part.

L'enlèvement

Ma vie est devenue un cortège de chimères. Suis-je en train de vivre ou de fantasmer ? Quand je regarde la lune, les soirs, à travers la fenêtre depuis mon divan, j'ai l'impression de ne l'avoir jamais quitté, et que mes aventures n'ont été que les rêveries d'une femme pétrifiée par ses rêves. D'autres fois, lorsque je reviens de mes évasions nocturnes, pour méditer sur la lune, j'ai l'impression d'avoir étiré le temps, de l'avoir subdivisé dans une myriade de vies et d'amours possibles et impossibles. Que tout est vrai, tout est présent, côte à côte, dans un cloisonnement inébranlable. Je me caresse avec mon éventail aux plumes de paon, et je pense à ce qui a pu féconder en moi les semences de cette femme multiple.

J'ai l'impression d'avoir un gigantesque œil au-dessus de ma tête. J'ai envie de l'engloutir. Qu'il arrête de me punir. Mais non. Il ne me punit pas. Il est toujours là, comme l'œil montgolfière d'Odilon Redon. Parfois, il se multiplie dans un éventail d'yeux, comme ce soir. Certains rient. Certains restent fermés. Certains pleurent.

Dans une heure, je vais retrouver mon philosophe pour l'entraîner dans les dédales de mes désirs. Méphistophéline m'a demandé de porter des dessous que je pouvais sacrifier. Je fouille dans mes caisses de lingerie. Je choisis un bustier noir, transparent, que j'avais acheté pour un week-end en amoureux avec Vincent. Nous avions passé la nuit entière à nous disputer, je ne sais plus pourquoi, je sais juste que le personnel de l'hôtel nous avait appelés et demandé de nous taire. Je ne l'ai jamais mis depuis. Si, une fois, dans un voyage en Sicile, où nous avons passé une de nos plus belles nuits ensemble. Je vais le détruire à jamais. Je me faufile dans le bustier, la culotte qui l'accompagne, je m'habille de ma seule robe de luxe en crêpe de soie noire, la seule robe de luxe que je ne me suis jamais achetée. Elle ressemble à une robe de Madame Grès, drapée, avec une petite pèlerine sur les épaules, qui s'ouvre et glisse en arrière dès que je bouge mes bras, et j'entre dans mes nouvelles chaussures noires de velours.

Je sens une présence derrière moi. Je me retourne vite en me disant que je me suis trompée de jour et que Vincent est rentré de son voyage. Ah non, c'est le chat, qui m'étudie avec un regard suspicieux. J'essaie de le prendre par les pattes avant pour valser avec lui, mais il me griffe et s'en va. Quelques minutes plus tard, il revient et me fait signe de le suivre. Il m'emmène jusqu'à la chambre d'ami. Ah, il veut que je lui ouvre la fenêtre, pour monter sur le toit.

À quel moment est-ce qu'on a commencé à s'éloigner l'un de l'autre ? Ce doit être le jour où, encore bébé, je l'avais emmené pour voir une exposition que j'étais en train de monter, sur le thème de la mère. Comme notre chat a perdu sa mère très tôt et qu'il adorait se cacher, je me suis dit qu'il pouvait jouer avec les emballages des œuvres dans l'exposition, mais j'avais oublié qu'il n'aimait pas les déplacements. Dans le taxi, il a fait ses besoins dans sa cage de transport. Paniqué, il s'est mis à se rouler dans ses propres excréments. Je me suis arrêtée sur le chemin, pour le laver dans les toilettes d'un restaurant. Le pauvre, il a été si traumatisé qu'il a passé tout le temps de l'accrochage sous le canapé.

*

Mon philosophe m'attend dans le bar assis dans un fauteuil. Il se dresse, m'embrasse et me complimente sur ma tenue. Je fais pareil, car il est vêtu d'un costume noir très distingué et son beau visage pâle est plus touchant que jamais. Nous commandons deux cocktails. Lorsque j'ai repris mon souffle, il me dit d'une manière très solennelle : « J'ai décidé de partir à Sils-Maria pour passer quelque temps dans l'hôtel Waldhaus. As-tu envie de venir avec moi ? » J'ai du mal à cacher ma joie, mais je dis : « Pourquoi pas ? On verra… » Le temps est venu de lui raconter le concept de mon roman en détail, l'abandon de mon libre arbitre, mes muses, mon désir d'organiser une errance structurée. Il m'écoute, troublé. Soudain, il se penche vers moi, et me pose une question qui me laisse complètement perplexe :

– À quoi essaies-tu d'échapper en fait ?

– Je ne sais pas… L'important n'est pas ce que l'on fuit, mais ce que l'on cherche.

On sort dans la rue pour fumer, on s'embrasse, on revient, on prend un dernier verre, on rit, je fais mes ongles. Ensuite, je lui dis :

– Il est l'heure… Tu te sens prêt ? Tu peux toujours reculer, si tu veux.

– Je ne sais pas ce qui nous attend, mais je veux être là pour te protéger…

– Tu pourras reculer, à n'importe quel instant, même plus tard, tu sais ?

– Oui, je sais… mais quand je m'engage, j'y vais.

– C'est bien, tu es très courageux. Le chauffeur nous attend dehors…

– Le chauffeur ?

Dans la voiture on se dit à peine quelques mots. Je pense à *Histoire d'O*. Cette fois-ci, ce n'est pas un homme qui enlève une femme, mais l'inverse. Je contemple le crépuscule des dieux qui trempent leur éventail noir dans le sang de l'horizon, les cimes des arbres, ses mains blanches, posées sur ses genoux, ses yeux noirs, fixés sur les feux de la voiture qui percent la nuit, je sens mon sexe murmurer son chant de sirène affamée. Méphistophéline nous attend les bras ouverts, comme une soprano dans l'acmé de son acte. Son regard a la fixité d'une visionnaire. Elle nous invite à nous installer autour d'une petite table. Mon philosophe prend ma main et la tient fermement sous la table. Il a l'air tendu, glacé même, par l'orgueil érotique d'un homme qui n'a pas l'habitude de lâcher les rênes n'importe comment. Je me demande si c'est une bonne idée de l'avoir amené ici. Méphistophéline sort langoureusement de la pièce pour chercher quelque chose, dans sa robe de satin noir qui bouge mollement autour de ses courbes. Je me penche vite vers lui, et je lui chuchote : « Si tu veux partir, on part. Nous inventerons quelque chose. C'est toi qui es en contrôle, d'accord ? Non. Tout va bien. Je suis avec toi. Ne t'inquiète pas. »

Nous voilà dans la cave. C'est étrange. J'ai l'impression que Madame X m'a complètement désertée. Je sens une légère angoisse monter en moi. Je n'aurais jamais dû réunir ces deux mondes. C'est comme si je voyais la cave pour la première fois, la cheminée, les canapés noirs, les fouets et les miroirs. Suis-je vraiment passée par là ? Est-ce que c'était vraiment moi ? Mon philosophe s'installe dans le canapé. Je reste debout, et je me mets à caresser les rubans rouges attachés aux anneaux de fer scellés dans la voûte.

– T'es très tendue ce soir, ma chérie... Déshabille-toi ! m'ordonne Méphistophéline.

Comme si ça pouvait me mettre plus à l'aise. Heureusement que ma robe est très fugace. Il suffit de la détacher par un petit fermoir dans le dos pour qu'elle se dissolve comme un trait d'encre dans l'eau. Me voilà dans mon bustier d'illusions perdues. Je bois leurs louanges et je ferme les yeux. Ma mandragore prend mes cheveux et me retourne vers elle, comme dans un pas de danse. Je ne tombe pas, heureusement, car je ne m'attendais pas à son mouvement, ensuite elle prend mes mains, elle les réunit, comme dans une prière imposée, et commence à tisser un ruban autour, les amène vers le ciel et les attache à l'un des anneaux du plafond. Au moins, comme ça, je ne risque pas de tomber. Elle caresse doucement mes fesses. Si au moins je pouvais voir mon philosophe dans un miroir, mais c'est impossible depuis cette position. Je sens une lame froide s'introduire entre la peau de mon dos et le tissu qui le couvre. Ce sont des ciseaux. Elle me chuchote dans l'oreille : « T'es sûre ? – Oui, bien sûr… vas-y. »

Me voilà entièrement nue, maintenant. Elle me retourne vers lui. Je tremble de partout. Heureusement qu'il y a la cheminée derrière qui échauffe mon sang. J'ose à peine regarder mon philosophe, ni Méphistophéline. Je les entends parler, mais je ne comprends plus ce qu'ils disent. Mon philosophe s'approche de moi, il prend mon visage entre ses mains, il le rapproche du sien, et il me dit tout bas, avec un grand sérieux : « Tu es si belle… Ce qui te rend encore plus belle et touchante, c'est que tu sembles être si inconsciente de ta beauté… » Méphistophéline me retourne maintenant vers elle, continue à m'attacher, et lui demande son aide. Il obéit, mais il lui demande de ne pas me faire mal. Méphistophéline rit et lui demande d'arrêter de s'inquiéter autant. Je commence à me liquéfier par leurs caresses multipliées. Me voilà enfin au point où l'arbre de vie rejoint le ciel, le point où l'art et la vie se touchent enfin…

Mon psychanalyste tousse.

– Tout va bien ?

– Oui, oui. Continuez… Je pense que j'ai avalé quelque chose à travers…

– Mais vous êtes en train de manger ?

– Non… c'était juste des cacahuètes.

– Ah… d'accord… Je ne sais plus où j'en étais…

– Vous parliez de l'arbre de vie…

– Ah, oui, c'est ça. Elle veut maintenant changer de tableau. Elle fait un lasso d'une des cordes et demande à mon philosophe d'introduire son torse dedans, et de laisser sa tête tomber doucement en arrière. « C'est pour ouvrir ton thorax, la partie du corps la plus enfermée », dit-elle, comme un coach sportif. Il se laisse aller, tout en restant habillé. Il est si beau, on dirait un ange qui gravite vers le ciel… Je le regarde depuis le sofa, vêtue d'un kimono blanc aux fleurs de cerisier. Je m'aère d'un éventail de plumes de paon. Mon philosophe se libère, se met à mes pieds et commence à me caresser. Méphistophéline nous regarde un instant et nous propose de passer à la lecture. Elle m'avait demandé d'apporter un livre érotique. Comme j'avais du mal à choisir, j'ai emmené une dizaine de classiques érotiques. Mon philosophe choisit un passage qu'il lit avec un tel pathos et une telle raillerie que Méphistophéline et moi nous nous roulons par terre de rire. Entre-temps, je m'occupe de son sexe, ce qui ajoute des dimensions encore plus rocambolesques à sa lecture. Méphistophéline sort de la pièce furtivement en me jetant un regard espiègle qui semble vouloir dire : « Je vous laisse continuer sans moi », mais elle revient aussi vite. Elle se met à tisser une balançoire à partir de toutes les cordes qui pendouillent du plafond. Elle monte dedans et commence à se lancer en air, telle une Valkyrie, jetant sa tête en arrière, avec ses longues jambes blanches pointues vers le ciel. Elle demande à mon philosophe de se dresser face à elle. Il obéit. Elle effleure chaque fois sa poitrine avec le bout de son pied... Ensuite, elle sort gracieusement de sa posture aérienne et avance vers lui telle une guerrière d'outre temps. Dans sa main, elle tient un fouet. Je n'en crois pas mes yeux. Elle va le fouetter ! Elle l'a déjà retourné vers la porte capitonnée. Je sors de mon engourdissement, je me faufile entre eux et je le prends dans mes bras : « Non ! Ne lui fais rien, s'il te plaît, c'est mon ange gardien. » Elle baisse son bras. Mon philosophe se retourne vers moi, soulagé, il ferme ses yeux, prend ma main, l'amène vers ses lèvres, l'embrasse tendrement et me dit : « Non, c'est toi, mon ange gardien... » Ensuite, on part, car il se fait tard... et le chemin du retour est long.

– Est-ce qu'il vous arrive d'avoir des moments où vous vous sentez rassurée ?

– Non, pas tellement... Ma vie n'est qu'un vaste jeu. J'aime tellement jouer avec le feu... Mais cette fois-ci, je ne sais pas... j'ai l'impression d'avoir été trop loin.

– Pourquoi ?

– Parce que je l'ai amené dans un lieu assez inquiétant. Il y avait quelque chose dans cette arène… qui sentait le sang… quelque chose a été sacrifié, mais quoi ?

– Que s'est-il passé depuis, entre vous et votre philosophe ?

– Les jours suivants, les choses se sont encore plus érotisées entre nous. On s'est envoyé des lettres très charnelles. Un jour, il m'écrit qu'il voudrait me donner une tâche. Seules les femmes me donnent des tâches ! Mais je me suis dit que je pouvais faire une exception à la règle.

– C'était quoi, la tâche ?

– Il voulait que je vienne chez lui, à 10 heures du matin, toute nue, sous mon manteau…

– Comme sur le bord de la Seine ?

– Oui, sauf qu'ici c'était plutôt sur le bord de son lit qu'il voulait me voir…

– C'est une scène intéressante…

– Mais il a annulé le matin même et, quelques jours plus tard, il m'a écrit une lettre me disant : « Hier, ma vie a un peu changé, je ne sais pas quoi te dire… mais j'ai envie de te revoir. » Et là, j'ai compris que c'était fini. Nous nous sommes revus au même endroit où nous avions déjeuné la première fois. Il m'a dit qu'il voyait quelqu'un depuis quelques années, de temps en temps. L'autre jour, il s'est rendu compte que cette femme est devenue la seule chose constante dans sa vie et qu'il avait envie de donner une chance à cette histoire.

– Un Don Juan ne se repent jamais.

– Je ne crois pas que ce soit un Don Juan… Je lui ai dit que je le comprenais parfaitement et que j'admirais son courage, car je sais à quel point c'est dur de choisir, parfois...

– Comment vous interprétez son attitude ?

– Je ne sais pas, je ne suis pas dans sa tête. J'essaie de l'oublier, mais c'est difficile, car cette fin reste un peu énigmatique, après tout.

– Vous croyez à l'histoire qu'il vous a racontée ?

– Laquelle ?

– Qu'il y aurait cette fille ?

– Pourquoi je n'y croirais pas ?

– Je ne sais pas... On ne change pas de vie si vite que ça, du jour au lendemain...

– Il m'a en quelque sorte redonné confiance dans les hommes. Il a osé choisir une femme parmi toutes les femmes... Je ne sais plus qui a dit qu'un homme qui aime beaucoup de femmes n'en aime finalement aucune.

– Qu'est-ce que vous avez ressenti après ?

– Eh bien, sur le moment, j'étais assez choquée, un peu triste même, mais je n'ai pas voulu le lui montrer, pour ne pas le culpabiliser. Cela a semblé l'étonner un peu, car il m'a demandé pourquoi j'acceptais si vite la situation. Que pouvais-je faire d'autre ? L'implorer de rester mon amant jusqu'à la fin de mes jours ? Eh bien, il m'a suggéré de faire un *checkpoint*, dans quelque temps, pour voir comment les choses auront évolué de chaque côté.

– Il y a un goût d'inachevé, dans cette histoire... comme s'il voulait arrêter les choses pour pouvoir les reprendre là où vous les avez laissées.

– Non. C'est un samouraï. Pour diminuer la douleur lorsqu'on coupe, il faut couper vite et brusquement, sinon on lie les gens à soi par des faux espoirs... Je suis un peu pareil, quand je coupe, je coupe définitivement.

– Vous vous écrivez encore ?

– Mais je viens de vous le dire ! C'est fini... Une chose est certaine. Quelque chose s'est passé dans cette cave, que je n'ai pas vu. De quoi les gens ont-ils peur lorsqu'ils prennent peur ?

– Ils peuvent avoir aperçu quelque chose d'eux-mêmes.

– Mais quoi ?

– Combien de contradictions n'y a-t-il pas dans tout ça ! Vous ne maîtrisez pas tout. Le plus important vous échappe, comme pour lui, peut-être. Tout le monde n'a pas la même capacité que vous de se lancer dans des jeux dangereux... et d'y trouver la juste distance. Les hommes peuvent être angoissés par le désir féminin. C'est peut-être le dédoublement qu'il n'a pas supporté, le regard d'un tiers...

– Mais les hommes aiment ça, non ? Ce n'est sans doute pas la première fois que cela lui arrive.

– Oui, oui, mais l'expérience n'enlève rien à la peur.

– Il va falloir que j'accepte cette fin, car elle simplifie beaucoup ma vie.

– Ce n'est peut-être pas complètement fini. Pour revenir au roman, c'est quand même un personnage assez important dans votre histoire... C'est le premier homme qui vous a donné une mission. Le premier Y qui a donné une mission à Madame X, et c'est la première fois que Madame X donne une mission à un homme également. Ce serait dommage d'en rester là. Du point de vue du roman.

– Maintenant je suis face à un nouveau choix. Vais-je entreprendre mon voyage de retour ou vais-je continuer à errer ?

– Bon ! Arrêtons-nous là, pour l'instant.

Retour à la case départ

Les jours passent maintenant avec une rapidité inégalable. Je remplis mon temps avec mes cours, mes écrits, ma loge franc-maçonne et mes muses. Oméga me dit un jour, lors d'une de mes visites habituelles chez elle :

– Ton histoire est très belle, mais elle est d'une certaine manière impossible…

– Pourquoi ?

– Parce que Madame X ne s'arrête devant rien. Elle a un idéal frankensteinien qui dépasse son être. Tant mieux, mais si elle construit ce corps fantasmatique avec ses propres entrailles, les choses peuvent s'effondrer. Le projet de Madame X est impossible, car elle n'est pas prête à abandonner quoi que ce soit, et quand tu fais une vraie psychanalyse, tu sais que tu vas perdre.

– Et si je te dis que j'ai perdu ? Que j'ai perdu quelqu'un de très cher dans cette histoire ?

– Tant mieux ! Essaie de voir ce qui se passe lorsque tu te cognes à cet impossible.

Mais je n'ai pas envie de me cogner à l'impossible. Le soir même, j'accompagne Le Renard Pâle, un nouvel ami qui dirige une revue littéraire très pointue, à une soirée de philosophes, où je rencontre Shoshana, une jeune philosophe tendre et sympathique dotée d'une grande sagesse, on dirait une mystique, qui est en train de faire un doctorat en esthétique sur le monstre sacré qui porte le titre « La 7 face du dé », et Alastor, un petit dandy moustachu d'une vingtaine d'années qui ressemble à Lord Byron et qui me parle de tous ses ancêtres qui ont perdu leurs têtes dans la Révolution française, de ses diverses identités, claveciniste, agent immobilier, collectionneur, de sa passion pour Venise et les jeunes filles en fleurs, de ses études au lycée Henri-IV et du dernier concert qu'il a tenu pour une « assemblée d'abrutis ». Shoshana lui dit : « Arrête, Alastor. Arrête ! Tu es en train de la saouler. » Il fait un tour autour d'elle en miaulant comme un petit chat fautif. Je leur demande comment cela se fait-il que deux êtres si différents puissent être si bons amis, ou s'agit-il d'un futur couple ?

« Ah non ! Quelle horreur, on s'aime trop pour vouloir se faire du mal », dit-il avec un air plein d'orgueil. Les gens commencent à se disperser dans la nuit. Alastor et Shoshana m'invitent à les suivre. Nous partons tous les trois, bras entrecroisés, dîner dans un petit restaurant, rue de Verneuil, où nous fêtons la naissance de notre amitié avec une sublime mousse au chocolat servie à volonté.

Le contrat décliné

Quelques jours plus tard, je dîne tranquillement avec Vincent.

– Je vais te raconter quelque chose qui va te faire plaisir, je pense. J'ai pris contact avec un éditeur… qui a adoré l'idée de mon roman.

– Il s'appelle comment ?

– Je suis désolée, mais je ne peux pas te le dire. Je ne veux pas que tes avis perturbent mon écriture. Personne n'est assez bon pour toi… mais je te promets de te le dire dès que j'aurai avancé un peu dans mon écriture.

– C'est fou ! Tu es encore moins avec moi que mon ex-femme qui ne m'aimait pas !

– Pourquoi tu étais avec elle, alors ?

– Ne change pas de sujet. Tu me caches tout le temps des choses !

– Tu ne me dis pas tout non plus… Je ne sais rien sur ta vie sexuelle, par exemple, et je ne veux rien savoir…

– Je n'ai pas d'autre vie sexuelle ! Je ne vois personne ! Combien de fois faut-il que je te le dise ?

Il s'en va.

– Je t'en supplie, ne pars pas !

Je reste à ma place sans bouger. Il revient avec un cigare.

– J'en ai marre de me faire insulter !

– S'il te plaît, essaie de…

– J'en ai marre de me faire insulter ! Est-ce que tu comprends le français ?

– Oui, un peu… S'il te plaît, ne crie pas.

– Tu m'obliges à crier car tu ne m'écoutes pas. Tu m'épuises mentalement… Bon, est-ce que tu vas enfin faire le nécessaire pour qu'on puisse vivre d'une manière harmonieuse ?

– Ben oui !

– Ah non, tu n'as jamais fait ça ! Encore hier soir, tu te foutais de ma gueule dans la cuisine, lorsqu'on devait préparer ce grand dîner pour tes amis psys.

– C'était un dîner en l'honneur d'Oméga. Et Oméga voulait à tout prix qu'on invite mon ancien psy. J'étais un peu tendue. C'est tout.

– Tu n'étais pas tendue. Tu rigolais !

– Je te trouvais tellement drôle ! J'avais apporté toutes ces choses à cuisiner, les légumes, les fromages, les canards, et tu ne faisais que hurler. Tu ne voulais pas t'occuper de mes vilains petits canards, et tu ne voulais pas que je m'en occupe non plus, car tu disais que je ne savais pas faire. Et je me suis dit que c'était dommage que le chat ne sache pas cuisiner. Je ne l'ai pas dit à haute voix, j'ai juste éclaté rire en y pensant, mais ce n'était pas contre toi. Et tu as quitté la maison, sans dire un mot, me laissant avec un dîner inachevé, trente minutes avant que les gens arrivent, tu comprends que ça peut être un peu stressant ?

– Oui, mais je suis revenu au dernier moment. Alors pourquoi tu t'es comportée comme tu l'as fait ?

– J'ai fait quoi ?

– Il y a quelque chose qui ne va pas là… Si tu fais des conneries, je te les reproche ! C'est normal, non ? Je ne vois pas ce qu'il y a d'extraordinaire. *Mais Madame ne supporte pas qu'on la critique !* Hier, tu arrives avec toutes tes affaires, et tu me dis : « Cuisine ! »

– Excuse-moi, c'était un peu brutal, c'est possible que j'aie dit ça. Mais le temps passait et tu refusais de bouger depuis ton sofa. En Suède, nous sommes plus directs.

– Tu es toujours suédoise quand ça t'arrange.

– Écoute, Vincent, j'en ai marre de me faire traiter comme si j'étais ton ennemie.

– Non ! Tu te *comportes* comme si tu étais mon ennemie. Ce n'est pas la même chose.

– Je suis un peu stressée en ce moment.

– Ça fait sept ans que tu es stressée à cause de moi !

– Écoute, je vais te proposer quelque chose : un contrat basé sur la paix et le respect réciproque, car j'ai besoin de calme pour finir ce roman. Peut-être, en n'ayant plus d'attentes physiques l'un envers l'autre, les choses changeront. Comme ça, nous pourrions de nouveau nous intéresser l'un à l'autre, comme avant, à ce qu'on vit, à nos passions et nos envies. Tu comprends ?

– Et si je n'ai pas envie d'entendre ce que tu fais ? Qu'est-ce que ça m'apporte moi, ce genre de rapports ?

– On peut vivre un temps comme ça, ensuite tu me diras ce que tu veux que je fasse, et je partirai.

– Ah ! ça, c'est un lapsus intéressant. Quoi que je te demande, tu partiras ?

– Non, je voulais dire que je serai à l'écoute de tes envies.

– Mais je ne te demanderai de rester qu'à certaines conditions !

– Alors qu'est-ce que je peux faire de plus ?

– Demande-toi plutôt ce que tu peux faire de moins !

– Il faut que je fasse moins de choses ? Alors là, tu m'as complètement perdue, je ne comprends plus rien.

– Je ne veux pas que tu fasses ce que je te demande de faire !

– *Tu ne veux pas que je fasse ce que tu me demandes de faire ?* Alors, tout va bien. Tu as la femme que tu désires, elle est là, en face de toi, car ce que tu viens de dire me va parfaitement.

– Arrête d'embrouiller les choses… Je veux juste une femme normale, qui est contente de la vie qu'elle mène avec moi, tu as compris maintenant ? Il faut que je l'écrive sur le mur ? C'est bon ? Tu te rappelleras ?

– Je veux simplement que tu sois heureux.

– Non, si tu le voulais, tu ferais ce que je te dis !

– Pourquoi dois-je faire ce que tu dis ? J'aimerais bien prendre des décisions communes.

– C'est exactement ça que je veux.

– Donc on peut décider les choses ensemble ? Je n'ai pas besoin de faire ce que *tu* dis ?

– Tu penses que *dire* c'est donner des ordres ? Ha ha ! Tu prends le moindre mot de travers en fait. Putain ! Je comprends mieux maintenant... Cherche le mot dans le dictionnaire ! On ne peut pas rendre une personne heureuse si on ne sait pas l'écouter. C'est comme si je te donnais un ballon de football en te disant : « Ça, c'est pour toi. »... *Ah, le chat ! Pouponnette est contente au moins. Oui, on est là ! Tu es juste venue voir qu'on était là ? C'est un beau chat, ça... tu veux regarder ton trésor ?* (Il ouvre le placard en bas. Le chat y introduit la tête pour renifler les petits sachets.) *Oui... tout est là !* Tu n'es pas un peu déprimée en ce moment ?

– Qui, moi ? Non, je suis très heureuse !

– Les gens qui disent qu'ils sont heureux ne le sont pas en général. Si on te regarde, on dirait que t'es malheureuse. Tu t'es résignée. Tu as envie de tout abandonner. Mais même ça, tu n'arrives pas à le faire.

– Je suis très reconnaissante de la vie que j'ai eue avec toi.

– T'es reconnaissante de ce soir également ?

– Oui...

– Cela ne se voit pas. Je n'ai pas l'impression d'avoir passé une très belle soirée.

– T'es juste un peu énervé ce soir, ce n'est pas grave. Il faut sortir les choses.

– Ah ! Parce que je m'énerve pour rien, c'est ça ?

– Non, j'ai dit que tu avais eu raison de t'énerver.

– Tu n'as qu'à arrêter de m'énerver tous les jours et tout ira bien.

– Je comprends.

– Ah ! Tu comprends ? Très bien. Alors, tu comprends que les choses m'énervent, mais tu les fais quand même. Tu vois ? C'est toi qui provoques tout ça en moi, ce n'est pas moi. Hier, c'était le dîner le plus catastrophique qu'on ait jamais fait. Jamais tu as organisé une chose aussi mal, normalement tu t'y mets plusieurs jours à l'avance, et pour les dîners que j'organise, tu m'assistes. Tu arrives comme une grande bourgeoise avec plein de fromages luxueux.

– Je pensais que tu allais être heureux de me voir acheter des fromages si beaux et farfelus.

– Je ne peux pas être heureux quand on ne m'informe pas. Depuis quand est-ce que tu tiens autant aux fromages ? Tu te rappelles ce que tu disais au début, quand tu es arrivée en France ? Tu disais qu'on pouvait aussi bien manger nos chaussettes, et plein d'autres choses dans le genre, que je trouvais exotiques, voire drôles, mais maintenant tu fais la grande bourgeoise qui achète les fromages les plus chics de Paris, pour impressionner ton ancien psy. Excuse-moi, mais c'est un peu ridicule.

– Je me suis enfin intégrée à votre culture. Tout me plaît, maintenant. Vincent, essaie de comprendre, je n'ai pas acheté ces fromages pour t'embêter, tu crois vraiment ça ?

– Non. C'est parce que tu es négligente et tu t'en fous.

– J'achète des fromages parce que je m'en fous ? Je ne comprends pas, excuse-moi.

– Tu m'as demandé ce qu'il fallait que tu achètes, je t'ai dit, achète des magrets de canard, point ! Je ne t'ai pas demandé autre chose. J'avais acheté des fromages de mon côté, car moi, je tiens à mes habitudes…

– Écoute, je sens…

– Sens moins et réfléchis un peu plus, et tout ira bien. Bon, je vois que tu ne m'écoutes plus. Je vais me coucher.

– Je suis désolée. Je comprends enfin mes erreurs.

– Les gens demandent pardon pour ne pas être obligés de faire quoi que ce soit. Je ne crois pas dans le pardon. Je crois dans l'action. Tes excuses, j'en ai rien à foutre. La vie est simple, tu sais. Voilà la leçon de ce soir.

Le doute

Ophélie m'appelle depuis New York pour me raconter ses rencontres, ses lectures. La vie s'ouvre à elle comme pour moi autrefois. Après quelque temps, elle me demande :

– Ça va ? Tu me sembles très absente.

– Le rêve de Madame X s'est dissipé. Mais j'ai l'impression que ce n'est que maintenant que je me dédouble, je veux dire, que je découvre mon double. Et du coup, j'ai peur non seulement d'elle mais aussi de ma propre écriture.

– C'est marrant d'avoir peur de sa propre écriture. J'aime bien l'idée ! Écris cette peur. Il y a sans doute beaucoup de gens qui peuvent s'y reconnaître. On vit et on écrit rarement en même temps, si on n'est pas reporter de guerre.

– C'est ça ! J'ai l'impression d'écrire un reportage sur ma guerre intérieure. C'est superangoissant.

– Tant mieux ! Tu penses que Duras allait bien quand elle écrivait *La Douleur* ?

– Je n'en suis pas là, quand même. Je n'attends pas un amant qui ne reviendra peut-être jamais, en pleine guerre, et je n'ai pas son économie de style, ses cris silencieux, son rythme, sa franchise. Mais, le problème n'est pas là. Si les gens savaient certaines choses… mon monde exploserait.

– T'as transgressé beaucoup de limites… C'est normal que le reflet inverse apparaisse, comme dans un miroir. Tu n'as pas arrêté d'écrire dans tes carnets, n'est-ce pas ?

– Non, mais l'abîme entre le décor et l'envers du décor est énorme. Bref. Je n'y arrive pas. Tout ça pour ça…

– Écris les choses simplement. Les mots directs sont criants de vérité. Tu pourras toujours envelopper les choses après. En même temps, je ne crois pas trop dans l'enveloppement quand il s'agit de la transgression. Bataille n'est pas devenu Bataille pour rien. Il a même empiré les choses. Si tu décris les choses telles que tu les as vécues, au moins tu seras dans une sincérité qui pourrait toucher les gens... Si tu triches, ça se sentira, et les vrais lecteurs n'aiment pas les tricheurs.

– Si je ne brouille pas les pistes, je vais créer des nouvelles histoires...

– Eh bien, tu n'as qu'à écrire le tome deux. Regarde Proust. Certains personnages deviendront moins importants, tandis que d'autres prendront plus d'importance en fonction de leur propre investissement.

– Hum... Je ne sais pas... Pour l'instant, j'ai six carnets, bientôt sept et une dizaine de versions différentes de mes premiers pages. Le pire serait que quelque chose m'arrive, et que mon histoire ne reste qu'une bonne anecdote que les gens pourront se raconter dans les dîners parisiens.

– De toute manière, ton histoire sera commentée par les gens, quoi que tu fasses. Regarde tous les gens qui te suivent, tu as toute une armée initiée à certaines facettes de ta vie.

– Je n'ai donné que des fragments. Personne n'a la vision globale... même pas moi.

– Tant mieux, comme ça, tu resteras ce que tu es, une énigme.

– En fait, si j'avais un peu de courage, je pense que je me suiciderais, mais le suicide *it's so* passé.

– C'est vrai. Ce n'est plus à la mode. Et si la mode revenait... il faut aller contre les courants, n'est-ce pas ? Tu dis toujours ça.

Nous rions. Ensuite, nous parlons encore un bon moment. Je l'assure que je n'ai aucune envie de me suicider, ni maintenant, ni plus tard, ensuite je m'endors en pleurant. Je ne sais pas pourquoi, mais j'ai l'impression que quelque chose de terrible va m'arriver, et cette chose n'a ni queue ni tête, ni goût ni odeur. Elle est là... plus proche que jamais... et elle va m'attraper, m'engloutir et m'anéantir...

*

Peu de romans m'ont autant marquée que *Les Aventures sexuelles* de Madame W. Voilà une femme qui va jusqu'au bout de ses désirs. J'ai toujours été intriguée par son roman, qu'elle a ensuite écrit, sur la jalousie vis-à-vis de son mari. Avait-elle abandonné ses goûts libertins ? Non, elle avait juste complexifié la chose. Le dernier roman, sur son enfance, ajoute encore une strate à sa quête de liberté, car cette fois-ci, il ne s'agit plus d'une liberté spectaculaire mais, spéculaire, vis-à-vis des démons de l'enfance. Me voilà, face à elle. Plus de retour en arrière possible. Je lui parle de ma peur de l'écriture, surtout du regard des autres. Comment faire ? Elle me dit : « Écris ! Et arrête de t'inquiéter. Le monde est en train de changer, de se libérer vraiment. » Quant à la tâche, elle a besoin de temps pour réfléchir.

Avant de se dire au revoir, je lui demande : « Quel est ton véritable désir, ton désir le plus profond en ce moment ? – La paix. La paix avec moi-même, afin de mieux accueillir les autres. C'est peut-être moral ce que je vais dire, mais je cherche la tolérance, et pour être tolérant, il faut être en paix avec soi-même. » Je trouve sa réponse merveilleuse. Qui aurait cru que je m'entendrais si bien avec cette femme qui fait si peur aux femmes ? Je ne sais pas pourquoi d'ailleurs. Peut-être parce que sa liberté nous renvoie à notre incapacité, femmes comme hommes, à être réellement libres. Lorsque je la quitte, un bel homme d'une quarantaine d'années la rejoint.

L'effondrement

Ma vie est en train de se transformer en cauchemar. Ma mère qui est devenue religieuse d'un jour à l'autre et qui ne m'aime pas trop, car j'ai « refusé l'éternité », va venir dans quelques jours à Paris pour me voir, et Vincent vient de m'annoncer qu'il a besoin de décrocher complètement. Il m'explique qu'effectivement il traverse une crise, et qu'il a besoin de prendre du temps pour réfléchir.

– Pourquoi, Vincent ? Qu'est-ce que je t'ai fait ?

– Ces dernières années, tu veux dire ? Eh bien, tu as été trop... neutre.

– Je pensais que t'avais besoin d'air...

– Mais tu comprends à quel point c'est violent, quand quelqu'un te donne quelque chose que tu ne demandes pas ?

– Comment ça ? Tu n'as pas arrêté de me dire que t'avais besoin de respirer ces dernières années...

– Oui, mais c'était par petites doses, de temps en temps, et quand je le désirais moi-même. En me disant « soi libre, fais ce que tu veux », t'as agi comme un maître d'une colonie africaine qui libère son esclave. Qu'est-ce qu'il fait l'esclave ? Eh bien, il se sent encore plus enfermé dans sa liberté qu'avant… C'est vachement malin… T'es un bourreau qui se fait passer pour une victime.

– Attends, je ne comprends pas !

– C'est comme si tu disais à ta domestique : « Dorine ! Tu peux prendre congé jeudi soir ? Je vais au théâtre… » C'est très arrogant ! Tu m'as donné la liberté parce que cela t'arrangeait.

– Mais tu voulais que je fasse quoi ? Que je dise non ?

– C'est précisément comme ça que tu m'as enfermé. C'est là où tu as été plus maligne que tu ne veux l'admettre. En étant absente pendant tout ce temps, tu t'es rendue encore plus présente. Cette liberté n'a fait que me rendre prisonnier de moi-même… et maintenant, on dirait que tu es soulagée, car tu as créé ce que tu redoutais, et comme ça, tu restes en contrôle. T'es trop forte !

– Tu veux que je me roule par terre ? Que je pleure ? C'est ça ? Je ne pourrai pas… Je veux que tu sois heureux.

– Eh bien, je vais l'être, mais pas grâce à toi, grâce à moi ! Sois contente que je ne te mette pas à la porte…

Je sors complètement déchirée de la pièce. Me voilà enfin face à ce que j'avais toujours redouté… L'abandon final et total. Il m'annonce qu'à partir de maintenant il va sortir tant qu'il veut et avec qui il veut, qu'il n'y aura pas de sorties communes, que je n'irai pas voir sans lui nos amis communs, qu'on continuera à faire chambre à part, et qu'il ne faut absolument pas que je dise quoi que ce soit à ma mère ou que je me plaigne dans tout Paris. J'accepte toutes ses conditions. Je me dis qu'après tout c'est ça l'amour, savoir s'accrocher lorsque la situation devient réellement absurde, et qu'on n'a qu'une seule envie… partir.

La mère noire

Ma mère a deux grandes passions dans la vie. Dieu et l'argent. Elle vient de bâtir un hôtel dans les Carpates pour des religieux asthmatiques qui attendent la fin du monde. Mais son argent est tellement important qu'elle ne peut même pas se permettre un café au Flore. Lorsque je lui donne rendez-vous là-bas, elle m'attend debout, dans la rue. C'est très étrange de la voir de loin, toute petite, vêtue de mille vestes et pulls, avec trois sacs, par terre, son dos tourné vers moi, en train de regarder les gens assis à la terrasse. Lorsqu'elle me voit, la première chose qu'elle me dit, c'est : « T'as vu les prix ici ? C'est énorme ! Allons tout de suite chez toi. – Prenons un café d'abord. Je t'invite. » Elle accepte. Je lui demande si son voyage s'est bien passé et si elle a apprécié la chambre de l'hôtel que je lui ai réservée.

– Je n'ai pas pris la chambre.

– Comment ça ? Elle ne t'a pas plu ?

– Tu sais ce que je pense des hôtels. C'est pour les putes et les gangsters.

– Ah non ! Tu ne vas pas recommencer ! Et les touristes ? Ils sont des gangsters aussi ?

– Je ne suis pas venue ici pour le tourisme, mais pour voir ma fille !

– Tu as dormi où, alors ?

– À l'aéroport, sur une chaise.

– Pourquoi tu ne m'as pas appelée ?

– Je ne voulais pas t'embêter. Tu m'as dit que vous étiez pris hier soir. Je ne suis pas une Parisienne, comme toi. Je respecte l'argent, tu sais.

– Tu dois être très fatiguée... Cette après-midi, je pensais qu'on pouvait aller au Louvre, voir l'exposition *Poussin et Dieu*, ensuite on rencontrera quelques amis à moi que je voulais te présenter, et ce soir, nous dînons à la maison avec Vincent et mon amie Oméga. Cela te convient, comme programme ?

– Oui. J'ai besoin de me reposer et de prendre une douche d'abord.

– Bien sûr.

Je prends une partie de ses sacs en plastique. Je lui demande pourquoi elle ne les a pas mis dans une valise. « Ryanair prend vingt euros en plus pour la valise. » Apparemment, c'est ce genre de sacrifices qu'il faut pour arriver à faire fortune.

*

– Vous n'avez pas trop chaud, avec le manteau sur vous ?

– Ah si... Peut-être... Je vais l'enlever.

– Gardez-le si vous voulez, c'est juste pour que vous soyez plus à l'aise.

– J'ai un peu froid... Je vais l'utiliser comme couverture.

– J'ai une couverture sous le divan. Vous la voulez ?

– Oh ! Merci !... Je ne sais pas par où commencer... Il y a une blague roumaine qui raconte l'histoire d'un homme ivre, assis par terre, dans la rue. Dans sa main, il tient une clé, comme ça, levée en l'air, comme s'il y avait une porte invisible devant lui. Quelqu'un s'arrête et lui demande ce qu'il fait. Il répond : « Un carrousel de maisons rôde autour de ma tête, et je ne fais qu'attendre que la mienne arrive, pour que je puisse introduire vite la clé dans la serrure. » Eh bien, je me sens un peu comme cet homme aujourd'hui. Je ne sais pas par quelle porte entrer cette fois-ci. Je vais donc entrer par une autre porte, moins évidente... Depuis quelque temps, je suis un peu hantée par *Saint Jean-Baptiste* de Leonardo da Vinci. L'hermaphrodite, vous savez. L'image nous renvoie à la sublimation car il pointe son index vers le ciel. Mais en même temps, c'est aussi un doigt coquin. On dirait qu'il est en train d'insérer le doigt dans un cul imaginaire... Mais, pour revenir à l'image de la sublimation... Madame X... m'a abandonnée.

– C'est elle qui vous a quittée ou l'inverse ?

– Je ne sais pas… En tout cas, j'ai l'impression de la perdre.

– Qu'est-ce qui est apparu à la place qu'elle laisse ?

– Un gigantesque néant. Grâce à elle, j'ai pu vivre des choses assez invraisemblables, je pouvais changer de personnalité avec la souplesse d'une boîte de vitesses automatique, j'arrivais à trouver un compagnon de voyage pour chaque facette, chaque envie, mais maintenant, prise dans ce mouvement entropique de l'éparpillement, je me demande : « Qui est cette femme qui m'a habitée pendant tout ce temps ? »

– Et le projet du livre ?

– Eh bien, avant je vivais, maintenant j'écris. C'est difficile pourtant car il y a un gigantesque précipice entre moi et Madame X.

– Pourquoi ne serait-elle pas les deux rives d'un seul fleuve ?

– C'est-à-dire ?

– Il y a peut-être un espace qui s'élargit entre vous mais, en même temps, il y a quand même quelque chose qui vous relie, non ?

– J'ignore ce que ça pourrait être… elle me fait trop peur.

– Pourquoi ?

– Parce que son courage me semble si éloigné de ma nature… Qui sait ? C'était peut-être mon véritable moi, que j'ai perdu… Je ne sais pas si je suis en train de m'éloigner ou de m'approcher de mon véritable moi, en m'éloignant d'elle.

– Quel est votre sentiment ?

– Mon sentiment, c'est qu'il va falloir que je l'invite à se métamorphoser encore une fois. Il faut que Madame X devienne une autre, pour que je puisse la supporter encore, car elle me manque, après tout… D'ailleurs, à propos du rien, ma mère vient juste de débarquer à Paris. Je ne sais plus ce que j'ai dit sur elle…

– Tant de choses que vous n'êtes pas consciente d'avoir dites.

– Elle a débarqué, comme… comme…

– Comme une fleur.

– Au début oui, car d'abord, je l'ai emmenée voir une exposition sur Poussin et Dieu. Elle était au neuvième ciel, car elle a réussi à identifier toutes les scènes bibliques, sans regarder les cartels. Je lui ai dit : « Tu pourrais faire une deuxième carrière comme guide religieux au Louvre. » L'idée lui a plu, mais le dernier jour, lorsqu'on s'est mises à jouer aux échecs, avant qu'elle reparte, ma mère était d'ailleurs une grande championne d'échecs dans sa jeunesse, les choses ont pris une nouvelle tournure. Le chat était pour une fois de mon côté. Il s'est mis sur la table pour surveiller le jeu, et chaque fois que ma mère regardait ailleurs, elle renversait une de ses pièces avec sa petite patte. C'était assez drôle. J'ai essayé de lui faire échec et mat psychologiquement, en la confrontant à une scène de mon enfance, une scène que je trouve assez énigmatique…

– Qu'est-ce que vous avez compris, par rapport à cette scène d'enfance ?

– Je ne veux pas vous embêter avec des choses aussi… sombres.

– Vous pensez que les choses sombres n'ont pas leur place ici ?

– Eh bien, lorsque nous sommes arrivés en Suède, et que j'ai commencé à vivre avec mes parents pour la première fois, mon père avait l'habitude de me réveiller pour me frapper lorsqu'il rentrait du travail, après minuit. Je trouvais cela un peu étrange, car je ne voyais aucune cause évidente à ses actions, à part le fait que maintenant il travaillait chez Volvo, comme monteur de voitures et qu'il n'était plus un écrivain prometteur, admiré par tout le monde, comme en Roumanie. Il n'avait jamais mis la main sur moi avant, ni plus tard, d'ailleurs, et il m'a demandé pardon mille fois depuis. En tout, cas à cette époque, j'ai commencé à feindre de dormir, ce qui m'a permis de m'apercevoir que ma mère, lorsque mon père arrivait à la maison, lui racontait toutes les bêtises que j'avais faites dans la journée, et vous comprenez sans doute que je ne braquais pas de banques ou d'autres choses dans le genre, mais qu'il s'agissait des caprices d'un enfant de onze ans. Eh bien, j'ai vite compris que les batailles avaient un lien étroit avec les récits de ma mère. J'ai donc commencé mon jeu d'échecs avec elle en lui demandant avec une curiosité jouée comment ça se faisait que mon père me frappait autant pendant cette seule année où j'avais vécu avec eux ? Elle m'a répondu : « Mais il était fou, car tu faisais des bêtises comme tous les enfants à cet âge, rien de grave. » Je lui ai alors demandé : « Mais si tu voyais qu'il était fou, pourquoi tu continuais à lui raconter chaque soir, lorsqu'il rentrait à minuit, ce que j'avais fait dans la journée ? »

– Non seulement elle le lui racontait, mais elle ne l'empêchait pas de vous frapper.

– Exactement. Vous savez ce qu'elle m'a répondu ? « Mais il me frappait, moi aussi ! Il commençait avec toi, ensuite il passait à moi. » Je n'ai pas lâché l'affaire. Je lui ai demandé pourquoi elle reprenait le même récit, chaque soir, si elle savait comment cela allait finir. À ce moment-là, elle a changé de sujet, et elle a commencé à dire à quel point elle avait peur que nos voisins n'apprennent ce qu'il se passait. Un jour, les services sociaux sont venus, car les voisins s'étaient plaints de mes pleurs nocturnes. Ma mère m'avait prié de leur dire que je pleurais parce que mes grands-parents me manquaient, ce qui n'est pas entièrement faux. Je lui ai pourtant demandé pourquoi elle m'a ordonné une chose pareille. « Je le regrette maintenant, mais tu comprends, c'était pour protéger ton père, sinon il aurait fini en prison. Mais cela n'a servi à rien, car tu l'as choisi quand même lors de notre divorce. » Elle était assez contente de sa réponse. On a continué de jouer. Quelques minutes plus tard, je lui dis : « Je ne comprends toujours pas. Tu étais une grande biologiste, tu avais même un salon de beauté, tu t'occupais des femmes du matin au soir, tu les massais, tu les parfumais, tu leur faisais des masques. » Ce souvenir lui fait plaisir. Elle sourit maintenant. « Ah oui ! C'est vrai. » « Alors, comment ça se fait que quelqu'un comme toi, qui s'intéresse tellement au bien-être des gens, les lendemains de ces batailles, tu ne m'aies jamais demandé de voir les bleus et les plaies sur mon corps, pour pouvoir les soigner ? Tu avais des pansements, des baumes, et plein d'autres choses, à la maison, n'est-ce pas ? » À ce moment-là, elle est devenue furieuse, et elle m'a dit : « Il ne manquait plus que ça ! Maintenant, je suis coupable de ne pas avoir regardé tes blessures ? Moi aussi, j'avais des blessures ! » J'ai alors conclu l'affaire en disant : « Tes blessures étaient donc plus importantes que les miennes. » Elle n'a pas su quoi répondre. Échec et mat.

– Mat. C'est aussi mater ?

– En tout cas, elle est restée pétrifiée. C'était le dernier jour de son séjour. Quelques heures plus tard, lorsqu'elle m'a appelée de l'aéroport pour me dire qu'elle s'était fait voler son sac avec ses lunettes, et qu'elle ne pouvait donc pas lire le roman d'exposition que je venais de lui offrir, que j'avais écrit sur elle, lors d'une exposition que j'avais faite sur la mère, je lui ai dit : « Tu sais ce qui lui arrive, à Œdipe, à la fin ? » Elle ne savait pas. « Il perd la vue. Mais ce n'est qu'à ce moment-là qu'il se met à voir réellement. »

– Eh bien ! Voilà qui éclaire aussi le fort sentiment d'abandon chez Madame X.

– Quoi ?

– À votre avis ? Le thème, le dispositif, certaines personnes, les choses un peu maltraitantes aussi, dans votre couple, qui tout à coup prennent une autre dimension. Maintenant, je comprends un peu mieux pourquoi vous parliez de saint Jean-Baptiste. Il y a aussi le thème de la mère, qui pervertit sa fille, pour qu'elle aille réclamer la tête de celui qui la traite de profanatrice. C'est intéressant que vous ayez pris cette image…

– Je ne sais pas pourquoi cette image me hante autant. L'autre jour, j'ai compris que Madame X était en train de vivre un roman de désapprentissage.

– Qui est une autre forme d'apprentissage.

– Peut-être… Ma mère devait rester deux, trois jours, mais elle est restée une semaine. Vincent est parti à Vienne un soir. Je n'avais aucune envie de rester toute seule avec elle à la maison. Cela me rappelait une période entre mes dix-huit et dix-neuf ans, où j'ai vécu chez elle. Elle avait l'habitude de dire : « C'est moi qui t'ai donné la vie. C'est moi qui vais te la prendre. » À l'époque, je dormais avec un couteau sous mon coussin, pour pouvoir me protéger, car on ne sait jamais. Elle me disait souvent que j'étais possédée par le diable, donc pour elle, cela aurait pu être logique de vouloir tuer le diable en moi. La nuit, je me suis réveillée en sursaut, j'ai pensé à ma mère qui dormait à côté, et tout à coup, je me rappelle que j'avais le passeport de Vincent dans mon sac, car il m'avait demandé d'aller chercher des billets pour un voyage, comme il ne pouvait pas s'en occuper. Le lendemain soir, lorsqu'il est revenu, et que ma mère venait de partir, je lui ai demandé comment ça s'était passé à Vienne. Il ne voulait pas en parler. « Mais tout s'est bien passé avec le vol ? – Oui, pourquoi pas ?

– Parce que tu as oublié ton passeport dans mes affaires. » Alors il m'a fait une tête bizarre et m'a dit : « Eh bien, si tu veux savoir, je suis resté à Paris. – Pourquoi ? – Je voulais être seul. » C'est comme si un couteau m'avait poignardée. Les larmes ont commencé à couler sur mes joues. À ce moment-là, il me dit que c'est normal, car il voulait échapper à moi et ma mère. « Une folle, ça va, mais deux, ça fait un peu beaucoup. »

– ...

– Vous ne dites plus rien...

– ...

– Toujours rien. Bon. On se voit la semaine prochaine ?

– Oui... Bien sûr...

L'axe du néant

Je descends de plus en plus profondément dans l'entonnoir de mes souffrances. Madame X est partie, ma mère aussi, Vincent traîne, je ne sais plus où. Je suis seule, face à moi-même. J'essaie de m'accrocher à l'Axe du Néant. Mes mains glissent comme si je coulissais le long d'une barre de pompiers. Impossible de remonter. Je décide de voir mon ami Mercurio. Le Diogène du Select, un des philosophes les plus brillants, mais aussi les plus humains de notre époque. Il est tout seul, au Select, en train d'écrire. Lorsqu'il me voit, ses yeux s'illuminent, et il me demande de m'asseoir. Nous parlons de tout et n'importe quoi, mais, à un moment donné, je lui raconte tout ce qui m'est arrivé ces derniers temps. J'ai besoin d'un regard philosophique sur les choses.

– J'ai l'impression d'être face au réel, c'est-à-dire à ce qui m'échappe. Il est là, maintenant, et il m'absorbe vers lui comme un gigantesque trou noir... Ton livre sur l'axe du néant est devenu un véritable rite de passage pour moi. Je m'accroche à lui, mais c'est un pharmakon, à la fois un remède et un poison.

– Je vois très bien ce que tu veux dire. Il y a très peu de gens qui arrivent à voir réellement le réel. La plupart des gens utilisent des écrans.

– Mais comment sortir du gouffre une fois qu'on l'a vu, si on peut le voir, comme tu dis...

– Eh bien, il ne faut pas tout voir, sinon on sombre dans la folie. Tu connais l'histoire des quatre rabbins qui entrent au paradis ?

– Non...

– Eh bien, le premier entre et devient complètement fou. Le deuxième coupe ses racines et devient hérétique. Le troisième meurt, et le quatrième, Rabbi Akiba, entre et il sort dans la paix.

– Pourquoi ?

– Parce qu'il arrive à anéantir son ego. Qu'est-ce que le paradis ? Ce n'est pas un lieu spécifique où tu puisses demeurer. C'est une expérience mystique. Tout le monde peut y accéder.

– Selon ma mère, j'ai une bonne place qui m'attend dans l'enfer. Ah ! Si j'avais pu la sauver... mais j'ai échoué...

– Beaucoup de gens sont habités par des forces noires. Parfois on donne consistance à ce qu'on redoute en l'affrontant. C'est ainsi qu'on crée nos propres monstres. Si tu te traverses toi-même, le monstre n'a plus de prise sur toi.

– Il ne faut pas affronter ses peurs ? C'est ça que tu es en train de dire ?

– Il faut se détourner.

– Et toi ? As-tu peur de quelque chose ?

– Je suis disposé au néant, je suis à l'aise dans le désert.

– Comment tu fais ?

– La plupart des Français n'existent que dans le regard d'autrui, l'envie, la jalousie. Ils sont pris par un désir mimétique terrible. Ils veulent faire comme les autres. Comme ça, tout le monde imite tout le monde, dans un palais de miroirs interminable...

– Je sais, je ne sais plus comment sortir de ce labyrinthe de miroirs.

– Il n'y a qu'une voie. La solitude extrême. Ce n'est qu'ainsi qu'on peut mettre le désir mimétique en échec...

*

Madame W m'annonce lors de notre déjeuner ma tâche, qui me perturbe terriblement :

– J'aimerais que tu décrives, en roumain, ta dernière journée en Roumanie avec ta mère. Comment t'es-tu sentie quand tu es partie avec elle pour rejoindre ton père et ta nouvelle vie en Suède ?

À quoi tu pensais ? Et elle ? Elle était comment ? Ensuite, tu te traduiras toi-même, pour qu'on puisse tous te lire.

– Je... je ne sais pas si j'y arriverai. Mon roumain est resté celui d'un enfant de onze ans. En plus, c'est un travail sur la mémoire, et j'en ai une de poisson rouge. Comment tu as fait pour te remémorer ta petite enfance ?

– C'est très simple. J'ai utilisé le système de la pelote. La mémoire fonctionne comme une pelote qui se débobine. Tu commences par prendre le fil, par un petit détail, et dès que tu te mets à décrire ce détail, les choses arrivent à toi, comme par miracle.

– Je ne connaissais pas cette méthode !

– C'est un petit secret, tout simple, qui va beaucoup t'aider, je crois.

Rose à Venise

– Désolée pour le retard...

– Ce n'est pas grave. Installez-vous.

– Beaucoup de choses se sont passées depuis la dernière fois...

– Hum... ?

– Je viens de passer quelques jours à Venise avec Vincent. Venise a toujours joué un rôle très important dans notre vie. Nous avons tant de souvenirs là-bas, presque dans chaque rue, chaque recoin... cette fois-ci, avant de partir, il m'avait dit qu'il voulait qu'on s'y rende séparément, qu'on vive au même hôtel mais, que l'on ne se voie que de temps en temps. Il m'a donné rendez-vous près de la *piazza San Marco,* ensuite il m'a amenée à l'hôtel et m'a demandé si je voulais aller dîner avec lui. J'étais très émue... car j'avais l'impression qu'il voulait vraiment être là, avec moi, et nulle part ailleurs, dans ce petit restaurant pittoresque près de Zattere. Était-ce le feu d'amour qui revenait ou la phase terminale d'un corps mourant qui s'échauffe, avant qu'il ne s'éteigne définitivement ? Avec le temps, j'ai oublié mes doutes. Nous avons commencé à rire comme si nous venions de nous rencontrer. Tout à coup, un homme est venu nous vendre des roses. Cela ne m'est jamais arrivé de ma vie que quelqu'un m'achète une rose, comme ça, dans la rue, mais, à mon grand étonnement, Vincent a sorti une pièce de sa poche et m'a offert la rose. Quelques jours plus tard, à l'aéroport, en quittant Venise, je me suis aperçue que j'avais oublié la rose dans notre chambre d'hôtel. Comme Vincent est resté encore quelque temps, je lui ai demandé d'apporter la rose. Il l'a fait. La rose était entièrement sèche, presque noire. Elle se repose maintenant dans ma boîte victorienne dans mon cabinet de curiosités. C'est peut-être la chose la plus précieuse que je possède...

– Cela veut dire que tout n'est peut-être pas perdu.

Les cloches de l'église sonnent.

– L'autre jour, j'ai organisé un salon, sur la thématique du double, c'était l'idée d'Amédée, qui voulait que tout le monde invite leurs doubles, mais qu'on ne sache pas qui a invité qui, que chaque double raconte son rapport à la personne qui l'avait invité et que ce soit à nous tous d'identifier le double de chacun. On a tant rigolé ! C'était merveilleux ! Peut-on tomber amoureuse d'un collectif ?

– On peut tomber amoureux de plein de choses et beaucoup de gens pourraient tomber amoureux de vous. Le côté petite fille en train de devenir une femme est une forme de séduction très subtile, qui peut attacher des gens qui veulent vous protéger ou vous sauver. Carmen, Salomé, ce sont des femmes qui sont dans une certaine sexualité, tandis que la petite fille ne désire que d'être aimée. Mais cette petite fille peut aussi devenir castratrice. Car si cette petite fille commence à devenir une femme, celui qui est tombé amoureux d'une petite fille peut avoir du mal avec une femme qui désire et qui devient un sujet actif... C'est peut-être l'heure...

– ... d'abandonner Madame X ?

– Vous pensez toujours à abandonner, pourquoi ?

– Je ne sais pas... Vous avez dit quelque chose qui m'a beaucoup plu la dernière fois, que Madame X et moi étions peut-être les deux bords d'un même rivage. Abandonner et se faire abandonner sont peut-être une et même chose... La chose la plus courageuse, est-ce peut-être de rester immobile, et de donner à l'autre la chance de vous abandonner ?

– Ou de ne pas craindre d'être anéantie par l'éloignement de l'autre.

– En tout cas, il faut que j'arrête de chercher une solution magique à tous mes problèmes et d'en faire une œuvre. Je ne vois pas encore la fin. Mais je sens qu'elle s'approche... La liberté a un prix, et si mon prix c'est de perdre Vincent, eh bien, je le paierai en toute dignité.

– Si votre désir c'est de le garder, qu'est-ce qui vous empêche d'essayer ?

Le silence se fait entendre.

– C'est peut-être lui que j'ai réellement désiré tout ce temps. Ai-je fait tout ça pour mieux le retrouver ? Dans ce cas-là, c'est un pari inconscient... je ne sais pas... je suis peut-être encore en train de me raconter des histoires. Et c'est précisément ce qu'il ne faut pas faire sur un divan. S'il vous plaît, si vous voyez quelque chose que je ne vois pas, dites-le-moi ! Quel est mon véritable problème ? Et comment pourrais-je le résoudre ? Aidez-moi...

– Il y a cette phrase, ce mythe actéonesque, qui dit qu'il faut payer pour voir.

– Vous voulez dire qu'il faut souffrir pour voir clair ?

– Oui, mais ce qu'on découvre, parfois, n'est pas du tout ce qu'on avait pensé au départ.

– Ça, c'est certain... Je ne sais pas encore ce que j'ai découvert. Je suis très loin du sacré Graal... J'essaie de regarder *the bright side of life,* comme les mecs des Monty Python, mais je me sens plutôt comme ce chevalier noir, amputé, qui veut continuer à se battre sans bras ni pieds... L'autre jour, j'ai fait un rêve sur Venise.

– Venise est déjà en soi un rêve.

– C'est vrai. Un jour, lorsque je me baladais dans le cimetière San Michele, j'ai vu la tombe d'une certaine Sophia, une aristocrate russe. En fait, ce petit événement ne fait pas partie du rêve. Sophia s'est tuée à Venise, à cause d'une histoire d'amour impossible avec un homme. Elle est morte à vingt-six ans au Danieli. Le gisant qui la montre endormie, avec ses bras lascifs autour de son corps, était incroyable, on aurait dit qu'elle était encore vivante. Elle avait un bouquet de roses sèches à ses pieds.

– Des roses sèches.

– L'autre jour, j'ai fait ce rêve très étrange, qui n'est peut-être pas du tout lié à tout ça. Dans mon rêve, il y avait un groupe de gens, qui étaient dans une sorte de compétition. Ils étaient debout en tout cas, sur des petits podiums, au bord d'une piscine, et ils portaient tous des masques qui faisaient penser aux peintures d'Arcimboldo. Mais les masques fondaient à cause de la chaleur du soleil, et tout d'un coup, ils se sont mis à brûler sur leurs visages. C'était assez effrayant. Qu'est-ce que vous en pensez ?

– Les masques fondent ? Ensuite ils brûlent ?

– Oui...

– Vous ne reconnaissez pas les identités de ces masques ?

– Non...

– C'était des hommes ou des femmes ?

– Je ne sais pas… C'était comme les dieux dans la méprise. Je veux dire les dieux du mépris.

– Joli lapsus !

– Je suis en train d'écouter la musique du film en boucle en ce moment. Dans *Le Mépris* de Godard, la femme méprise l'homme car il la sacrifie pour sa carrière, mais je me demande si ce n'est pas l'inverse, dans notre cas.

– Mais là, vous êtes en train de reconstruire les choses sous la lumière de la culpabilité et de la mélancolie. On dirait que tout est votre faute. Mais au fond, n'avez-vous pas commencé ce projet parce que les choses n'allaient plus comme avant ? Votre question sur le sacrifice est très intéressante. Mais pourquoi essayer d'y répondre ? Dans le judaïsme, tout questionnement est source d'un autre questionnement. Une réponse n'amène pas toujours la vérité. Je ne pense pas qu'il faille trouver une réponse à toutes les questions, surtout pas à des questions aussi intéressantes que celles que vous posez.

– Je ne comprendrai peut-être les choses qu'une fois que j'aurai fini mon livre… ou plus tard… ou jamais…

– Ou demain.

– Ou demain. Qui sait ?

– Ou par le biais des critiques. Les critiques peuvent être très féroces.

– Ah ! Je n'ose même pas y penser. Si au moins une personne qui a tout compris pouvait me le dire ou me l'écrire. Je serais tellement reconnaissante…

– Kafka a écrit une petite nouvelle que vous connaissez peut-être, qui ne fait que deux pages. Cela s'appelle *Le Silence des sirènes*.

– Ah, je ne le connaissais pas.

– C'est un texte assez paradoxal. C'est un des plus beaux textes sur la séduction… et la peur de la séduction. Ulysse demande de se faire attacher, mais il se bouche aussi les oreilles avec de la cire. Il ne peut pas entendre les sirènes, mais il les voit. Ce qu'il ne sait pas, c'est qu'elles ont choisi de rester silencieuses, et lui, il n'entend pas leur silence. C'est un texte formidable, car au fond, il s'agit d'un petit enfant qui n'est pas entendu de sa maman. Sa mère ne peut pas lui donner l'amour dont il a besoin…

– Moi, je vous entends, et je vous entendrai si vous vouliez me parler un jour.

– C'est vrai ?

– Très bien ! On peut s'arrêter là ? Cette fois-ci, c'est moi qui vais jouer le rôle du psy.

– Ha ha. Allez-y.

La purification

J'ai pris rendez-vous avec Shoshana, car en lisant sa thèse sur les monstres sacrés, j'ai enfin saisi l'évidence – il faut absolument qu'elle devienne ma muse. Elle arrive à notre café place de la Sorbonne avec son grand sourire, couronnée par un diadème aux fleurs noires de soie, mais lorsqu'elle me voit, elle s'exclame : « Mais qu'est-ce qu'il y a, ma chérie ? Tu as l'air si triste ! » Je lui raconte les influences funestes de Madame X sur ma vie réelle, l'envers du décor, l'abandon doux et subtil de Vincent. Elle me laisse parler un bon moment, ensuite elle me dit :

– Il faut que tu essaies de te remplir avec le vide du monde, pour laisser une chance au hasard de revenir dans ta vie. Le hasard est divin, tu sais ? Quand nous ne sommes plus dans le contrôle, une main divine commence à orienter notre vie. Quand nous voulons tout contrôler, nous chassons cette chose divine en nous. Nous produisons à la place un moteur qui tourne dans le vide et qui ne produit que de l'angoisse. Il faut arrêter ce moteur.

– Je vois bien ce que tu dis... mais comment passer de la théorie à la pratique ?

– Tu laisses le monde s'installer en toi. Quand tu dis, « j'accepte », ce n'est pas une défaite. Il s'agit de *faire un* avec le temps. Quant à toi et Vincent, ce sont vos esprits qui se sont éloignés, il faut travailler l'esprit, et pas la chair, car c'est par l'esprit que vous vous êtes rencontrés.

– C'est vrai... C'est tellement triste, ma chère Shoshana... Ah non, je ne veux pas pleurer ! En plus, je n'arrive plus à écrire...

– Il faut d'abord que tu arrives à vivre. Tu t'es uniquement laissé guider par ces femmes, mais ce n'est pas la même chose. Comment veux-tu te mettre à écrire, si tu ne te permets pas d'abord d'errer vraiment ?

– Mon Dieu... tu veux dire que mon errance n'a été qu'imaginaire ? Que je suis restée fixe à ma place tout ce temps ?

– D'une certaine manière, oui.

– Mais si je me mets à errer vraiment, je vais devenir une feuille dans le vent !

– Tant mieux ! Laisse-toi emporter par le vent !

– Cela va peut-être contre le sens de ce que tu viens de dire, mais je ne peux plus concevoir ce projet sans toi ! Voudrais tu devenir ma muse ? Mon vent ?

– Bien sûr que je veux ! Je te suivrai où tu voudras... Voilà ce que je vais te demander de faire. Tu vas purifier ton corps, et tu vas purifier ta maison. Tu achèteras du sel marin dans un magasin bio. Tu mettras une poignée de sel dans ton bain, et tu mettras trois poignées de sel dans un seau rempli d'eau chaude. Tu vas passer la serpillière dans toutes les pièces, tu vas laver les draps, les vêtements, tout ! Tu peux même jeter un petit peu de sel dans les coins de vos pièces. Ensuite, tu vas faire un masque pour ton corps avec du miel, du curcuma, de l'huile d'olive et de la poudre de roses.

– Un masque pour mon corps ?

– Oui ! Même ton sexe. Le miel guérit toutes les brûlures. Évite la viande et mets uniquement des vêtements clairs, si tu peux, pour laisser ton âme s'asseoir dans ton corps. Je vais te donner une recette d'un plat berbère que tu pourras cuisiner pour Vincent.

En rentrant à la maison, je commence à suivre ses conseils dans le moindre détail. J'ai l'impression que chaque geste me rapproche de Vincent, de notre vie d'avant. Mais une fois rentré à la maison, il m'annonce placidement : « Je vais partir ce week-end. N'oublie pas de t'occuper du chat. » Je ne tente même pas de lui parler du plat berbère qui mijote dans le four, car il m'annonce qu'il a un dîner ce soir. Je reste comme ça, figée, au milieu de notre maison. Quand on a envie d'un miracle, il faut savoir attendre.

Les illusions perdues

J'évite maintenant tous les miroirs. J'ai tant maigri et ma peau est devenue si grise que je ne me reconnais plus. C'est par cette porte que j'aurais dû entrer, et par le début de mon histoire que j'aurais dû finir. C'est toujours par la fin que les choses commencent. Quel sépulcral naufrage ! Je suis au comble du désespoir… Vincent me manque tant. Que va-t-il se passer entre nous ? En aime-t-il une autre ? A-t-il envie de partir avec elle ? Je souffre comme une damnée. Même le chat m'évite maintenant. Je pense à *Malina* d'Ingeborg Bachmann, qui disparaît dans la fissure d'un mur… Et Anna Karénine ? Sous un train. Par vengeance. En plus, j'ai une infection au pied. Mon gros orteil, au pied gauche, est si enflé que je n'arrive plus à trouver une chaussure à mon pied. Comme je n'arrive plus à écrire mes articles à droite et à gauche, je n'ai plus aucun sou, et sans sous, plus de taxis. Je me déplace à pied, dans des tongs. Cela me prend chaque fois une éternité. Les gens me regardent bizarrement. Pour ne pas crever de faim, je me fais toujours des sandwichs, mais lorsque j'oublie d'en faire, je suis envahie par des vertiges insupportables. Parfois, je me demande si je ne devrais pas demander à Héméra de me prêter sa canne, qu'elle portait lors du salon sur le double, mais il faut que j'évite mes muses, ainsi que mon écrivain qui m'appelle de temps en temps, pour qu'ils restent avec l'image de celle que j'étais avant…

L'autre jour, je me suis promenée avec Alastor, le jeune Byron, le long de la Seine, car il tenait à tout prix à me voir. Nous étions au bord du fleuve, lui sur ses fesses, moi allongée par terre, le regard accroché au ciel. Tout à coup, je l'ai entendu dire : « Je suis tombé amoureux de toi. » J'ai éclaté de rire, car je pensais que c'était une blague, mais il m'a tendu une longue lettre d'amour, écrite sur une partition de Chopin qui faisait plus de dix pages. « Il n'y a personne qui fait du piano chez toi ? » m'a-t-il demandé tout tremblant. « Non… il n'y a que moi. – Très bien, comme ça personne ne la découvrira. Ne dis rien… lis-la d'abord, et tu m'appelleras dès que tu voudras me revoir. »

Je suis rentrée comme une centenaire, m'appuyant sur lui, jusqu'à la porte de la maison. Une fois devant, je lui ai embrassé le front, et je lui ai dit : « Cela va te passer. Tout passe… mon cher ami. » J'ai caché la partition au-dessus de mon divan, et je suis repartie, tout doucement, vers la Sorbonne, pour écouter une conférence de Timofey sur Mallarmé. En attendant le bus, je cherche sur mon portable la symbolique du pied enflé dans la mythologie. Je découvre que le « pied enflé » vient d'Œdipe. Ses parents lui transpercent le pied avant de le livrer aux bêtes de la forêt, pour qu'il se fasse plus rapidement dévorer. Le pied enflé symbolise l'incapacité à accomplir ses rêves… Super ! Il ne manquait que ça.

Après la conférence, je rejoins une analyste, que j'ai contactée il y a quelques semaines, après avoir lu son article sur les taches blanches de Freud. Je me dis que si elle a réussi à voir ce que Freud n'a pas vu à son propre sujet, elle réussira sans doute à m'aider à voir ce que je ne vois pas. Après un long et passionnant échange sur ses écrits, je lui raconte les péripéties de Madame X et je lui avoue que je me trouve dans un moment de grande souffrance. J'ai l'impression d'avoir été trop loin dans ma quête de liberté. Comment savoir si on arrive à voir les choses telles qu'elles sont ou pas ?

– C'est presque impossible. Ce n'est qu'avec le recul du temps que vous saurez, mais à force d'être courageux, on peut y laisser sa peau… On pense souvent que les êtres qui prennent beaucoup de risques sont dangereux, voire un peu fous, mais la normopathie, le désir d'être comme tous les autres, c'est encore plus dangereux, car ces gens ne prennent jamais le risque de se remettre en question, comme vous le faites maintenant. Vous faites preuve d'une grande forme de courage.

– Vous trouvez ? Mais comment marie-t-on le courage et l'esprit éthique ? Comment dire la vérité, je veux dire ma vérité, sans blesser ?

– La conscience fait de nous tous des lâches, disait Hamlet. Parfois il faut agir ou écrire sans penser, si on tient à l'aventure et au danger.

– Vous me faites penser à ma grand-mère Les derniers mots de ma grand-mère ont été, entre autres, une citation de Corneille.

– Laquelle ? me demande-t-elle tendrement.

Je la dis en tremblant, comme si sa voix parlait encore une fois à travers la mienne :

– À vaincre sans péril, on triomphe sans gloire.

– Si on laisse tomber vaincre et triompher, car ce sont des histoires d'hommes, on reste avec le péril, et le désir féminin a toujours été là.

Ses mots me confortent profondément. Quelques jours plus tard, je retrouve mes alliés pour un nouveau salon dans le parc de Bagatelle, le paradis des roses et des paons. Voilà enfin des paons vivants ! Je cours après eux car mon pied s'est dégonflé comme par miracle hier soir. Mes invités sont plus qu'amusés. Personne ne doit voir ce qui se cache derrière l'image de cette légèreté. La thématique du jour, c'est la chasse aux images en éloge à *L'Image* de Jean de Berg qui se joue dans ce parc même. Cela me fait un tel plaisir de voir la reine en personne trôner au milieu de son jardin d'autre fois. La règle, qui vient d'elle, est très simple.

Chaque invité pose deux images qu'il a apportées dans le chapeau de la Mort, sans les montrer aux autres. La Mort distribue ensuite les images, l'une après l'autre d'une manière aléatoire. Nous analysons d'abord l'image, ensuite nous essayons de deviner le propriétaire de chaque image. J'amène les deux photos qui me troublent le plus en ce moment, une photo de ma mère toute jeune, et une équivalente de mon père. Les gens pensent que c'est moi sur la photo de ma mère. Je me rends compte que c'est peut-être pour cela que je n'aime pas trop mon visage.

*

Il est dimanche soir. Vincent est allé faire le marché comme jadis. Je suis vêtue entièrement en blanc. La maison est plus propre que jamais. Les grains de sel gisent dans tous les coins. Au milieu du dîner, Vincent se met à confesser qu'il a été fidèle pendant toutes ces années mais que, depuis quelque temps, ce n'est plus le cas. Au début il n'y arrivait pas. Mais maintenant, il y arrive et il y arrive très bien. Ce n'est pas contre moi, mais pour lui.

Je lui dis que je le comprends. Il a l'air étonné. Il ne sait pas que je sais. Que je sais depuis longtemps, et que son annonce me fait le même effet que si l'on m'informait que Hollande était le président de la France depuis trois ans. Il me dit qu'il ne s'agit que de rencontres fugitives, avec de très jeunes filles, qui savent ce qu'elles veulent. « Pas comme toi. » Je lui dis, qu'il faut qu'il fasse attention, car elles pourraient tomber amoureuses de lui. Pas la nouvelle génération. Elles n'ont qu'une chose en tête, le sexe. Et lui ? Il ne cherche qu'à reprendre du poil de la bête.

– Donc tu ne vois pas quelqu'un en particulier ?

– Ah non ! J'en ai eu au moins vingt-cinq.

Je n'arrive pas à en croire mes oreilles. Vingt-cinq femmes… Il ne faut pas que je lui montre mon étonnement. Il ajoute :

– Quand on sort d'un camp de concentration, la seule chose qu'on a envie de faire, c'est de manger des steaks tout le temps.

Il a l'air soulagé, voire enjoué. Vingt-cinq femmes ? Je lui dis encore une fois que je le comprends. Moi aussi je suis passée par là. Il ne faut pas qu'il se sente coupable. Je l'incite à se focaliser sur une seule femme s'il y arrive, car peut-être, qui sait ? Au fond de lui-même, il cherche peut-être à se mettre avec quelqu'un d'autre ? L'idée ne semble pas lui plaire : « Tu ne fais que projeter tes propres désirs sur moi. Si *toi* tu veux être avec quelqu'un d'autre, on n'a qu'à arrêter les choses ici et maintenant ! » Je lui réponds que non, je sais ce que je veux. « Comment peux-tu savoir ce que tu veux, quand tu ne sais même pas qui tu es ? » Je ne dis rien. Je souris, et je regarde à travers la fenêtre. Il fait déjà noir dehors.

Soudain, il m'annonce que cette nouvelle liberté lui donne presque envie de faire l'amour avec moi. Il se lève de la table. Il se penche sur moi, il caresse mon sein gauche et commence à m'embrasser. Il me dit que bientôt, il arrivera peut-être même à me trouver intéressante. Il me prend par la main et m'emmène vers sa chambre. À un certain moment, au milieu de nos ébats, il me dit : « Je n'ai pas envie que ça finisse, prenons notre temps. » À quoi fait-il référence, à nos corps ou à notre histoire ?

Quelques jours plus tard, je retrouve Vincent dans la cuisine avec José, un ami d'Argentine. Ils m'annoncent, morts de rire, qu'ils viennent juste de passer un pacte. Quel genre de pacte ? Un pacte sur la sodomie. La sodomie ? Ai-je bien compris ? Vincent ajoute d'un air solennel : « Nous avons décidé de ne la pratiquer qu'avec nos propres femmes, et pas avec nos maîtresses. Il faut quand même avoir certaines règles de conduite, non ? » Je leur souris et je vais me coucher, pour sombrer dans un sommeil sans rêves.

*

Il est 5 heures de l'après-midi. Le soleil est doux, le ciel brumeux, presque irréel. Cela tombe bien, car je suis en train de participer à une « cérémonie de thé » avec mon psychanalyste fictif dans un pavillon japonais au cœur de Paris, entouré de bambous et de petits ruisseaux lumineux. Deux geishas ouvrent un mur roulant, avancent sur leurs genoux, sortent une poudre noire et des plantes vertes, des pinceaux, de l'eau chaude et commencent à les mélanger dans des petits bols. Nous buvons le thé en silence. J'ai envie de m'allonger par terre pour dormir un peu. Je suis tellement fatiguée. Il est temps de partir, mais juste avant, mon psychanalyste fictif me demande si je voudrais rester un peu avec lui dans le jardin. Il a quelque chose à me dire. Une fois que nous sommes installés sur deux pierres, il commence à me parler de ce qui caractérise la fin d'une analyse. Selon Pontalis, il y a trois manières d'y mettre fin.

1) Le psychanalyste meurt dans son fauteuil, par terreur ou ennui.

2) Le patient meurt sur le divan. Un exemple un peu plus concret serait la dernière séance de Marilyn Monroe avec Greenson.

3) Les deux meurent en même temps. C'est idéal. Il n'y a pas de séparation. Que la fusion dans la mort…

Il propose de finir la nôtre, pour continuer différemment. Cette fois-ci, je fais comme lui, je me tais, pour qu'il puisse continuer.

– De toute manière, nous n'étions pas les maîtres du jeu, dit-il avec un sourire léger. Nous sommes partis dans une dérive qui n'a pas été sous notre contrôle.

– C'était une dérive à deux…

Je regarde la mosaïque de cailloux par terre. Une fourmi avance paisiblement en tirant une feuille verte derrière elle.

– Et comment voudriez-vous que Madame X décrive la disparition de son psychanalyste dans la fiction ?

– Vous pourriez choisir entre ces trois options ou en ajouter. L'une serait que le psychanalyste parte dans sa propre odyssée, pour écrire son livre à lui, ou faire des fouilles à Pompéi avec une jeune archéologue. La deuxième option, c'est qu'il reste mais qu'il voudrait transformer leur relation, dans quelque chose d'un peu plus... à vous de voir. La troisième option serait qu'il disparaisse complètement comme un bouddha qui monte au ciel. Car tout est dit. Ce qui veut dire que tout reste à dire...

– Eh bien, je choisis la troisième option. Vous allez vous dématérialiser dans l'air, comme un bouddha qui monte au ciel !

– D'accord... Nous resterons en contact quand même ?

– Oui, bien sûr, mais, à partir de ce moment, vous allez vous évaporer comme une brume, et personne ne saura pourquoi vous avez choisi de rompre nos séances... En fait l'idée me plaît beaucoup. Dans notre cas, ce n'est pas Dora qui quitte Freud, mais Freud qui la quitte, et nous ne saurons jamais pourquoi.

– Je peux vous le dire, si vous voulez.

– Non, je préfère ne pas le savoir. Restons dans le mystère.

Le miroir brisé

And the mirror cracked from side to side... Vincent vient de se faire virer. La raison ? Il aurait collaboré avec des scientifiques chinois, qui ne faisaient pas partie du programme de recherches officiel, sur la découverte des ondes gravitationnelles. La découverte continue les recherches d'Einstein, car ils ont constaté que masse et énergie peuvent se convertir l'une en l'autre, quand une étoile se transforme en trou noir, mais que deux trous noirs peuvent se percuter, en donnant lieu à des ondes gravitationnelles. La découverte vient d'ouvrir une nouvelle fenêtre sur l'univers, car il serait bientôt possible de remonter à la première milliseconde du Big Bang. L'origine des origines. Mais comment est-ce qu'ils le remercient ? Par ici la porte de sortie, s'il vous plaît, monsieur. Ils nous donnent deux mois pour vider l'appartement de fonction. Vincent propose qu'on fasse une vraie pause pour réfléchir.

Quand les miroirs se brisent, quand les images se dissipent, l'être peut mesurer l'éternité dans un fragment. Je pars me baigner dans le Léthé de l'oubli à la recherche de mon double perdu, qui vient de prendre la parure de sainte Diane, la chasseresse sanctifiée. Je contemple Alastor dans les eaux diaphanes d'une piscine de style romain, dans le jardin d'un grand manoir près du bois de Boulogne. Les chandeliers au bord du bassin illuminent son corps fugace. Je reste vigilante, fuyante, car mon cœur bat encore pour Vincent. Je devrais le jeter aux chiens et aller au-delà de l'amour, au-delà de la gloire, ce soleil des morts.

J'espère que Vincent va trouver une façon plus authentique de mener sa vie, et que cette sortie de la comédie française scientifique nous rapprochera, sinon, cela voudrait dire que notre amour n'était pas si fort que ça… La question qui se pose de nouveau est où vais-je partir ?

Mon agent Quentin me propose de faire le test de Yi King, *Le Livre des transformations.* Je pose deux questions : 1) Dois-je partir en Roumanie ? *Yi – La nourriture.* En haut la montagne, en bas le tonnerre. Le tigre est affamé. Conseil : éloignement de votre vraie nature. 2) Dois-je partir en Asie ? *T'ai – la paix.* En haut la terre, en bas le ciel. Conseil : accomplissez votre œuvre. Ne résistez pas au changement.

J'annule mon dernier salon, car je ne suis pas assez forte pour jouer la comédie avec mes amphitryons. La seule chose qui me conforte en ce moment, c'est *L'Expérience intérieure* de Bataille, plus précisément cette phrase, qui me semble embrasser tant de vérités : « L'absence de satisfaction n'est-elle pas plus profonde que le sentiment de triomphe de la fin de l'œuvre ? » De toute manière, on n'écrit pas des romans avec des trains qui arrivent à l'heure. Mais parfois, il faut améliorer les conditions. Il faut que je fortifie mon temple intérieur, en voyant la poétesse Velléda que j'avais rencontrée lors d'un baptême de rose dans un château de chasse.

Velléda me reçoit dans son salon, qui palpite de fleurs diaphanes, d'encens, de reproductions préraphaélites, d'instruments de musique, de livres de droit, car elle travaille aussi comme avocate, pour les droits des femmes. Elle me joue de la harpe, l'instrument des dieux. Elle est splendide avec ses longs cheveux blonds et ses bras de marbre. Sur le mur, un petit Jésus crucifié nous regarde. On dirait la muse de toutes les muses, l'union de la sagesse, la force et la beauté. Nous parlons de la quête de soi. Elle m'explique que je n'ai pas besoin de me chercher, car mon moi est déjà là. Se chercher, c'est un pléonasme. Ce qu'elle reproche à la psychanalyse, c'est qu'elle nous fait souvent tourner en rond, tandis que dans la prière on se recentre sur soi-même, afin d'aller vers le divin aussi bien que le prochain. Elle me demande si je doute dans ma foi. « Je ne fais que ça. Mais si Dieu existe, et c'est un Dieu d'amour, il me pardonnera de ne pas avoir cru en lui, sinon il n'était pas si grand, et je n'aurais rien perdu. » Elle m'explique que le doute ne nous fait faire des choses qu'à moitié, tandis que la foi nous permet d'aller où nous voulons et surtout de nous aimer nous-mêmes tels que nous sommes. Je lui dis que je me sens plutôt comme un Dieu dégoûté par sa propre création.

– Quand tu satisfais tous tes désirs, tu arrêtes à un certain moment de désirer. La matière ne peut pas nourrir l'âme, car elle est finie. Tu connais les Foyers de Charité de Marthe Robin, qui a souffert toute une vie, mais qui a reçu des milliers de gens au bord de son lit ?

– Non… Je me rends compte que tu es la première femme croyante que j'aie jamais rencontrée depuis que je suis en France. Peut-être aussi la plus candide, car j'ai rarement vu une telle bonté affichée sur le visage d'une femme.

– Attends, ma chère, tu sais que je ne suis femme qu'à moitié. Je suis un hermaphrodite ! Ah ! J'ai trouvé ta tâche.

Un hermaphrodite ? Je n'arrive pas à en croire mes yeux. Elle sort du salon puis revient avec un grand calme, tenant un collier dans la main.

– Je t'offre un chapelet. Ta tâche, c'est de réciter un rosaire. Autrefois, on faisait une guirlande de roses.

– De roses ?

– Oui… Le rosaire contient quatre mystères. Les premiers mystères sur lesquels il faut que tu médites, ce sont les mystères joyeux, ensuite les mystères lumineux, puis il y a les mystères douloureux et glorieux… Tu peux même créer un cinquième mystère si tu veux.

Le lendemain, je fais des recherches sur les Foyers de Marthe Robin. J'en trouve un dans le sud de la France qui organise une retraite dans une semaine avec la thématique « Réengendrer dans l'amour ». Il n'y restait qu'une place. Quelle chance ! Je fais mes valises, j'embrasse le chat et je pars chez Oméga, pour passer quelques jours chez elle avant mon départ. Sur le chemin, je reçois un message du Divan, qui a envie de me voir.

Le Divan sur le divan

Mon Divan a l'air plus serein, plus barbu, que la dernière fois. En sortant de notre dîner, il se jette sur moi. Je pense à Vincent et ses vingt-cinq femmes. Arrivera-t-il un jour à *Mille e tre* ? Avec combien d'hommes ai-je couché depuis mes errances Madame X-esques ? L'écrivain, l'artiste, l'étudiant et le philosophe. Même pas cinq. Nous gagnons son cabinet près de Pigalle. Les lumières sont si fortes et son divan noir si dur et inconfortable. Le Divan devine ma pensée, car il appuie sur un bouton qui fait que le divan se dédouble et allume une petite lampe rouge dans le coin de la pièce. Il se met à me déshabiller, avec une grande application. Heureusement qu'il a arrêté de sourire, je ne supporte pas son sourire. Me voilà maintenant avec le Divan sur le divan.

– Tu ne peux pas m'hypnotiser encore une fois ?

– Tu es sûre ? Mais tu as bu… Je ne sais pas si c'est bien, car j'ai l'impression que tu flottes un peu déjà.

– J'ai juste besoin de trouver la porte d'entrée dans mon corps.

– D'accord… retournons au travail. Il faut que je me rhabille, car je ne peux pas t'hypnotiser en étant nu… je crois.

– Je peux rester nue ou cela te dérange ?

– Reste comme ça, tu es parfaite.

Je me rallonge, sur le dos, avec les bras le long de mon corps, tout hérissé, et je ferme les yeux. Me voilà de nouveau dans une maison, en train de descendre en moi, d'ouvrir des portes, l'une après l'autre, et d'avancer dans un maelström de corps cambrés dans des pléiades d'arabesques qui ondulent le long des murs. Je ne sais plus ce que je dis, car une force me sort brusquement de là. J'ouvre mes yeux. Ah non ! Le Divan se déshabille de nouveau et s'allonge maintenant à mes côtés.

– Tu aurais dû me laisser là, dans mes rêveries… et me prendre comme ça.

– Mais ç'aurait été une faute professionnelle !

– Laisse-moi y retourner, et prends-moi au milieu de mes rêves.

– Mais c'est dangereux ! Tu pourrais… tu pourrais…

– Je pourrais quoi ?

– Je n'ai jamais rencontré quelqu'un comme toi. On dirait que tu n'as peur de rien… et pourtant…

– Pourtant quoi ?

– Pourtant, on dirait que t'as peur de tout. C'est peut-être ta peur qui te rend si désirable. Je peux te caresser à nouveau ?

– Vas-y.

– Je n'arrive pas à croire que tu es vraiment là, sur mon divan, depuis le temps que je fantasme sur toi. J'avais commencé à perdre espoir, car tu ne me répondais plus, et là, tu réapparais… et ton corps… je l'ai imaginé tant de fois… mais…

– Excuse-moi, mais j'ai besoin de silence, je ne peux pas me concentrer sur tes caresses.

– Ah oui, bien sûr… Excuse-moi.

– Tu as des préservatifs ? Sinon, je viens d'en acheter…

– Oui, bien sûr.

Je ferme les yeux et je commence à le caresser également. J'ai envie qu'il entre en moi une fois pour toutes, et qu'il me prenne cinq fois multipliées par cinq. Mais je reste sur le dos. Je n'ai pas envie de faire le moindre effort. Il se place sur moi, sur ses quatre pattes, comme un divan. Il fait converger son sexe vers le mien, mais tout à coup, on dirait qu'il vient de se tordre un muscle, car son visage se crispe quelques secondes… Ah non ! Il a l'air aussi choqué que moi. Il me demande pardon. « On a attendu trop longtemps. » Il veut recommencer mais je me sens complètement exténuée. Je me rhabille et je repars désemparée.

*

Le lendemain, j'ai l'impression de porter un chapeau de ciment, tellement j'ai mal au crâne. Oméga me sert un petit déjeuner dans son jardin, je lui raconte les péripéties d'hier. Elle rit et me dit que c'est bien que Madame X se cogne au réel de temps en temps quand même. Elle me demande si je suis sûre que je veux partir, car elle a regardé sur le site du Foyer, et elle a l'impression qu'il s'agit d'une véritable secte. Elle doit se dire que le contraste est trop grand entre une rencontre nocturne à Pigalle et un groupe de religieux qui vont prier Dieu du matin au soir.

Une fois dans le wagon, mon sexe commence à brûler comme s'il avait pris feu. Aux, toilettes je me rends compte que je ne peux plus uriner. En sortant du train, j'avance doucement, les jambes écartées. Une dame, aux cheveux blancs, avec un carton qui porte le nom du Foyer, me reçoit avec un grand sourire forcé, encerclée par quatre autres personnes taciturnes. Je lui dis que je pense avoir besoin d'un médecin d'urgence. Elle ne me demande pas ce que j'ai et me dit le regard figé sur les tableaux des arrivées, qu'ils ont une infirmière au Foyer. Les autres personnes restent avec leurs nez collés à leurs portables. C'était quoi la thématique du séjour ? Réengendrer dans l'amour ? Cela commence bien.

La secte

Premier jour.

Oméga avait raison. Il s'agit d'une véritable secte. Les femmes du Foyer virevoltent inquiètes autour d'un prêtre aérien. L'infirmière, une femme moustachue qui s'appelle Jackie, ou est-ce un homme ?, prend pitié de moi et se met à appeler les médecins de la région. Ils sont tous partis en vacances. À la fin, elle trouve un docteur. « Un membre du Foyer va t'emmener. »

Le docteur, qui ressemble à Peter Sellers, me demande de quoi je souffre. « D'une cystite, je crois. » Il me regarde comme s'il voulait que je devine sa prochaine question. « Vous avez mal lorsque vous urinez ? » Quel génie ! « Oui, très, même. – Allongez-vous sur la table d'examen et enlevez votre jupe. » J'exécute ses directives, même si je ne vois pas trop bien pourquoi je dois enlever ma jupe. Il commence à me tripatouiller l'estomac dans tous les sens. Heureusement que je porte une culotte blanche style grand-mère. J'espère qu'il ne va pas me demander de l'enlever, car il la regarde amusé. Me voilà passée du divan à la table médicale. Le pas ne fut pas si long que cela finalement. Il se réinstalle à son bureau, et m'annonce d'un air solennel : « Vous avez une cystite aiguë. Je vais vous donner des antibiotiques très forts. » Je le remercie et, quelques pilules plus tard, je me promène dans le jardin du foyer.

Le coin est assez beau avec ses collines rubicondes, son lac vert dans la vallée et la forêt noire qui nous entoure, mais les retraités qui rôdent doucement d'un arbre à un autre, comme des somnambules, rendent l'atmosphère un peu inquiétante. Ils ont tous l'air un peu fou, sauf un vieux couple qui passe son temps sur un banc, retourné vers le panorama de la vallée et un bel homme aux cheveux châtains qui ressemble à l'acteur blond dans le film *A Room with a View*. Il lit un livre, sous un arbre. Je me demande lequel, « Ma vie avec Jésus-Christ » sans doute.

L'heure est venue pour l'introduction au programme de la semaine. Nous nous retrouvons dans le réfectoire. Le « père » fait une prière un peu mécanique et nous présente le planning. Nous aurons des cours du matin au soir. Le père nous conseille en plus de meubler le temps libre par des prières. À partir de demain, nous allons vivre dans le silence, car « Dieu se donne dans le silence ». Une femme avec une chevelure courte à la Shirley Temple qui se déplace avec la grâce d'une oie reprend pour nous parler de la méthode Vittoz, qui offre différents exercices pour « vider le cerveau de toutes les scories ». Freud se concentrait trop sur l'inconscient. Nous allons travailler le conscient. Pour cela on va faire quatre choses : respecter les règles, mettre la tristesse de côté, canaliser notre pensée et travailler la volonté. Si je ne deviens pas folle au bout de cette semaine, cela veut dire que mon esprit était bien plus fort que je ne le croyais.

Deuxième jour.

La musique matinale qui jaillit des mégaphones des couloirs pourrait venir du septième cercle de l'*Enfer*. On dirait du jazz joué par une machine à coudre accompagnée par la musique d'un carrousel de foires. La journée commence par un discours de Mme Vittoz, qui nous apprend que « l'horizon est un échange de regards », et qu'il faut « accueillir le réel sans jugements ». A-t-elle lu Lacan ? « Regardez ce bouquet, sans le juger. » Il est particulièrement laid. Je ne sais pas si elle a fait exprès. Elle nous incite aussi à nous aventurer dans la nature, car « on ne trouve pas Marie dans le placard ». Et pour cela, il faut toujours garder les trois « S » avec soi. « Il faut être simple, souple et sincère. » Le père nous parle ensuite de l'islam et des problèmes qu'il engendre. « Chez eux, Dieu est tout, et l'homme n'est rien. Il n'y a pas de dialectique. Chez nous, Dieu se divise dans la trinité, mais il a besoin de nous pour s'accomplir. » Je ne comprends pas pourquoi il a besoin de frapper sur l'islam pour montrer la grandeur de Dieu, mais bon, à chacun ses secrets didactiques.

Le père parle maintenant du suicide : « Pourquoi suis-je là ? Quel est le sens de ma vie ? Le suicide dépend de la réponse qu'on donne à ces questions. Prenons notre chère Marthe Robin, qui n'en pouvait plus de ses souffrances, et qui se dit un jour : *Je préfère être sous la terre que de l'obliger à supporter mon poids.* C'est au moment où elle choisit la vie que tout bascule et qu'elle trouve l'humour aussi bien que la sainteté. » Ai-je bien compris ? L'humour ? Ou parle-t-il de l'amour ? Il continue. « Mais pour grimper, il faut descendre. Toute la trajectoire de Jésus est une descente. C'est dans la poussière du sol qu'il nous donne rendez-vous. C'est à la table des pécheurs qu'il s'assoit. » Hum... Je commence à avoir faim.

Au déjeuner, tout le monde mange en silence, faisant attention au moindre geste. Les « membres du foyer », une équipe de cinq femmes, nous surveillent pour voir si on mange, comment on mange, si le temps est arrivé pour le dessert ou pas, s'il y a assez d'eau ou de vin. C'est sans doute la bienveillance qui les guide, mais le silence rend tout le monde suspect, même elles. J'ai l'impression d'être dans une école de correction. C'est pire que les sectes de ma mère. Là, au moins, ils s'agitaient, ils parlaient en langues de feu, ils chantaient, ils se roulaient par terre. Heureusement que je peux poser mon regard sur l'homme châtain de temps en temps. J'essaie aussi de méditer sur l'icône de Jésus-Christ qui a une forte ressemblance avec Bruce Willis dans *Die Hard*. Les deux jets de sang qui jaillissent de ses pieds ressemblent à deux fleurs. On dirait qu'il porte une paire de flip-flops aux marguerites rouges.

Après le déjeuner, je décide de partir courir pour trouver un village avec un tabac ouvert, car il ne me reste que deux cigarettes. Un kilomètre plus loin, mon sexe commence à brûler telle une flamme olympique entre mes jambes. Je traverse village après village. Une fois dans la ville, j'achète mes cigarettes, mais je me dis que je n'arriverai jamais à rentrer à pied, surtout pas avec cette douleur. Que faire ? J'appelle la centrale de taxis, mais personne ne répond. C'est le 14 juillet. La ville est quasi morte. Après une longue lutte intérieure, je décide d'appeler l'accueil pour leur demander de venir me chercher. Une quinzaine de minutes plus tard, Pauline, la maîtresse du Foyer, débarque dans sa voiture. Elle n'a pas l'air contente.

– Vous n'avez pas le droit de quitter la zone !

Quelle zone ? Cela me fait penser à *Lost*, la série américaine où il ne faut pas sortir de la zone de la secte scientifique, sinon on reçoit une décharge électrique.

– Vous savez, nous travaillons ici ! Maintenant quelqu'un d'autre va être obligé de sonner les cloches à ma place ! Nous sommes des gens sérieux, nous...

– Je n'en doute pas une seconde... Excusez-moi encore une fois, je suis vraiment désolée de vous avoir dérangée...

Lorsqu'on arrive au Foyer elle me lance :

– Passez dans la cuisine avant que le soleil tombe, pour chercher des seaux et un torchon. Comme ça, vous pourrez nettoyer le pare-brise et la vitre arrière de ma voiture. Elles sont assez crades, comme vous voyez.

Je reste bouche bée. Je viens juste d'être punie ! J'arrive en retard, mais Mme Vittoz a amené tout le monde en transe. Le père enchaîne ensuite avec un discours sur le Dieu vengeur de l'Ancien Testament qui se transforme avec l'arrivée de Jésus en un Dieu d'amour et de miséricorde. Je me demande ce que Jésus aurait dit de Pauline.

Après le cours, j'essaie de me recueillir à la lisière de la forêt, dans mon spot préféré. J'entends des pas. Je me retourne. C'est l'homme châtain.

– Je vous ai vue courir tout à l'heure. Cela doit être dur par cette chaleur.

– Ah oui...

– Vous me permettez de m'installer auprès de vous ?

– Bien sûr, allez-y.

Il s'installe par terre, il sort une cigarette, l'allume, et regarde dans la direction de la forêt. Je contemple sa peau lisse, bronzée, son nez aigu, la mouche sur sa joue droite, qui lui donne des airs de fin d'époque. Je reprends :

– Et vous faites quoi dans la vie ?

– Je suis archiviste. Enfin, j'ai perdu mon travail.

– Vous êtes tombé sur quelque chose qu'il ne fallait pas ?

– Oui, c'est un peu ça...

– Vous avez archivé beaucoup de secrets, j'imagine...

Il sourit. Il ne dit rien. Il continue à fixer la forêt.

– Et vous ?

– Cela dépend de qui demande...

– Vous êtes agent secret ? dit-il en souriant.

– Ha ha. J'aimerais bien. J'enseigne l'histoire de l'art, pour être plus exacte, l'art contemporain.

– Ah ! Vous archivez les temps.

– Je ne sais pas... L'art contemporain, c'est plutôt de l'art pour les « cons du temps ».

Il rit. Je ne sais pas pourquoi je viens de cracher sur ma plus grande passion. Je change de sujet :

– Je peux vous avouer quelque chose ?

– Oui, bien sûr !

– Je viens juste de me faire punir.

– Par qui ?

– Par une des femmes de la maison.

– Mais qu'est-ce que vous avez fait ?

Je lui raconte ma petite escapade.

– Quelle punition. Mais c'est délicieux !

– Délicieux ?

– Ben oui ! C'est délicieux de se faire punir.

– Vous avez raison peut-être… Cela vous est arrivé souvent dans votre vie ?

– Oui… mais il y a très longtemps.

Nouveau moment de silence. Il fixe la terre et déplace une petite pierre blanche avec le bout du pied. Je reprends :

– J'ai décidé de laver *toute* sa voiture, pas uniquement ses vitres, et de le faire avec beaucoup d'amour. C'est bien la thématique de notre séjour, « réengendrer dans l'amour », non ?

Nous rions un bon moment. J'apprends qu'il est belge et qu'il s'appelle Stanislas. C'est en tout cas ce qu'il me dit, car lui, en revanche, a vraiment l'air d'un agent secret.

Deux seaux blancs en plastique pleins d'eau, avec deux torchons posés sur leurs bords, m'attendent près de la voiture de Pauline. Je me retrousse les manches, et je commence à laver la voiture. Le vieux couple passe et m'envoie des sourires. J'espère qu'ils croient que c'est ma propre voiture. Je ne voudrais pas les mettre mal à l'aise. Stanislas apparaît. Il fait quelques blagues, et s'en va. Lorsqu'il revient trois quarts d'heure plus tard, la voiture est comme neuve. Nous nous installons au bord de la petite fontaine. Il me raconte qu'il est seul depuis pas longtemps. « Et toi ? » Je lui dis que je suis en train de devenir seule, et que cela m'angoisse un peu, mais que je m'en sors plutôt bien pour l'instant. La brûlure entre mes jambes me rappelle à l'ordre. Je rentre dans ma chambre pour prendre mes cachets et lire *Une femme ardente* de Hadewijch d'Anvers. Je songe à l'incendie dans son cœur, à celui entre mes jambes, et je m'endors.

Troisième jour.

Mme Vittoz commence la journée par dire à quel point il est important d'avancer en avant, et pas en arrière. Tiens ! Je n'avais jamais pensé à cela. Après le cours, je pars voir le lac avec Stanislas, mais nous nous perdons dans la forêt. Nous faisons demi-tour pour ne pas rater le dîner. Au milieu du dîner, ma mère m'appelle. Je sors le cœur serré. Qu'est-ce qu'elle veut cette fois-ci ?

– Il faut absolument que tu retournes en Roumanie !

– Pourquoi ?

– Parce que tu es moribonde !

– Pardon ?

– J'ai montré tes dossiers à des grands experts de médecine moléculaire.

– Quoi ? Tu as volé mon journal médical ?

– Il fallait que je l'étudie, non ?

– Mais tu aurais pu me le demander, ou faire une copie !

– Ma fille, tu es en train de mourir, tu comprends ? Tu vas mourir !

– Oui, oui. On va tous mourir.

– Mais tu vas mourir bientôt si tu ne te soignes pas. D'ailleurs, je ne comprends pas pourquoi ton mari ne répond pas à mes emails.

– Tu lui as écrit ? Mais pourquoi ?

– Parce que tu ne répondais plus. J'ai aussi écrit à ton amie Oméga.

– Écoute, si tu ne me jures pas d'arrêter d'écrire à droite et à gauche, je ne répondrai plus jamais à aucun appel.

– Dis à Vincent qu'il m'envoie ton cadavre. C'est moi qui vais t'enterrer, pas lui.

– Pardon ?

– Je veux t'enterrer avec mes propres mains, dans ta terre natale. Et si tu n'acceptes pas de venir te soigner maintenant, je vais te chercher avec Interpol !

– Et si ça ne marche pas ?

– Eh bien je vais faire la grève de la faim.

– Et si ça ne marche pas ?

– J'enverrai des gens pour te chercher. Je suis une tigresse à qui on a arraché son enfant. Personne ne peut me le prendre, je l'aurai mort ou vivant !

Je raccroche. Je suis venue ici, dans cette communauté, afin de mieux comprendre ma mère, pour apprendre qu'au fond d'elle-même, elle n'attend qu'une chose, m'enterrer ? Je retourne vers le Foyer de Charité. Où est le Dieu de l'amour ici ? Je décide de quitter ce lieu maudit. Stanislas sort de la maison juste au moment où j'allais entrer faire mes valises.

– Comment ça va ?

– Pas trop bien.

– Tu veux en parler ? On pourrait aller dans une petite clairière que j'ai trouvée.

La clairière ressemble à un cirque forestier avec ses podiums de bois coupé. Je lui raconte la discussion avec ma mère. À un certain moment, il dit :

– C'est peut-être moi que ta mère a envoyé pour venir te chercher...

– Très drôle... J'ai arrêté en tout cas d'avoir peur d'elle. Elle a vraiment besoin de se soigner...

– On a tous besoin de nous soigner.

– Ça, c'est clair...

– On a tous des petites folies, dit-il en commençant à jouer avec un bout de bois.

– Quelles sont les tiennes ?

– Je suis venu pour me confesser au père, je vais faire ça demain matin, ensuite, je te dirai peut-être.

– Tant que tu n'as pas tué quelqu'un.

– Non, je n'ai tué personne.

– Alors tout va bien... Mais t'es sûr que tu veux te confesser à ce prêtre ? Je ne le trouve pas très sympathique. T'as vu comme il nous regarde ? Il est tellement hautain et sûr de lui !

Nous convenons qu'on devrait ajouter un péché à la liste. L'orgueil intellectuel et nous retournons ensuite au Foyer.

Quatrième jour.

Mme Vittoz commence la journée avec un exercice respiratoire, et nous explique qu'on peut vivre sept jours sans manger, trois jours sans boire, mais pas plus que trois minutes sans respirer. Le père reprend ensuite pour nous dire que si on veut vivre avec Jésus, il faut partir en exode. Mais une fois-là, la seule chose que nous découvrirons, c'est que Dieu nous aime tels que nous sommes.

Après le cours, je pars faire mon jogging, car si Dieu m'aime telle que je suis, eh bien, il n'aura rien contre le fait que je ressors de « La Zone ». Une fois revenue de ma petite échappée, je m'installe dans le jardin pour faire du yoga, à côté d'un gigantesque chêne. Je me mets dans la posture *sirsasana*, la tête à l'envers, les jambes tendues vers le ciel. Tout à coup, je vois les gens sortir de la chapelle comme des Lilliputiens dans un monde renversé. Quelle charmante image !

Je décide de monter dans ma chambre mais, lorsque je cherche ma clé dans mes poches, je ne la retrouve plus. Je regarde partout, autour de l'arbre. Quelle horreur ! Que va-t-il m'arriver maintenant ? Je vais voir Pauline pour lui confesser que j'ai perdu la clé, et que je suis prête à recevoir n'importe quelle nouvelle punition. « Mais si vous la retrouvez, qu'est-ce qu'on fait ? Hier, un homme a perdu sa clé, mais il l'a retrouvée plus tard. – Peu importe, lui dis-je, je recevrai ma punition avec plaisir. La dernière m'a fait beaucoup de bien. – D'accord, mais il va falloir que je réfléchisse d'abord. Venez me voir en fin d'après-midi. » Elle me donne une nouvelle clé en attendant. Après une sieste, je propose à Stanislas d'aller dans la clairière. Une fois assis sur les podiums de bois, je lui demande :

– Alors, comment s'est passée la confession ?
– Très bien.
– Tu lui as parlé de quoi ?
– Je ne me confie que dans l'amour...
– Et l'amitié ?
– L'amitié prend du temps.

J'insiste jusqu'à ce qu'il m'avoue tout. Je lui demande pourquoi il a fait tout ça. « Eh bien, parce que, parfois, on a envie de se faire du mal à soi-même. » Ensuite, il me demande avec un sourire sur ses lèvres pourquoi j'ai perdu ma clé. « Tu voulais aller où à la place ? » Effectivement, je n'y avais pas pensé. Avant, on avait le bon diable, aujourd'hui l'inconscient. Nous nous regardons longtemps dans les yeux sans dire un mot, avant d'aller nous coucher.

Cinquième jour.

Le jour commence par l'annonce de ma punition. Pauline me « propose de choisir » entre laver une nouvelle voiture ou aller cueillir des prunes. Je choisis les prunes. Elle me donne les deux seaux en plastique, mais je décide de le faire l'après-midi, lorsqu'il fera un peu moins chaud.

Je décide d'effectuer la tâche de Velléda. Je monte dans ma cellule avec mon chapelet pour méditer sur les quatre mystères, mais rien ne se passe. Je préfère les spinozistes, qui considèrent que Dieu est partout, dans la nature, dans les fleurs, dans les arbres, même en nous. Je sors et je m'installe sur le banc, où le vieux couple a l'habitude de passer son temps. J'essaie de me concentrer sur la vue de la vallée, l'herbe, les petits papillons blancs qui dansent autour des fleurs de lys. J'attends une révélation, n'importe laquelle, un signe, mais la seule chose que je trouve est un stylo pourri, dans l'herbe, qui a été décoloré par le soleil. Je le prends avec moi, pour le jeter à la poubelle, mais une fois dans ma chambre je le garde en me disant que cela pourrait être un signe après tout. Le stylo symbolise quand même l'écriture. Je me demande pourquoi ce signe ne me remue pas plus que ça. Ah ! J'avais oublié les prunes. Stanislas m'accompagne un bout sur le chemin. À un moment donné, il s'arrête au milieu d'un champ de fougères, prend mes mains et me dit :

– J'ai envie de me donner à toi. J'ai envie de t'aimer… Ne dis rien. Réfléchis, et on en reparlera plus tard.

Cela m'émeut énormément, mais je le laisse au milieu de la forêt, et je descends dans la vallée, où je trouve enfin un prunier. J'ai l'impression de cueillir des regards, car les prunes scintillent comme les iris d'un animal à mille yeux dans le feuillage ensoleillé. Je remplis les deux seaux et je rejoins la maison. Stanislas m'attend au bord de la petite fontaine, souriant comme un petit enfant. Je m'arrête et je lui offre quelques prunes. Je lui demande si les prunes symbolisent quelque chose de particulier dans la mythologie. Il me répond qu'il n'en a aucune idée, il sait juste qu'elles sont bonnes pour la digestion. Soudain, je vois Pauline avancer à grands pas vers nous. Qu'est-ce qu'elle veut maintenant ?

– On n'est pas au Club Med ici ! s'exclame-t-elle avec une rage qui semble venir directement de l'Ancien Testament. Les gens sont là pour trouver le repos. Et vous ! Vous parlez sans cesse ! À partir de maintenant, chacun ira de son côté, et vous arrêterez de vous parler, sinon, vous n'aurez rien obtenu de cette semaine ! Voilà ta troisième punition, à partir de maintenant, tu ne le verras plus !

Je lui tends les deux sceaux de prunes sans dire un mot et je remonte lentement dans ma cellule.

Sixième jour.

En sortant du cours, où le père a fait une comparaison entre le péché originel d'Ève et Marie, qui lave l'homme du péché originel par sa virginité, je file un bout de papier à Stanislas avec le message : « Retrouve-moi à l'endroit où l'on s'est vus la première fois. J'ai envie d'aller laver mes péchés dans le lac avec toi. »

Le lac est bleu turquoise, sans aucune ride, entouré de pins majestueux. Nous voilà enfin seuls, taciturnes et paisibles, dans un lieu où plus rien ne peut nous atteindre. J'enlève mes vêtements. Stanislas me regarde d'abord stupéfié, mais se met à faire la même chose en riant. Quelle joie divine de flotter, toute nue, dans un lac caressé par le soleil. J'ai l'impression d'être dans un temps avant le temps. Stanislas est déjà au milieu du lac. « Imagine-toi, dit-il, si Pauline ou le père nous voyait maintenant ! Nous serions éjectés tout de suite du paradis. » Je commence à avoir froid. Il faut que je ressorte. Je m'allonge par terre à côté de l'arbre. Je reste nue. Il faut que je sèche, avant de me rhabiller. Stanislas me rejoint vite et s'installe derrière moi. Je me redresse sur mes fesses et pose ma tête sur mes genoux.

Il prend mes cheveux mouillés dans ses mains et commence à jouer avec eux. Mes tétons se durcissent et je prends conscience des rayons du soleil qui chauffent mon sexe, mais les frissons du plaisir commencent à se mêler à des courants d'angoisse. Tout à coup, je sens ses bras autour de moi, ses lèvres effleurer mon cou. Je crie, car je vois une chose noire avancer au milieu du lac.

– Ah ! C'est un ragondin, dit-il en riant.

Sa tête est énorme. Elle avance lentement comme un vieux monsieur à la retraite en train de prendre son bain de fin d'après-midi.

Je regarde l'heure. Je lui dis qu'il ne faut pas qu'on rate la dernière conférence de 18 h 30. Stanislas se met debout pour se rhabiller. Il commence par sa chemise rose. J'adore regarder les hommes s'habiller, surtout lorsqu'ils commencent par la chemise. Cela met beaucoup mieux en valeur ce qu'ils ont entre les jambes, tout en leur donnant un aspect doux et fragile, et dans son cas, la chemise se marie parfaitement avec la forêt dorée qui encercle son sexe.

Nos cheveux sont toujours mouillés lorsque nous rentrons dans la salle d'études. Je m'assois à côté de lui, par pure obstination. Ils nous ont maudits, mais pourtant nous n'avons rien fait. Nous sommes aussi purs qu'Adam et Ève au premier jour. Le père finit son dernier discours en revenant à l'islam. « Le problème fondamental de l'islam, c'est qu'il n'y a pas de péché originel. Tu peux tuer quelqu'un et avoir un accès direct au paradis. C'est pour cela que le monde musulman ne sait pas quoi faire avec les djihadistes. Nous devrions collaborer avec le monde arabe pour proposer un nouveau décret dans la foi musulmane, qui transformerait le meurtre en péché originel. Sinon on va tous finir par... être égorgés. Je trouve que les autorités religieuses chrétiennes actuelles sont un peu… oui, vous le pensez sans oser le dire, “molles”. »

Je comprends enfin le problème du père. Il se croit plus fort que le représentant de Dieu sur terre. Dans la chapelle, lors du sacrement, je m'installe auprès de Stanislas, au premier rang. Le père demande maintenant à chacun de faire une prière dans le microphone qui passe parmi nous. Lorsqu'il arrive dans mes mains, je remercie le Seigneur pour ma « liberté retrouvée malgré les limites imposées ». Une fois que nous sommes sortis de l'église, le serment de silence est aboli.

Le vieux couple qui a l'habitude de regarder le panorama depuis son banc, et de m'envoyer des sourires, vient me dire d'une seule voix : « Vous faites un très beau couple. » Heureusement que Stanislas n'a pas entendu. Je leur chuchote : « Mais nous ne sommes pas ensemble. » Le vieux monsieur répond en riant : « Eh bien vous faites un très beau couple quand même. » Ensuite, ils s'en vont doucement, les bras entrelacés, pour contempler une dernière fois la vallée.

J'invite Stanislas à faire une dernière promenade avec moi dans la forêt avant d'aller se coucher. Il m'accompagne en silence. La forêt baigne dans le bleu indigo de la nuit descendante. Je prends mon courage et je lui dis :

– Cher Stanislas, j'ai longuement réfléchi ces derniers jours. Je dois t'avouer que je ne peux pas m'engager dans une histoire avec toi. J'ai plein de choses que je dois régler avant que je puisse même penser dans cette direction-là.

– Je comprends… Tu ne peux pas rester quelques jours avec moi ? Comme ça nous pourrions nous connaître un peu mieux avant de nous dire au revoir ?

– Non, je ne peux pas… Mais savourons le moment qui nous reste.

Le ciel s'illumine derrière les couronnes des arbres, donnant lieu à une symphonie de sons et de lumières flamboyantes qui déchirent le ciel. Il commence à pleuvoir et le tonnerre se promène d'un nuage à un autre. Nous prenons abri sous quelques arbres plus loin, sur un banc. Stanislas essaie de nouveau de m'embrasser.

– Non, restons entièrement chastes, je n'ai jamais réussi cela avec un homme avant… je veux dire avec un homme que je désire.

– J'ai l'impression d'être face à la Vierge immaculée.

– Ha ! Ha ! Si tu savais !

– Il y a quelque chose que je voulais te demander. Je voudrais savoir si tu aurais pu retrouver ta liberté sans l'aide de Pauline, si tu penses un jour pouvoir trouver la liberté d'une manière non réactive.

Je me tais, car je ne sais pas quoi répondre. Il pose sa tête sur mes genoux. Nous restons longtemps ainsi, à regarder cette obscurité flamboyante. On dirait que le ciel vient de prendre feu. Qu'est-ce qu'il symbolise, le paon, lorsqu'il arrive ? Le triomphe de la lumière contre les ténèbres. La splendeur de son plumage chatoyant proviendrait de la transmutation des venins qu'il absorbe en détruisant des serpents. Mais pourquoi chasser les serpents quand on peut les apprivoiser ? Pourquoi ne pas voir le paon comme l'unification du bien et du mal, l'acceptation de soi, tels que nous sommes, solaires et lunaires, sexuels et spirituels, bons et méchants ?

La chèvre

Oméga est très heureuse de me revoir. Elle n'a pas cessé de s'inquiéter pour moi, toute la semaine. On boit du thé dans son jardin.

– Tu t'es confessée au père du Foyer ?

– Bien sûr que non !

– Je ne comprends pas. Tu te moques de la psychanalyse avec une telle ingéniosité, pourquoi tu ne l'as pas aussi fait par rapport à la religion, qui est un système encore plus oppressant ? Surtout toi, qui aimes te confronter à des autorités ?

– Eh bien, parce que j'en ai assez de ma mascarade.

– T'es sûre que c'est ça ?

– Ça serait quoi, sinon ?

– Eh bien, je me demande si ce n'est pas parce que tu crois quelque part en Dieu...

– Quelle étrange idée !

Elle fait une longue pause, ensuite elle se lance :

– J'ai pensé à une chose pendant ton petit voyage. Comment ça se fait que tu ne te sois pas intéressée à ton couple pendant tout ce temps et que tu aies préféré partir comme une chèvre en pâture ?

Elle se lève de sa chaise et imite les mouvements d'une chèvre qui mange de l'herbe un peu par-ci, un peu par-là, dans son jardin. J'éclate de rire. Nous rions ensemble un bon moment. Après tous ces mois d'élucubrations psychanalytiques, quelle est la conclusion d'Oméga ? Je suis une chèvre en pâture ?

– C'est un mystère pour moi encore, ce qui s'est passé entre Vincent et moi. Je ne sais pas…

– Peut-être que cela t'arrange de ne pas savoir…

– En tout cas, mon seul désir maintenant, c'est de partir au Tibet.

– Au Tibet ? Pourquoi as-tu besoin de faire ce chemin de croix ? À quoi veux-tu échapper encore ?

– C'est très simple. Je veux échapper à toutes les tentations parisiennes. Je ne veux pas finir comme le protagoniste dans *L'Alchimiste* de Paolo Coelho, et me dire que le trésor était en fait dans mon jardin, qui n'est qu'un simple *rip off* de *Candide* d'ailleurs. Non, je veux le trouver ailleurs… Tu comprends ?

– Mais pourquoi as-tu besoin d'aller jusqu'au Tibet ? Je ne comprends pas.

– Eh bien, moi non plus. Mais ce n'est qu'en allant là-bas que je le saurai.

Je monte frustrée dans ma chambre. Je sens une énorme fatigue s'emparer de moi. Quelle est ma véritable destination ? Est-ce vraiment le Tibet ou s'agit-il d'un leurre parmi d'autres ? Je m'endors. Mon portable sonne. C'est mon écrivain.

– Qu'est-ce que tu fais ?

– Je dors...

– Ah, désolé... Je sais à quel point tu détestes qu'on te réveille. Tu veux que je t'appelle plus tard ?

– Non, ça va... Comment vas-tu ?

– Très bien. Je viens de louer une grande maison avec une gigantesque piscine, un piano et une vue sublime sur le mont Ventoux. Tu veux venir ?

– Je ne sais pas... Je rentre juste d'une retraite spirituelle, mais je suis complètement épuisée... Ha ! Ha !

– Viens alors ! Tu vas adorer ce lieu. En plus, ce n'est pas loin de l'abbaye où tu étais l'année dernière. On pourrait aller la visiter ensemble.

Je redescends chez Oméga. Je frappe à sa porte.

– Ma chère ! dit-elle, joyeuse.

– C'est plutôt ta chèvre... Ha ! ha !

– Tu as pu te reposer un peu ?

– Ah oui... Je me sens beaucoup mieux.

Je lui raconte l'appel que je viens de recevoir de mon écrivain et sa proposition.

– Mais c'est fantastique ! Vas-y !

– Et le Tibet, alors ?

– Le Tibet peut toujours attendre. Tandis que lui, tu ne peux pas lui demander d'attendre encore et encore.

– Hum... je ne sais pas... C'est vrai qu'il m'a beaucoup manqué ces derniers mois... Je n'ai même pas eu besoin de couper avec lui d'ailleurs, car il sent toujours quand j'ai besoin d'espace, il me le donne, sans que j'aie besoin de le lui demander…

– Tu vois ? C'est le bon moment. Saisis-le !

– Regarde, j'avais même trouvé une image avec une chèvre au Tibet sur mon iPhone avant de m'endormir. Je me suis endormie en la regardant…

– Oui, mais un homme dans une piscine te fera beaucoup plus de bien qu'une chèvre au Tibet.

– Tu as peut-être raison…

La dolce vita

Je profite tant de la vie avec mon écrivain maintenant que l'écriture s'est réduite à quelques notes dans mon carnet.

Choses positives :

– Un écrivain qui écrit fantastiquement bien.

– Maison sublime avec piano et piscine. L'eau y est si claire que je pourrais lire le journal allongée sur le fond du bassin.

– Vue incroyable.

– *Sex in the pool* avec champagne.

– Femme de ménage qui vient tous les jours.

– Les voisins ont un chat bengal qui passe ses journées allongé à mes côtés. Il s'appelle Jinto, et me fait penser à une de mes peintures préférées,

The Caresses de Khnopff. Un jour je me procurerai un chat bengal.

– Je joue au piano du matin au soir.

– Je me recueille de temps en temps dans des petites huttes de pierre.

– Je redémarre peu à peu mon écriture.

Choses négatives :

– Nous venons d'avoir notre première dispute. Cela a éclaté un soir, quand je suis rentrée de mon jogging en disant : « J'ai couru jusqu'en haut de la montagne. Tu aurais dû voir la vue ! Je me sentais comme le promeneur solitaire de Caspar-David Friedrich ! » Mon écrivain m'a répondu, sans lever la tête de son manuscrit : « Ouais, ouais, le romantisme allemand a quand même mené au nazisme. – Pardon ? De quel romantisme tu parles ? Le romantisme nationaliste ou le romantisme universaliste ? Le romantisme du *Blut und Boden des Deutschen Volkes* qu'on retrouve déjà chez Herder, ou le romantisme oriental du *Divan occidental-oriental* de Goethe, qui était tous sauf nationaliste ? » Il reste perplexe. Ensuite il insiste. « Oui, mais quand même, il y a un lien entre l'amour de la nature, les forêts, les esprits, tout ça, et le nazisme. » Je m'énerve et je lui explique à quel point c'est dangereux de faire ce genre d'amalgames. Je lui dis que les vrais intellectuels sont des gens qui osent chercher les nuances, approfondir leurs savoirs et, quand ils en manquent, écouter ceux qui les possèdent. Il reste calme et il me dit qu'il a lu un livre là-dessus il y a quelques années, qui soutenait cette hypothèse. Un livre ? Cela lui suffit pour avoir un discours si brutal et définitif sur un sujet si complexe ? Je l'informe que j'ai lu une centaine de livres sur le sujet, et que s'il n'avait pas de complexes d'infériorité vis-à-vis du savoir féminin, il pourrait m'écouter. Il part fâché, et revient quinze minutes plus tard, pour me demander si je suis prête pour aller dîner. On s'embrasse et on fait l'amour passionnément. Cela me fait tant de bien de pouvoir enfin me disputer avec quelqu'un sans que ça soit la fin du monde.

Un autre problème c'est qu'il parle très fort au téléphone. Même si la maison est immense, je l'entends partout. J'ai envie de creuser un trou dans la terre, et de mettre ma tête dedans.

Le troisième problème, c'est qu'en fait, il n'y a pas de problèmes. On s'entend trop bien. Sa joie, son désir incessant, sa candeur et sa chaleur méditerranéenne me vont comme un gant.

Un jour, même si nous faisons l'amour aussi intensément qu'au début, même s'il vient de lire les premières pages de mon roman qu'il aime beaucoup, je décide de le quitter, au moins pour quelque temps. J'ai besoin de plonger dans mon texte et d'y rester. Je lui dis que je vais le retrouver plus tard, je ne sais pas quand, mais que pour l'instant j'ai besoin de m'isoler complètement. Il est attristé, mais il me dit : « Je te comprends. »

L'arbre divisé

Me voilà de retour à l'abbaye de Sénanque, dans une cellule à l'abri du tintamarre des cigales qui stridulent dans les champs de lavande. Je passe mes jours dans un arbre qui a été coupé en deux par le tonnerre, avec l'esprit clivé, méditant sur ce que je vais faire du reste de ma vie, ou en tout cas, le temps qui viendra. La seule chose qui m'embête par moments, c'est que les touristes s'arrêtent des fois pour me prendre en photo, ce qui ne facilite pas vraiment mes méditations arbresques. L'autre jour, une petite fille de quatre ans m'a pointé du doigt en s'exclamant : « C'est une fée ! » Les parents ont répondu en souriant : « Oui, c'est une fée. »

Une nuit, je me réveille en sursaut, foudroyée par l'évidence. Il ne s'agit pas de choisir entre deux hommes ou entre deux styles de vie, mais entre deux choses absolument incompatibles. Je sors de l'abbaye et je me précipite vers mon arbre divisé, guidée par la lumière laiteuse de la lune. Je m'installe dans son berceau, et je ferme les yeux, cogitant sur la différence entre une vie masquée et une vie où je n'aurais plus à me cacher. Une vie avec Vincent ne serait qu'un roman écrit à moitié, une histoire tronquée.

Je choisis mon roman et, par là, aussi ma liberté. Peut-être l'avais-je déjà fait il y a longtemps, sans m'en rendre compte. Maintenant il va falloir attendre que Vincent arrive à la même conclusion que moi. Suis-je en train d'écrire une comédie ou une tragédie ? Je ne sais plus qui disait que la vie est une comédie pour ceux qui pensent et une tragédie pour ceux qui sentent. Vincent sortait souvent cette citation, s'inscrivant dans la première catégorie, comme si on ne pouvait pas faire les deux en même temps. Le tronc scindé m'enveloppe comme les ailes d'un papillon. Le temps est venu de les ouvrir et de prendre mon vol. Mes journées à l'abbaye se déroulent ensuite dans la plus grande concentration possible. Je me remets à l'écriture.

J'aime bien retourner sur le lieu du crime. Les bordures des escaliers en bois sont toujours aussi glissantes. Je ne suis pas tombée cette fois-ci. Père Joseph m'a abordé l'autre jour pour me demander si je n'étais pas là, l'année dernière ? Si… pourquoi ? « Eh bien, car je vous reconnais. On n'oublie pas si facilement des gens comme vous. » J'ai eu envie de disparaître sous la terre. Je me sens comme le petit diable sur la sculpture dans le scriptorium qui est censé rappeler aux moines l'existence du mal autour d'eux. En même temps, ils ont sans doute vu des cas bien plus graves que le mien. Je devrais peut-être aller me confesser.

Je vais voir père Joseph, je lui avoue que j'ai perdu la foi en Dieu, mais que j'ai envie de me confesser quand même. Il me regarde très étonné, presque rebuté, mais il me fait signe de le suivre. Une fois dans le confessionnal, je me mets à lui raconter les aventures de Madame X. Il a l'air assez choqué par moments. La chose qui semble le scandaliser le plus est le vol de la Bible. Il me donne comme tâche de l'offrir à quelqu'un d'autre qui en aura une meilleure utilité. Il doit penser que mon âme est perdue, mais que je pourrais toujours essayer d'en sauver une autre.

Le champ de lavande a enfin fleuri. Son parfum inonde toute la vallée. Les soirs, quand je retrouve ce tapis violet, je pense si fort à ma grand-mère, à son parfum préféré, que j'ai envie de pleurer. Qu'est-ce que j'aurais adoré pouvoir me promener avec elle dans ce champ une dernière fois... Je pense aussi à mon philosophe. Qu'est-ce qu'il fait ? Est-il heureux ? J'espère que oui.

Ma plus belle rencontre dans l'abbaye est avec Madeleine qui a quatre-vingt-quatorze ans. Elle est très réservée au début mais, avec le temps, elle s'ouvre comme une fleur. Elle me raconte sa vie, sa jeunesse durant la Seconde Guerre mondiale. Elle n'a jamais eu d'amoureux, son travail comme infirmière lui prenait trop de temps. Elle me parle aussi de son opération du crâne, elle me laisse toucher sa cicatrice. Je tremble de compassion et de tendresse pour elle car elle me rappelle tellement ma grand-mère. Le dernier jour, nous nous promenons dans le parc pour ramasser des noix. Elle a envie de ça. J'en garde une qui ressemble à sa tête, pleine de nervures, comme souvenir, ensuite je lui demande si elle voudrait devenir une de mes muses et de me donner une tâche. Elle accepte et me dit : « Ta tâche, c'est d'être gentille avec les gens, car ce n'est pas toujours facile. » Mes yeux se remplissent de larmes. Elle ne comprend pas pourquoi cela me touche autant. Je lui demande quand on pourrait se retrouver. Elle me dit : « L'année prochaine, à la même date si je suis toujours en vie. – Bien sûr que tu seras en vie ! Tu es une championne ! » Elle rit, et dit : « C'est ça », et on part bras dessus, bras dessous vers l'abbaye.

Un soir, je reçois enfin une lettre de Vincent. Elle est longue, belle et langoureuse, pleine de nœuds non résolus pour lui, et quelques accusations, cette fois-ci dirigées vers mon inconscient, qui serait la raison de tous nos problèmes aussi bien que de notre séparation. Il m'écrit quelques lignes romantiques, en nous laissant, j'imagine par politesse, une fenêtre ouverte sur le futur, et me remercie pour ces années « très romanesques ». Je me sens à la fois foudroyée et soulagée... Je lui envoie quelques lignes peu après, en lui disant que je suis très heureuse, car je suis arrivée à la même conclusion que lui. Lorsque tout le monde dort, je m'installe dans mon arbre, j'allume une cigarette, et je laisse une vague emporter les dernières diffractions d'illusions qui restaient dans les recoins, et je fixe mon horizon mental, cette ligne où la mer et le ciel s'embrassent éternellement, regardant mon Hollandais volant partir vers de nouveaux mirages...

*

De retour à Paris, j'écris à Vincent que je viendrai bientôt vers lui avec des propositions de dates pour le rendez-vous avec un avocat que j'ai trouvé. Il me répond tout de suite en me disant qu'il ne comprend pas mon empressement. Je m'occupe aussi du déménagement, plus de deux cents cartons, mon bureau, mon crocodile empaillé, mon divan. J'amène tout dans la maison de campagne d'Oméga. Je vais offrir tous mes vêtements à la Croix-Rouge. Quant à nos affaires communes, je laisse tout à Vincent, la literie, tout ce que j'ai acheté pour la cuisine, la télé, même les œuvres d'art et les meubles qu'on a reçus en cadeau de mariage. Ce n'est pas la peur qui dévore l'âme, mais les objets.

Avant de quitter l'appartement, je laisse la clé de la maison, sur la table de la cuisine, je fais un dernier tour de l'appartement, j'éteins toutes les lumières, je jette un regard sur notre lit, le sofa, la salle de bains, mon bureau, le salon, et je quitte la scène, comme un directeur qui quitte son théâtre… en me disant que dans la vie, comme dans une relation, la chose la plus importante c'est de savoir comment entrer et sortir d'une scène.

Le château intérieur

Je suis en train de lire *Le Château intérieur* de sainte Thérèse, dans un couvent carmélite dans le sud de la Bourgogne, qui est entourée par des vallées diaphanes et ensoleillées, pleines de brebis, de vaches et de pommiers. Je m'allonge souvent dans les champs comme une véritable bonne à rien pour regarder la danse des aigles, et pour manger des tartines à la marmelade aux prunes et boire du thé au lait frais. Quel délice ! Tout glisse. L'autre jour, j'ai pris conscience que je suis sans domicile fixe. En même temps, je ne sens plus d'angoisse, plus d'anxiétés. Je me sens aussi libre que les aigles dans la vallée. Mais en pensant à tous les gens qui quittent leur pays en risquant leurs vies, à tous les sans-abris, je considère ce toit temporaire au-dessus de ma tête comme une chance. La seule chose qui m'irrite un peu, c'est mon voisin Wolfgang, qui vient me dire bonjour toutes les deux minutes. Les sœurs sont d'une grande gentillesse, surtout Marie-Thérèse, qui me fait penser à celle qui chante dans *La Mélodie du bonheur*, « *Climb every mountain* ». L'autre jour, je lui ai raconté un peu ma situation. Elle m'a dit : « Restez telle que vous êtes. Dieu vous aime ainsi. Mais essayez de ne pas changer trop souvent… d'hommes… à l'avenir. » Nous avons ri, et pour quelques instants, j'ai oublié que je me trouve face à une nonne.

Tout à l'heure, lorsque j'ai voulu faire du feu dans la cheminée de ma chambre, j'ai découvert un blason dans son âtre représentant un aigle à deux têtes, unifiées par une couronne. Au-dessus de la couronne il y avait ce texte : « Seul contre tous ». A-t-il appartenu à un cavalier désenchanté qui revenait de ses croisades ? Je fais le feu, je ferme toutes les fenêtres et les portes, je m'allonge sur le lit, je regarde les flammes qui lèchent ces mots énigmatiques, et je me laisse envahir par l'idée d'une mort heureuse.

*

Cette nuit, j'ai failli mourir, car l'oxyde de carbone n'arrivait pas à sortir de la cheminée, elle n'était pas assez ramonée. J'avais tellement mal à la tête. J'ai vomi plusieurs fois, dans le jardin. C'est Wolfgang, mon voisin, qui m'a réveillé, et qui s'est précipité pour ouvrir toutes les fenêtres. Ensuite, je suis allée me recoucher mais Wolfgang m'a réveillé de nouveau, avec un peu de soupe et du pain. Je me suis réinstallée face à la cheminée, pour regarder le fil de fumée qui montait toujours onduleusement, traversant le texte « Seul contre tous ». Qui a pu inventer cette formule ? Il faut savoir vivre avec les mystères.

Une heure plus tard, malgré ma grande fatigue, je pars courir dans les collines. Je traverse un village qui s'appelle Le Retour. Je me dis, eh bien, c'est ça. Je retourne. Mais à quoi ? À la vie ? Ensuite, je fais du jardinage, car sœur Julie me demande de planter un rosier à côté de la maison où j'habite. Un rosier ? Voilà une rose qui n'est ni un couronnement d'affaires lugubres ni le symbole d'un amour impossible, mais la rose de la renaissance.

J'ai envie de me purifier vraiment, pourquoi ne pas entrer dans les ordres ? Je vais voir Marie-Thérèse pour lui parler de mon besoin d'un signe. « Si je reçois un signe que Dieu existe, je vous rejoins tout de suite. » Elle me demande : « Est-ce que tu ressens cette paix en toi ? Es-tu arrivée à la septième demeure de ton château intérieur ? – Comment arrive-t-on à la septième demeure concrètement ? » Elle me dit que c'est très simple, et hélas, très dur en même temps. On y entre lorsqu'on commence à vraiment aimer son prochain… J'ai entendu ce discours mille fois avant, mais ce n'est que maintenant qu'il me touche. Mais suis-je là ? Vraiment pas.

Je lui demande si elle a envie de devenir ma muse. Elle me répond qu'elle n'a pas l'habitude de faire quelque chose sans sa communauté, mais elle accepte de me donner une tâche : aller m'inscrire à un cours d'exégèse ou de théologie chez les jésuites à Paris. Ensuite, elle se propose de suivre mon parcours, me disant qu'elle sera toujours là pour moi : « Il faut tout de même que tu reviennes pour retrouver ta rose. »

Wolfgang m'emmène à la gare. Sur le chemin, il s'excuse d'avoir été si intrusif par moments, mais il s'était beaucoup inquiété pour moi, car j'avais l'air si triste, parfois. Quant à mon feu : « Vous auriez pu mourir, vous vous rendez compte ? On ne meurt pas toujours des flammes, mais aussi du gaz qu'elles émanent. » Maintenant, je comprends un peu mieux pourquoi il venait me voir toutes les cinq minutes. S'il faut commencer à aimer son prochain, eh bien je commencerai par lui, et tous ceux qui viendront sur mon chemin à partir de maintenant. Il faut que je m'attendrisse sincèrement. Non, je ne suis pas seule contre tous, mais ensemble avec tous ceux qui veulent faire partie de mon monde.

Le château extérieur

Je me suis recueillie dans un petit château chaleureux, style XVIIIe couvert de vigne vierge, rougie par l'automne pour mieux avancer dans mon écriture. En bas des escaliers de pierre, un magnifique magnolia. Plus loin, un Ginkgo biloba, l'arbre de la vie, brille de sa couleur miel comme une ruche au soleil. Et plus loin encore, entre les marronniers et les tilleuls, on entrevoit une chapelle gothique, qui abrite une statue de Jeanne d'Arc et le fantôme d'un certain Charles, qui a l'habitude de se promener parmi les tilleuls au crépuscule.

La châtelaine s'appelle Scarlett, une juriste joyeuse, libre et pleine d'esprit qui a choisi de quitter tout à Paris, pour vivre dans ce château familial. Elle l'a transformé en maison d'hôtes. J'aime bien l'écouter parler de ses amours passées et de son désir naissant de retrouver l'amour un jour. Entre-temps, elle adore s'occuper des problèmes juridiques de gens de la région. Elle n'est pas entièrement seule, car elle a deux chiennes avec elle. Je les appelle Ying et Yang, car l'une est blanche et l'autre est noire, et elles n'arrêtent pas de s'encercler l'une dans l'autre. Scarlett est comme faite pour devenir une de mes muses. Sa tâche est d'ailleurs peut-être la plus machiavélique que j'aie jamais reçue : finir le premier jet de mon roman ici, dans son château. Je ne bouge plus de ma chaise. Je suis devenue une machine à écrire.

La seule personne avec qui il m'arrive d'échanger à part Scarlett, c'est Fanny, une dame d'une grande élégance, assez énigmatique, qui passe ses journées dans le jardin ou sur la terrasse pour surveiller tout. Parfois, je me demande si ce n'est pas elle, la vraie châtelaine. Un jour, je me suis assise près d'elle, et j'ai commencé à lui raconter l'histoire de mon roman. De temps en temps, elle souriait et ouvrait la bouche comme si elle allait dire quelque chose, mais elle se retenait, pour ne pas m'empêcher de continuer. J'étais tellement éblouie par son calme, sa splendeur et surtout par son mystère, que je lui ai enfin posé la fameuse question. « Voulez-vous devenir ma muse ? » Elle m'a regardé quelque temps, ensuite elle s'est mise à me lécher la main. « Fanny ! Viens ici. » C'était Scarlett, qui voulait lui donner à manger. Oui, Fanny est un chien. C'est le chien blanc. Elle me réconforte comme personne. Hier, lorsque j'avais un peu le cafard, elle l'a senti tout de suite, et elle est venue me lécher la main. Quant à sa tâche, elle a envie que j'arrête de fumer. Dès que je sors une cigarette, elle pousse ma main avec son museau vers toutes les directions possibles.

Scarlett s'est inscrite sur un site de rencontres. Depuis, elle a rencontré toutes sortes d'hommes. Elle est entre autres tombée sur un agriculteur, un homme qui considérait que les femmes ne doivent pas boire d'alcool, sinon elles ne peuvent pas reconduire leurs hommes à la maison en voiture. « À la limite, je préfère ça aux machos hypocrites parisiens », me dit-elle en riant. Un jour je lui demande :

– Mais y en a-t-il un, parmi tous ces hommes-là, qui te plaît réellement ?

– Il y en a un, effectivement, qui travaille pour une chaîne de radio locale… mais c'est étrange… je ne sais pas ce qui se passe depuis quelque temps.

– Raconte-moi !

– L'autre jour, il m'a envoyé un message très bizarre… Il m'a expliqué qu'il fallait qu'il prenne un peu de recul, car son furet n'allait pas très bien.

– Son furet ? T'es sûre qu'il parlait de son animal et pas d'autre chose ?

– Ha, ha ! Oui, car on a beaucoup échangé sur nos animaux respectifs.

– Alors, qu'est-ce qui s'est passé avec son furet ?

– Eh bien, il m'a répondu qu'il avait développé un cancer métastatique.

– Ah non ! Mais ça se soigne, non ?

– Apparemment, c'est foutu. Maintenant il essaie de profiter de chaque instant qu'il lui reste avec lui…

– Hum… Il faut faire quelque chose !

– Mais quoi ? Qu'on lui demande de nous inviter à l'enterrement ?

– J'ai une meilleure idée ! Tu peux lui envoyer quelque chose pour lui remonter le moral. Tes merveilleux gâteaux, par exemple ! Tu pourrais les envoyer à sa chaîne de radio, avec un petit mot.

– Tu ne penses pas qu'il va me prendre pour une folle ?

– Mais non ! Il va être très flatté. Plus personne ne fait ce genre de choses aujourd'hui.

Scarlett relève le défi et lui envoie un carton avec cinq différentes sortes de gâteaux. Nous sommes tellement excitées ! Chaque fois que je la vois, je lui demande : « Alors ? Tu as des nouvelles de l'homme au furet ? – Non, pas encore… » Mais un jour, elle entre dans le salon et me montre son message : « Merci pour tes douceurs. Clara se maintient, je l'accompagne. Merci encore pour tes sucreries et tes pensées. »

L'homme au furet était visiblement plus déprimé qu'on ne le pensait… *Autant en emporte le vent.* Scarlett me propose de le regarder un soir, mais il faut que j'avance un peu plus dans mon roman.

L'autre jour, j'ai appris qu'Alastor raconte à tout le monde qu'il a eu une histoire avec moi. Cela m'a rendue furieuse sur le moment, ensuite cela m'a fait rire, mais je me suis dit que je ne pouvais pas laisser les choses traîner comme ça. Ce matin, lorsqu'il m'a appelée pour savoir comment avançait le roman, et surtout ce que j'avais écrit sur son personnage à lui, je lui ai dit :

– Alastor est un personnage attachant, Madame X tient beaucoup à lui, mais un jour elle apprend qu'il essaie de se faire passer pour son amant.

– Je ne sais pas de quoi tu parles…

– Eh bien, quand tu sauras, tu m'appelleras !

J'ai finalement reçu la tâche de Noa. Elle m'a demandé de décrire en quelques lignes avec le plus de franchise possible, trois personnages du roman :

– mon mari, lorsque je suis tombée amoureuse de lui,

– une personne qui exerce un pouvoir sur moi,

– et Noa.

Elle voulait aussi que je choisisse trois personnages qui ont des qualités ou des comportements qui m'ennuient, que je trouve difficiles à accepter et qui me font perdre l'équilibre à intervalles réguliers. Il peut s'agir des mêmes personnes que celles citées plus haut. Avant de raccrocher, elle m'a dit qu'elle venait de découvrir que le coffret de la Dame à la licorne ne symbolisait peut-être pas le refus mais la richesse qu'elle a produite avec ses propres mains, autrement dit l'indépendance.

Vincent était vêtu d'une chemise rose ce jour-là, il était assis à une longue table, dans une salle de conférences, pour parler du lien entre les sciences et la culture. On aurait dit Jésus mais sans les douze apôtres, et sans les cheveux longs et la barbe. C'était le plus bel homme que j'aie jamais vu en vrai. Il avait l'air un peu perdu, comme s'il ne savait pas vraiment ce qu'il faisait là. Nous étions à Moscou, en plein hiver. J'étais partie suivre des études d'art, confrontant ainsi aussi la grande peur de ma famille, la Russie. J'étais vêtue d'un pull vert décousu et mes cheveux étaient en bataille. De là est venu mon étonnement quand il s'est mis à me regarder comme s'il n'y avait que nous deux dans la salle. Juste après, j'ai pris mon courage à deux mains et je l'ai abordé en lui demandant s'il voulait un entretien avec moi, car je faisais un mémoire sur la scène artistique moscovite, et son discours sur les inventions scientifiques pourrait amener un angle intéressant. « Oui, avec plaisir. » Je lui ai dit que j'allais le retrouver dans le café en bas, mais ensuite je l'ai oublié, et je me suis lancée dans une interview avec un artiste russe, qui avait l'habitude de se promener nu, à quatre pattes. Vincent m'a rejointe juste après, pour voir si je voulais toujours faire cette interview avec lui. « Bien sûr. » Vers la fin de l'interview, un ami à lui a introduit sa tête dans le champ de vision de ma caméra en disant : « Il faut qu'on parte dîner maintenant. » À ce moment-là, pendant que je le filmais encore, Vincent m'a demandé si je ne voulais pas les accompagner. Il l'a dit avec une telle timidité, se touchant le sourcil d'une manière un peu embarrassée, que j'ai craqué, même si les choses ne se sont pas faites tout de suite. Mais pour revenir à ses qualités, j'étais tout d'abord éblouie par sa grande intelligence, sa culture, sa finesse et sa douce tristesse. J'avais l'impression d'avoir enfin rencontré l'homme que j'avais cherché toute ma vie. Nous avons passé la nuit dans sa chambre d'hôtel, sans rien faire, car je ne voulais pas avoir une histoire avec un homme marié, et le matin, lorsque je me suis réveillée, je n'oublierai jamais son visage, sur le coussin, ses yeux qui me regardaient, et ses mots, « je t'aime ». Je ne l'ai pas cru, malgré le fait que je l'aimais déja… Et plus tard, après son divorce, lorsqu'il a souhaité entamer une vraie histoire avec moi, je lui ai dit de venir me chercher quand je serais vieille, pour finir nos vies ensemble, comme l'acteur dans *Le Temps de l'innocence*, qui attend Michelle Pfeiffer sur un banc, en bas de sa fenêtre. « Mais je serai mort, peut-être ! Je n'ai plus envie d'attendre » m'a-t-il répondu. *And the rest is history, as they say.*

« La personne qui a du pouvoir sur moi », eh bien, elle n'existe plus. J'ai enfin réussi à me débarrasser de mes maîtres. Et mes femmes sont mes alliées.

Quant à Noa, lorsque je l'ai vue la première fois, j'étais chez elle, avec nos maris qui étaient des vieux collègues de travail. Nous étions dans la cuisine. Noa n'était pas encore là, ou bien elle était là, mais elle n'était pas encore prête, je ne savais pas. Je me demandais sans cesse pourquoi elle n'arrivait pas. Après quelque temps, je l'ai vue descendre calmement les escaliers avec l'attitude d'une reine. Elle nous a regardés avec un sourire qui avait dû voyager longtemps avant d'atteindre ses lèvres. La deuxième fois que l'on s'est vues, elle m'avait invitée à l'école d'art royale où elle enseignait pour tenir une conférence. Nous avons passé toute la nuit dans sa cuisine. Elle venait juste de divorcer, et elle était plus joyeuse que jamais. Notre amitié est bâtie à chaux et à sable depuis.

Je n'arrive pas à aborder la face noire de la tâche de Noa. Les personnes qui ont des comportements qui m'ennuient ou qui me font perdre l'équilibre à intervalles réguliers n'existent plus. J'ai beau réfléchir, je ne trouve personne qui pourrait entrer dans cette case, donc je la laisse vide, en me disant que c'est une bonne chose de ne recevoir cette tâche que maintenant…

Mon père m'a écrit l'autre jour pour me demander comment j'allais. Je lui ai répondu que je venais de me séparer de Vincent. Il fut d'abord triste pour moi, mais il comprit vite que c'était pour le mieux. Il m'a aussi écrit qu'il venait de comprendre que sa vie se partageait en trois phases. L'enfer, en Roumanie, le purgatoire, en Suède, et le paradis, en France, dans sa petite maison au bord de la Méditerranée, car il a enfin trouvé une femme qu'il aime et qui l'aime. Rien d'autre ne comptait pour lui maintenant, à part mon bonheur. Nous nous sommes tout de suite relancés dans des échanges épistolaires, avec des recommandations de lecture et des réflexions amusantes sur la vie quotidienne.

Un jour, j'appelle Varvara, ma plus vieille amie, qui vit avec l'amour de sa vie, leurs trois enfants, pour l'inviter dans mon roman. Elle est maintenant professeur d'histoire, avec un doctorat sur la vie des Ménades au-delà des mythes. Elle est aussi spécialisée dans l'histoire des sorcières et des femmes qui ont vécu en marge de la société. Elle me donne une tâche assez incroyable. Peut-être la tâche la plus folle de toutes mes femmes. « Faire un enfant. »

– Mais avec qui, ma chère ? Je ne vois pas qui pourrait devenir le père de mon enfant. Ça se planifie, ça se discute. Il ne me reste que quelques jours d'écriture. Comment veux-tu que je réalise ta tâche ?

– Eh bien, tu peux contacter l'homme de tes rêves et lui dire que tu aimerais faire un enfant avec lui.

– Mais c'est complètement fou ! D'abord, je ne vois pas qui j'aimerais avoir comme père de mes enfants, pas pour l'instant, car il faut que je me reconstruise un peu, et même si j'avais une idée absconse quelque part, que veux-tu que je dise à mon enfant le jour où il me demandera pourquoi je l'ai mis au monde ?

– Mais je sais que tu as toujours désiré avoir un enfant.

– Comment tu sais ça ?

– Tu m'en as parlé, mais tu ne veux pas t'en souvenir. Je ne fais que te pousser vers ton désir le plus caché.

– Je ne sais plus quoi dire...

– Eh bien, réfléchis et on se reparlera plus tard. Il faut que j'aille coucher les enfants justement. Ha ! Ha !

– Tu es une vraie sorcière, tu sais ça ?

– Toi aussi. Heureusement que nous ne vivons pas au Moyen Âge. Ils nous auraient brûlées depuis longtemps.

– Ça, c'est sûr et certain…

*

La nuit, je fais un cauchemar qui me secoue terriblement. Je descends dans la cuisine pour chercher un peu d'eau. Il est tôt, très tôt, mais je tombe tout de même sur Scarlett, qui est en train de faire du pain.

– Ça va ? me demande-t-elle, inquiète.

– Non, pas très bien… Je viens de faire un cauchemar terrible. J'ai le cœur qui bat très fort.

– Tu veux en parler ?

– Pourquoi pas ? Je viens de faire un rêve sur Vincent…

– Dis donc !

– Dans mon rêve, j'étais avec lui en Suède, à Göteborg. Je ne sais pas si on était au début de notre histoire, car il venait me voir souvent. En tout cas, nous venions juste de décider de nous séparer. Je l'ai laissé comme ça, dans la rue, avec ses valises, et je suis partie à une fête. J'ai commencé à manger un hot-dog. J'ai enchaîné les hot-dogs, l'un après l'autre. Et tout à coup, je me rends compte qu'il faut que je le rattrape, car je l'aime encore. Je quitte vite la fête, je vole dans les escaliers, et je commence à courir. Je cours de plus en plus vite. Une fois arrivée à l'endroit où je l'avais laissé, je vois l'autobus qui emmène les gens à l'aéroport partir avec lui... je me réveille tout de suite.

– Tu sais ce qu'on dit sur les rêves ? La personne du rêve n'est pas obligatoirement celle que l'inconscient vise.

– Dans ce cas-là, je ne sais pas qui cela pourrait être.

– T'étais dans une fête... c'est une image joyeuse et un peu phallique, n'est-ce pas, les hot-dogs ?

– Oui, mais je me réveille paniquée, pourquoi ?

– Qu'est-ce que t'en penses, toi ?

– Je ne sais pas... En fait, je ne veux pas savoir... Laissons les choses comme ça. Il reste de la confiture aux prunes ? Elle était tellement bonne.

– Bien sûr ! Il y en a aux figues aussi.

– Ah, parfait, je vais prendre celle aux figues alors.

*

Demain, je vais devoir mettre un point final à mon roman, et je n'ai toujours pas trouvé la fin. Je viens de m'apercevoir qu'il me reste toujours à accomplir la tâche de Madame W. Décrire le jour où j'ai quitté la Roumanie avec ma mère, pour rejoindre mon père. L'idée me terrifie. Je ne sais pas pourquoi. Mais encore une fois, une tâche est une tâche.

« *J'étais petite, petite et heureuse quand nous avons quitté notre pays ensemble. Main dans la main. J'étais tellement émerveillée par toi, par ton énergie et tes cheveux roux comme du feu. Tu avais une robe moulante verte qui mettait en valeur tes fesses joyeuses. Oui, tes fesses riaient. Moi j'avais honte des miennes, surtout quand j'allais aux toilettes et que je baissais mon pantalon. Je ne voulais pas que Dieu voie mes fesses. Comme si Dieu, n'avait rien de mieux à faire.*

Tu marchais très vite ce jour-là, comme une bête dans la jungle. Tu as toujours été pressée. Est-ce pour cela que tu avais l'habitude de m'oublier ? Chez les voisins, dans la rue, dans l'ascenseur. À quoi tu pensais ? Et moi, à quoi je pensais lorsque tu m'oubliais ? Tu m'oublierais souvent dans la baignoire. Lorsque je t'ai montré mes doigts tout plissés, une fois, tu m'as dit :"T'es un enfant vieux. Qu'est-ce que tu veux ? T'es sortie toute chiffonnée de mon ventre, une semaine en retard. Tu m'aimais tellement que tu ne voulais plus me quitter." Je ne comprenais pas pourquoi la peau de mes doigts ne se plissait jamais dans la baignoire de mes grands-parents. T'avais une explication à tout. Quand je t'ai demandé pourquoi les femmes saignaient entre les jambes, tu m'as dit,"c'est parce qu'elles ont fait des bêtises". Tu te rappelles quand tu m'as emmenée à Galati, chez ton amie Elvira ? Vous avez regardé un film sur la vie de Jésus. Quand vous avez regardé un deuxième film, vous pensiez que je dormais. J'ai vu cette scène où une femme prenait son bain. Elle a commencé à se couper avec une chose aiguë entre les jambes. Je m'en souviens comme si c'était hier du sang qui se mélangeait à l'eau de la baignoire, car c'était la première fois que je voyais des films en couleur. Je n'ai compris que plus tard qu'il s'agissait d'un avortement. Je ne sais pas combien de gens autour de nous m'ont parlé plus tard de ton désir d'avorter. Si ce n'est pas vrai, pourquoi tu n'as jamais évoqué notre première année passée ensemble, avant que tu ne me laisses chez mes grands-parents ? Comment étaient les premiers jours avec moi ? Et plus tard ? Je veux savoir ce que tu sentais. Toi qui sais si bien raconter. Je n'oublierai jamais ton conte préféré, La Fille du laurier, *qui au début n'est qu'une feuille qui se transforme en une femme-arbre. Elle disait : "Ouvre-toi laurier, pour que je puisse m'envoler." Tu sais, cet été, j'ai trouvé un arbre qui avait été coupé en deux par un éclair. Je me suis faufilée à l'intérieur et j'ai pensé à toi. Qui était la fille du laurier ? Toi ou moi ? Ou toutes les deux ?*

Raconte-moi encore des histoires. Des histoires douces et belles, comme jadis. Raconte-moi des nouvelles histoires, comme uniquement toi peux le faire, comme si rien ne s'était passé, comme si nous n'étions pas parties ce jour-là, comme si nous n'étions jamais parties. Me voilà de retour dans ton lit, à côté de toi, la tête sur ton coussin, prête à t'écouter. »

C'est fait ! Je me rends compte que les larmes coulent sur mes joues. Fanny vient juste de mettre sa patte sur moi, comme si elle comprenait, comme si elle avait tout compris. Tandis qu'Alexandra n'arrête pas de faire le tour de la table, impatiente que le dîner arrive. Il est déjà 20 h 45. Dans quinze minutes, je vais dîner avec Scarlett, ensuite nous regarderons *Autant en emporte le vent*. J'ai envie de sortir contempler les étoiles, fumer une cigarette, et réfléchir à rien. Ça sent tellement bon depuis la cuisine. Je me demande ce que Scarlett a préparé cette fois-ci.

Après le dîner, nous nous lançons dans quatre heures absolument fabuleuses. À la fin, je chiale comme une enfant. Je ne me rappelle plus la dernière fois qu'un film m'a émue autant. Nous revenons dans la cuisine pour donner à manger aux chiens.

– Je me suis toujours beaucoup identifié à Scarlett, dit Scarlett.

– Pourquoi finalement ?

– Parce que c'est une héroïne moderne.

– Mouais. Les hommes aiment les Scarlett mais ils finissent tous par épouser des Mélanie, non ?

– Oui, parce que les Mélanie sont douces et maîtrisables.

– Mais pourquoi penses-tu que l'histoire d'amour entre Scarlett et Rhett se dissout à la fin ?

– Parce qu'ils ne s'aiment pas au même moment.

– C'est très profond ce que tu dis. L'idée me parle beaucoup…

– D'abord, elle pense être amoureuse d'Ashley. Elle ne vit que dans ses illusions.

– Et dans un enchaînement de malentendus incroyables… Quand elle fait ce rêve où elle court dans la brume après quelque chose qu'elle ne voit pas, c'est Rhett qu'elle cherche inconsciemment, n'est-ce pas ?

– Sans doute. Mais comme tu disais tout à l'heure, Scarlett n'est pas très sympathique au début. On ne commence à l'aimer que vers la fin. Ce sont ses nombreux échecs qui la rendent sympathique.

– Penses-tu que la fin implique qu'elle pourrait le reconquérir un jour ?

– Oui, c'est possible, en le voyant une énième fois ce soir, avec toi, je viens de découvrir que ce n'est peut-être pas foutu, leur histoire.

– Qu'est-ce qui te fait croire ça ?

– Je ne sais plus ce qu'elle dit exactement vers la fin, mais c'est quelque chose dans le genre : « Je vais me battre jusqu'à ce que je le récupère. » C'est un peu la faute d'Ashley aussi. Car il entretient ses illusions. Il ne lui dit jamais : « Écoute, j'aime une autre femme, j'aime Mélanie, concentre-toi sur ta vie. »

– Je me demande pourquoi elle désire autant Ashley au début.

– Parce qu'il lui résiste. Et Rhett tombe amoureux de Scarlett car elle lui résiste, à son tour. La preuve. C'est au moment où elle se met vraiment à l'aimer qu'il la quitte.

– Je suis tellement heureuse que tu aies insisté pour que je voie ce film.

– Et l'autre jour, tu as fait ce rêve… Tu courais après quelque chose, comme Scarlett dans le film, dans la brume.

– Hum, mais tu m'as dit que c'est peut-être quelqu'un d'autre que je chassais, euh… je veux dire cherchais… C'est possible que, derrière chaque homme, il s'en cache un autre, et un autre, à l'infini… Qu'en sais-je ? Je n'en sais pas beaucoup plus aujourd'hui qu'au début de cette histoire…

– Mais c'est normal. Regarde les acteurs, ils sont souvent troublés longtemps après avoir incarné un rôle.

– C'est possible…

– Tu as trouvé ta fin, alors ?

– Non, pas encore… Mais comme tu m'as demandé de finir le roman ici, demain, avant que je parte, il va falloir que je me dépêche.

– Mais tu peux rester un peu plus longtemps si tu veux.

– Merci, mais il faut que je me débarrasse de Madame X… que je comprenne enfin qui elle est, d'où elle vient et ce qu'elle fait là, depuis tout ce temps…

– Tu ne sais toujours pas qui elle est ?

– Non…

– Mais ce n'est pas toi ?

– Hum… T'as raison. Je crois que le temps est venu d'arrêter de me cacher à moi-même… Madame X, c'est moi, ou en tout cas une partie de moi…

– Ha, ha ! Je le savais.

– Bon. Je vais aller me coucher, ma chère. Bonne nuit.

– Bonne nuit.

*

Au réveil, je sors de mon lit comme une flèche. Il est tôt. Il est tellement tôt qu'il fait encore noir dehors. Les cris d'une chouette transpercent l'obscurité. Je m'approche de la fenêtre, je regarde la pelouse bordée de marronniers, la grille, les escaliers, les rideaux, mes mains, ma robe blanche, mon bureau, mes carnets, j'ouvre mon ordinateur, et j'écris :

Ça y est. J'ai enfin trouvé mon véritable désir !

Cet ouvrage a été composé
par PCA
et achevé d'imprimer en avril 2018
par CPI
pour le compte des Éditions Stock
21, rue du Montparnasse, 75006 Paris

Imprimé en France

Dépôt légal : avril 2018
N° d'édition : 01 – N° d'impression : 2036047
57-51-6883/5